Standard Human Nutritional Science

スタンダード人間栄養学

Food Hygiene and Safety Science

食品の安全性

第2版

上田成子
..........［編集］

桑原祥浩
鎌田洋一
上田成子
澤井　淳
高鳥浩介
高橋淳子
髙橋正弘
..........［著］

朝倉書店

編集者

上田　成子　　前 女子栄養大学大学院栄養学専攻教授

執筆者（執筆箇所）

桑原　祥浩　　女子栄養大学名誉教授　（第1章，7.3，7.4節）

鎌田　洋一　　甲子園大学栄養学部教授　（1.5節3）のⅲ））

上田　成子　　前 女子栄養大学大学院栄養学専攻教授　（第2，3章）

澤井　　淳　　神奈川工科大学応用バイオ科学部教授　（第4章）

高鳥　浩介　　NPO法人カビ相談センター理事長　（5.1節）

高橋　淳子　　元 桐生大学短期大学部生活科学科教授　（5.2〜5.5節，第6章）

髙橋　正弘　　前 神奈川県立保健福祉大学保健福祉学部教授　（7.1〜7.2，7.5節）

序

　今日，健康の問題は食生活を切り離しては考えられなくなっている．すなわち，「健康に生きることはホメオスタシスを正しく保持することであり，それにはバランスの取れた食事をすることである」．その前提として，個々の食品の安全性，健全性ということがまもられてのうえであることは論をまたない．

　食の安全性はいつの世でも最重要項目である．ヒトの健康保持・増進のために，食品や水について，栄養学・生理学的問題はいうまでもなく安全性が確保されていなければならない．1996年の腸管出血性大腸菌 O157: H7 事件を契機として，食品取り扱い施設においては HACCP（総合的衛生管理システム）の導入が検討・実施され，食の安全性に関してそれまで以上に大きな関心がよせられてきた．20年の月日が過ぎた中，わが国においては食品安全委員会の設立と食品安全基本法（2003年5月）の制定により食の安全性確保・食品健康影響評価等が推進されるようになった．このことは，先述した1996年の大規模な腸管感染症の発生事件により食肉・水産食品・野菜の安全性確保への衛生管理の取り組みを行わねばならなかったことや，BSE（牛海綿状脳症）問題，指定外添加物と残留農薬の問題，中国製痩身用健康食品，食品偽装問題，異物混入防止対策，食物アレルギー対策，遺伝子組換え食品の安全性確保，食品中のダイオキシン等や内分泌かく乱化学物質の調査・研究，食品の表示制度の見直しと改善，保健機能食品の問題が起こったことによるものである．さらに2011年のユッケによる腸管出血性大腸菌食中毒，そして原子力発電所事故による放射線被ばく問題など，食にまつわる事件があとを絶たない．

　筆者らは，学生諸君に今日の食品の安全性にかかわる諸問題を解説するうえで，理解を得られやすいよう努力してきた．本書では，個々の食品の安全性を脅かす問題点を明らかにすることによって，健康をまもる実際的な方策を立てるための道標となるように工夫した．また，最新情報の記載とともに，平成24年，平成28年とガイドラインが改定されるなか，その内容に対応し編集した．管理栄養士や栄養士養成施設で学ぶ学生たちの良きテキストとなることを切に願う．そして栄養学，農学，医学，その他多くの分野の学生・教員，実務従事者にこれらの情報が伝授され，実践の道につながることを希望する．

　執筆にあたっては，先輩諸兄の貴重な文献，図書を参考，引用させていただいた．ここに原著者に深く謝意を表する．最後に，本書の刊行にあたって多大な文献，図書の整理や連絡事務に御協力いただいた朝倉書店編集部の方々に深く感謝する次第である．

　2018年9月

執筆者を代表して　上田　成子

目　次

第1章　食品衛生と法規 … 1

1.1　安全性の確保：リスク分析（リスクアナリシス）　1
1）リスクアセスメント（リスク評価）　2
2）リスクマネジメント　3
3）リスクコミュニケーション　3
1.2　食品安全基本法　3
1.3　食品衛生法　4
1.4　食品衛生関連法規　6
1）食品表示法　6
2）健康増進法　7
3）と畜場法　7
4）牛海綿状脳症対策特別措置法　8
5）食鳥処理の事業の規制及び食鳥検査に関する法律　8
6）食品の製造過程の管理の高度化に関する臨時措置法（HACCP支援法）　9
1.5　食品安全行政　10
1）食品安全行政組織　10
2）食品安全行政と食品衛生法　11
3）食品，器具・容器包装材の規格基準　12
4）食品の表示基準　17
5）総合衛生管理製造過程の導入　24
6）輸入食品の安全性確保　24
1.6　食品衛生に関係する国際機関　27
1）世界保健機関（WHO）　27
2）国連食糧農業機関（FAO）　27
3）コーデックス委員会　28
4）世界貿易機関（WTO）　29

第2章　食中毒 … 30

2.1　食中毒の定義　30
2.2　食中毒の発生状況　30
2.3　食品微生物の種類と起源　33
1）食品微生物の起源　33
2）一次汚染と二次汚染　35
2.4　微生物性食中毒　35

1）細菌性食中毒の分類　36
2）主要な微生物性食中毒　36
3）微生物性食中毒対策　53
2.5　自然毒食中毒　53
1）動物性自然毒による中毒　53
2）植物性自然毒による中毒　57
2.6　化学性食中毒　58
1）ヒスタミン等腐敗アミンによるアレルギー様食中毒　58
2）その他の化学物質　59

第3章　食品による感染症・寄生虫症 … 60

3.1　経口感染症　60
1）コレラ　60
2）細菌性赤痢　60
3）腸チフス・パラチフス　61
3.2　人獣共通感染症　61
1）炭疽　61
2）ブルセラ症　62
3）結核　62
4）トキソプラズマ症　62
5）その他の疾病　63
3.3　食品から感染する寄生虫症　63
1）魚介類から感染する寄生虫　64
2）食肉から感染する寄生虫　65
3）野菜から感染する寄生虫　66
4）寄生虫症の予防　66

第4章　食品の変質 … 67

4.1　腐敗　67
1）食品の変質　67
2）食品の変質機序　67
3）腐敗の促進因子　68
4.2　油脂酸敗　70
1）油脂の変質の機序　70
2）酸敗の防止　70
4.3　トランス脂肪酸　70

4.4　食品の変質防止法　71
　1）冷蔵・冷凍・チルド法　71
　2）加熱殺菌・滅菌法　72
　3）乾燥・脱水法　73
　4）紫外線・放射線　73
　5）浸透圧を利用する方法　74
　6）燻煙　74
　7）食品添加物　75
　8）真空包装，脱酸素剤　75
　9）不活性ガス　75
　10）酢漬け　75
4.5　鮮度・腐敗・酸敗の判定法　75
　1）官能検査　75
　2）一般細菌数（生菌数）　75
　3）K 値　76
　4）揮発性塩基窒素　76
　5）油脂の酸敗　77

第5章　食品中の汚染物質　78
5.1　かび毒　78
　1）食品のかび被害　78
　2）かびによる食品汚染とかび毒の規制　79
　3）かびとかび毒を巡る食品安全管理　80
　4）かび毒　80
5.2　化学物質　86
　1）農薬　86
　2）抗生物質・飼料添加物　87
　3）外因性内分泌かく乱化学物質　87
　4）ポリ塩化ビフェニル（PCB）　88
　5）ダイオキシン類　89
5.3　有害元素・放射性物質　90
　1）ヒ素　90
　2）カドミウム　90
　3）水銀　91
　4）鉛　92
　5）放射性物質（セシウム，ヨウ素）　92

5.4　食品成分の変化により生ずる有害物質　94
　1）発がん物質　94
　2）ヒスタミン　94
　3）フェオホルバイド　95
5.5　混入異物　95
　1）異物の定義と分類　95
　2）衛生動物・衛生害虫　96

第6章　食品添加物　97
6.1　食品添加物のメリットとデメリット　97
　1）食品添加物とは　97
　2）食品添加物のメリットとデメリット　98
6.2　安全性評価　98
　1）食品添加物の指定制度　98
　2）食品添加物の規格と基準　99
　3）食品添加物の安全性試験　100
6.3　食品衛生法による分類と表示　101
6.4　主な食品添加物の種類と用途　104
　1）甘味料　104
　2）着色料　104
　3）保存料　105
　4）増粘剤，安定剤，ゲル化剤または糊料　105
　5）酸化防止剤　105
　6）発色剤　106
　7）漂白剤　106
　8）防かび剤　106
　9）殺菌料　107
　10）調味料　107

第7章　食品衛生管理　108
7.1　HACCP（hazard analysis critical control point）の概念　108
　1）HACCP の 7 原則　108

iii

2）大量調理施設と HACCP システム　109

7.2　食品等事業者における一般衛生管理事項　110
　　1）施設・設備の衛生管理　111
　　2）施設・設備，機械・器具の衛生管理　111
　　3）ネズミ・昆虫の防除　111
　　4）使用水の衛生管理　112
　　5）排水および廃棄物の衛生管理　112
　　6）従事者の衛生管理　112
　　7）従事者の衛生教育　112
　　8）食品等の衛生的取り扱い　112
　　9）製品の回収プログラム　112

7.3　家庭における衛生管理　113
　　1）厨房内の安全確保原則　113
　　2）個人衛生　113
　　3）家庭で行う HACCP　114

7.4　残留農薬のポジティブリスト制度　114
　　1）農薬の登録制度と安全性評価　115
　　2）ポジティブリスト制度　115

7.5　国際標準化機構（ISO）　116
　　1）ISO の概要　116
　　2）ISO 22000　117

　　3）FSSC 22000　118

関連法規 ·· 119
　　1. 食品衛生法（抜粋）　119
　　2. 大量調理施設衛生管理マニュアル　122
　　3. 食品等事業者が実施すべき管理運営基準に関する指針（ガイドライン）　126

付　　表 ·· 130
　　付表 1　食品の規格基準（乳および乳製品を除く）　130
　　付表 2　乳・乳製品の規格基準　136
　　付表 3　動物用医薬品の残留基準（抜粋）　138
　　付表 4　農薬の残留許容基準（抜粋）　138
　　付表 5　食品添加物の使用基準（抜粋）　140
　　付表 6　器具・容器包装の規格基準（抜粋）　152
　　付表 7　おもちゃの規格基準　153

参考図書 ·· 155
索　　引 ·· 156

（イラスト作成：神﨑　史）

1 食品衛生と法規

1.1 安全性の確保：リスク分析（リスクアナリシス）

　食品は，「生産⇒製造・加工⇒流通・保存・調製・調理⇒販売⇒喫食」に至る過程で，さまざまな危害要因（微生物学的要因，化学的要因，物理的要因等）の汚染を受けたり，食品成分が変化したりする．これらの食品の喫食により健康を損なうことがある．

　食品は生命の維持，健康増進のために必要不可欠なものである．したがって，日々の食生活の中で摂取する食品に関して栄養などを配慮することは当然のことであるが，さらに日常的に摂取する食品の安全性を確保し，消費者が安心して利用できるものでなければならない．「安全」とは，科学者や専門家による科学的・客観的な評価により，リスクは無視できるほど小さいと判断された場合をいい，食品を提供する側の立場からいうものである．一方，「安心」とは，利用する側（消費者）の心理的・主観的な評価であり，その食品を信頼できる気持ちをいう．したがって，消費者が信頼感（安心感）をもって選択できるよう，提供する側は食品の安全性を確保する努力をせねばならない．

　なお，この場合，リスク（risk）とは，有害因子（化学物質や病原微生物など）によって人の健康に有害な影響が起こる可能性（確率・頻度）をいう．

　社会経済の発展に伴い，現代社会では多種多様な食品が流通するようになり食生活は豊かなものになっている．このようななかで，科学技術の進歩，食品流通の広域化・国際化などにより，食生活を取り巻く環境は従前と比較して大きく変化している．このために，世界的に食品の安全性に関して，食料の生産の場から製造・加工を経て消費の場に至るまでのすべての過程において必要な措置をとるフードチェーン（食品供給行程）における安全性確保とともに，リスクの存在を前提として科学的根拠に基づいてこれを制御するリスク分析の考え方が重要視されるようになった．

　リスクを分析・評価して，安全性を確保することを目的とするのがリスク分析（リスクアナリシス，risk analysis）である．これは図1-1に示したように，リスク評価（リスクアセスメント，risk assessment），リスク管理（リスクマネジメント，risk management）およびリスクコミュニケーション（risk communication）の3要素からなる．

●図1-1　リスク分析の3要素

リスクアナリシスは，すべてのリスクを排除しようとするゼロ・リスクの考え方から進んで，科学的にリスクを評価して，リスクを認知したうえでどのような措置が適切であるかを考えるための手段にもなる．

1）リスクアセスメント（リスク評価）

リスクアセスメントは可能な限りデータをもとに専門分野の知見を取り入れて，リスクの原因，伝播過程，曝露側の応答を推論して定量化するものである．リスクアセスメントのプロセスはハザード同定，用量-反応評価，曝露評価，リスク判定からなる．

① ハザードの同定（有害性確認）： ハザード（hazard）とは病原微生物，有害化学物質等のようにヒトの健康に有害作用を有するものをいう．同定とは問題となる有害因子を特定し，それに関連する要因・特性を分析することをいう．

② 用量-反応評価： ハザードの曝露による生体の反応を実験動物によって定量的に解析することである．用量-反応関係（図1-2）をみる場合，反応の指標を明確にしておく必要がある．

健康影響に関して毒性試験のデータを解析する場合，閾値がない場合，閾値がある場合，また，環境ホルモン（外因性内分泌かく乱物質）のようにある濃度以上では影響がみられなくなる場合とがある．閾値がある場合には，無毒性量（NOAEL：no observed adverse effect level）または最小毒性発現量（LOAEL：lowest observed adverse effect level）が求められる．これらの値をもとに通常は安全係数100で除して，動物試験データをもとに人の安全を確保できると考えられるレベルとして1日許容摂取量（ADI：acceptable daily intake）

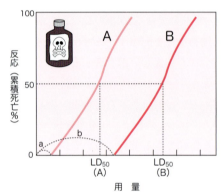

● 図1-2 ● 2種類の物質AとBの用量反応関係（LD$_{50}$：50％致死量）

などの値が導かれる．

③ 曝露評価： 特定の有害因子にヒトが実際に曝露を受けている強度，頻度や期間を推定することである．このために有害因子の発生源や曝露を受けたものを特定すること，伝播経路による影響に関する情報の入手，消費者の曝露情報を入手してその健康影響を推定する．

④ リスク判定： 緊急対策が必要か，恒久対策が必要かなどについて考察することをいう．ハザード同定，用量-反応評価，曝露評価に基づいて動物実験などの毒性結果をヒトや生態系にあてはめて（外挿して）定量的なリスク評価を行った後に，解析で判明したリスクの推定値，汚染源，曝露経路，対策の導入の可能性等を考慮する．こうして得たリスクアセスメントの結果をリスクマネジメントにつなげなければならない．

2）リスクマネジメント

リスクマネジメントとは，リスクの低減措置を採択することを目的とした，より実際的な意思の決定と行動のことをいう．リスク評価の結果をもとに許容できるリスクの限度，実行上の問題，措置に必要なコストなどを総合的に考慮して，最も適

切な措置を選択する.

　リスクマネジメントは，問題の性格を把握すること（identification）に始まる. これはリスクアセスメントの前に行われることもあり，リスクアプローチ全般の共通部分ともなる. リスクの現状と将来の見通しを評価し，対応策を比較・検討して未然防止や削減などを行う. その手順は，リスクマネジメントの計画を立て（plan），計画を実行し（do），結果を評価し（check），評価結果に基づいて対応の見直し（action）を行う. 見直しを行ったら，次のリスクマネジメント計画（plan）を立てることになる（PDCA サイクルという）.

3）リスクコミュニケーション

　利害関係者が対象となるリスクに関する情報や意見を交換する相互プロセスである. 関係者がリスクについて共に考え，対応する姿勢が重要である. 対象となっているリスクに関してポジティブな面もネガティブな面も公正に伝える必要がある.

1.2 ······ 食品安全基本法

BSE（牛海綿状脳症＝牛の伝達性海綿状脳症）
感染性タンパク粒子（プリオン）による大脳皮質神経細胞の変性・脱落によって起こる神経性疾患である. 牛への伝達（感染）はプリオンを含む肉骨粉の給餌によるものとされる. ヒトにはプリオンに汚染された牛肉などの喫食によって伝達（感染）し，新型のクロイツフェルトヤコブ病（大脳皮質神経細胞の変性）を起こす. わが国ではこの症例は報告されていないが，英国では200 名近くがこれによって死亡している.

　牛海綿状脳症（BSE：Bovine spongiform encephalopathy）がわが国で 2001（平成 13）年に初めて発生した. これに加え，食品の安全性を揺るがすさまざまな問題が発生したことを契機に，2003（平成 15）年に食品安全基本法が制定，施行されている.

　本法は 3 章 38 条から構成されている. その概要は次のようになっている.

第 1 章 ［総則（第 1 条～第 10 条）］：法の目的，定義，基本的理念，国，地方公共団体，食品関連事業者の責務，消費者の役割等
第 2 章 ［施策の策定に関わる基本的な方針（第 11 条～第 21 条）］：安全性の確保
第 3 章 ［食品安全委員会（第 22 条～第 38 条）］：食品安全委員会の設置と役割等

　食品安全基本法の第 1 条（目的）で，「この法律は，科学技術の発展，国際化の進展その他の国民の食生活を取り巻く環境の変化に適確に対応することの緊要性にかんがみ，食品の安全性の確保に関し，基本理念を定め，並びに国，地方公共団体及び食品関連事業者の責務並びに消費者の役割を明らかにするとともに，施策の策定に係る基本的な方針を定めることにより，食品の安全性の確保に関する施策を総合的に推進することを目的とする.」としている. この条文が示すように，その骨子は次の 3 点からなっている.

　第 1 に「基本理念」として，国民の健康の保護が最重要であるという基本的認識のもとで，農林水産物の生産から食品の販売に至る一連の国内外における食品供給行程の各段階において安全性を確保し，国際的動向や国民の意見を十分に配慮して科学的知見に基づいて国民の健康への悪影響を未然防止することとしている.

　第 2 に，施策の実施に関する基本的な方針として，リスク分析の手法を採用していることである. 科学的知見に基づく食品健康影響評価（リスク評価），評価結果等に基づく施策の実施（リスク管理），評価および施策の実施にあたっての関係者との情報交換や意見の交換（リスクコミュニケーション）からなり，それぞれ連携を図り食品の安全性確保を図ろうとするものである. さらに，食品の安全性の確保

3

に関する施策を策定する際には，食品を摂取することにより人の健康に重大な被害を与えることを防止，また健康被害が発生したりそのおそれがあるような緊急事態への対処と健康被害発生防止のための体制整備など（健康危機管理）を実施することとしている．

第3に，内閣府に食品安全委員会を設置したことである．食品安全委員会の役割として次のことが挙げられている．

① 食品の安全性に関して内閣総理大臣に意見を述べる．
② 食品健康影響評価を行う：委員会自らも実施する．
③ 食品健康影響評価結果に基づき，食品の安全性確保のために講ずべき施策を内閣総理大臣を通じて関係各大臣に勧告する．
④ 勧告した施策の実施状況を監視し，必要な場合，内閣総理大臣を通じて関係各大臣に勧告する．
⑤ 食品の安全性確保のための施策に関して重要事項を調査審議する．
⑥ ②〜⑤の事項に関して，必要な科学的調査・研究を行う．
⑦ ②〜⑥の事項に関して，関係者相互間の情報および意見の交換を企画・実施する．

食品安全行政のなかでは，食品安全委員会が一元的に「評価」を実施し，「管理」は厚生労働省と農林水産省が担当するように，食品安全基本法では，図1-3に示したように評価と管理，すなわち行政と食品安全委員会を明確に区分している．

● 図1-3 ● 食品安全行政の概要（国民衛生の動向，2018／19年）

1.3　食品衛生法

　食品安全衛生行政の根幹となる法律は，食品衛生法である．この法律は1947（昭和22）年に制定され，その後時代の要請のなかで逐次改正が行われ現在に至っている．食品衛生法の第1条（目的）には，「この法律は，食品の安全性の確保のために公衆衛生の見地から必要な規制その他の措置を講ずることによって，飲食に起因する衛生上の危害の発生を防止し，もって国民の健康の保護を図ることを目的とする．」と規定されている．第1条の趣旨を受けて，本法では対象を食品だけでな

く，食品添加物，器具・容器包装，おもちゃ，洗剤を含めている．また，食品添加物の指定，営業者に対する責任の強化，食品などの検査制度の整備，表示制度などが定められ，逐次改正されている．食品衛生法は11章，79条の条文から構成されており，その概要は次のようになっている（巻末資料参照）．

第1章［総則］（第1条〜4条）：目的（第1条），国及び都道府県等の責務（第2条），食品等事業者の責務（第3条），定義（第4条）

第2章［食品および添加物］（第5条〜14条）

第5条：販売用の食品及び添加物の取り扱い原則

第6条：販売等を禁止される食品及び添加物

第7条：新開発食品の販売禁止

第8条：特定の食品又は添加物の販売等の禁止

第9条：病肉等の販売等の禁止

第10条：添加物等の販売の禁止

第11条：食品又は添加物の基準及び規格

第12条：農薬成分の資料提供等の要請

第13条：総合衛生管理製造過程に関する承認

第14条：承認の有効期間・更新

第3章［器具及び容器包装］

第15条：営業上使用する器具及び容器包装の取り扱い原則

第16条：有害な容器又は容器包装の販売等の禁止

第17条：特定の器具等の販売等の禁止

第18条：器具又は容器包装の規格・基準の制定

第4章［表示及び広告］

第19条：表示の基準

第20条：虚偽表示等の禁止

第5章［食品添加物公定書］

第21条：食品添加物公定書

第6章［監視指導指針及び計画］

第22条：監視指導計画

第23条：輸入食品監視指導計画

第24条：都道府県等食品衛生監視計画

第7章［検査］

第25条：食品等の検査

第26条：検査命令

第27条：輸入の届出

第28条：検査及び収去

第29条：食品衛生検査施設

第30条：食品衛生監視員

第8章［登録検査機関］

第31条〜第47条：略

第9章［営業］

食品等事業者

食品または添加物を採取，製造，輸入，加工，調理，貯蔵，運搬，販売すること，器具・容器包装を製造，輸入，販売することを営む人または法人，学校や病院，その他の施設において継続的に不特定または多数の者に食品を提供する人または法人をいう．

食品衛生監視員

厚生労働大臣が指定した養成施設修了者が資格を有し，厚生労働大臣，内閣総理大臣，都道府県知事等が資格を有する職員のうちから食品衛生監視員を命ずる（任用資格）．国家公務員は検疫所などに配置され輸入食品などの監視を行い，地方公務員は営業施設の監視，食品衛生指導，食中毒発生時の原因調査などを行う．

食品衛生管理者

食品などの製造・加工業の職員のうち厚生労働大臣の登録を受けた養成施設修了者，または3年以上の衛生管理業務に従事し厚生労働大臣の登録を受けた講習会修了者が事業所ごとに専件の食品衛生管理者として配置され，各事業所における食品衛生法の遵守と監督を行う．

第48条：食品衛生管理者

第49条：養成施設・講習会

第50条：有毒・有害物質の混入防止措置等に関する基準

第51条：営業施設の基準

第52条：営業の許可

第53条：許可営業者の地位の継承

第54条：廃棄命令等

第55条：許可の取消し等

第56条：改善命令等

第10章 ［雑則］

第57条：国庫の負担

第58条：中毒の届出

第59条：死体の解剖

第60条：厚生労働大臣の調査の要請等

第61条：食品事業者等に対する援助及び食品衛生推進員

第62条：おもちゃ及び営業者以外の食品供与施設への準用規定

第63条：処分違反者の公表等

第64条〜第70条：略

第11章 ［罰則］

第71条〜第79条：略

中毒の届出

食中毒患者またはその疑いのある者を診断し，またはその死体を検案した医師は直ちに保健所長に届出をせねばならない.

食品衛生推進員

食品等事業者の食品衛生の向上に関する自主的な活動を促進するために，社会的信望があり，食品衛生の向上に熱意と識見を有する者のなかから都道府県などが委嘱する. 飲食店営業施設の衛生管理，その他の食品衛生に関する問題について都道府県などに協力して，食品等事業者に対する相談・助言を行う.

1.4 食品衛生関連法規

1） 食品表示法（平成25年制定，平成27年4月1日施行）

この法律は，「食品に関する表示が食品を摂取する際の安全性の確保及び自主的かつ合理的な食品の選択の機会の確保に関し重要な役割を果たしていることに鑑み，販売（不特定又は多数の者に対する販売以外の譲渡を含む.）の用に供する食品に関する表示について，基準の策定その他の必要な事項を定めることにより，その適正を確保し，もって一般消費者の利益の増進を図るとともに，食品衛生法，健康増進法及び農林物資の規格化等に関する法律（JAS法）による措置と相まって，国民の健康の保護及び増進並びに食品の生産及び流通の円滑化並びに消費者の需要に即した食品の生産の振興に寄与することを目的とする.」（第1条）としている. すなわちこの法律は，食品衛生法，JAS法および健康増進法の食品表示に関する規定を統合して食品の表示に関する規定を一元化し，事業者にも消費者にもわかりやすくするために制定施行された. 表示制度の主な点を以下に示す.

① **機能性表示食品制度**： 野菜や果物などの生鮮食品や加工食品，サプリメントなどについて，健康の維持・増進効果などを具体的に示すことができる（機能性表示）. 機能性表示をするために，食品に表示する内容，食品関連事業者に関する基本情報（事業者名，連絡先など），安全性・機能性の根拠に関する情報，生産・製造・品質管理に関する情報，健康被害の情報収集体制等を販売日の60日前までに消費者庁長官に届け出る.

② **栄養成分表示の義務化**： 原則として，すべての消費者向けのあらかじめ包

装された加工食品および添加物に栄養成分表示を義務づける.

以上のほか，原材料名の表示，アレルゲンの表示，栄養強調表示の方法，栄養機能食品の追加と対象範囲の拡大，加工食品と生鮮食品の区分の統一などに関して新たに改定された.

2）健康増進法（平成14年制定）

この法律の第1条（目的）は，「我が国における急速な高齢化の進展及び疾病構造の変化に伴い，国民の健康の増進の重要性が著しく増大していることにかんがみ，国民の健康の増進の総合的な推進に関し基本的な事項を定めるとともに，国民の栄養の改善その他の国民の健康の増進を図るための措置を講じ，国民保健の向上を図る.」としている．この法律の中で食品の安全に関する主な事項（第6章：第26条～第33条）は次のようである.

① **特別用途食品等の表示**：　販売に供する食品について，乳児用，幼児用，妊産婦用，病者用などの特別の用途に適する旨の表示をしようとする者は，内閣総理大臣の許可を受けなければならない．特別の用途に適する旨の表示には，「食生活において特定の保健の用途の目的で摂取する者に対し，その摂取により当該保健の目的が期待できる旨の表示」も含む（特定保健用食品）.

> 特別用途食品
> p.22 も参照.

② **検査・収去**：　内閣総理大臣または都道府県知事は，必要があると認めるときは，職員に特別用途食品の製造施設，貯蔵施設または販売施設に立ち入らせ，特別用途食品を検査させ，または試験に供するに必要な限度において当該特別用途食品を収去させることができる.

③ **栄養表示基準**：　販売に供する食品につき，栄養成分または熱量に関する表示をしようとする者，日本において販売に供する食品で栄養表示されたものを輸入する者は，厚生労働大臣の定める栄養表示基準に従い，必要な表示をしなければならない.

3）と畜場法（昭和28年制定）

この法律の第1条（目的）は，「と畜場の経営及び食用に供するために行う獣畜の処理の適正の確保のために公衆衛生の見地から必要な規制その他の措置を講じ，もって国民の健康の保護を図ることを目的とする.」としている．本法の要点は以下のようである.

① 食用に供する目的で獣畜（本法では，ウシ，ウマ，ブタ，めん羊およびヤギをいう）をと殺・解体するための施設（と畜場）を設置する場合には，都道府県知事または保健所設置市長の許可を受けなければならない（第4条）.

② と畜場以外の場所では，食用に供する目的でと殺・解体を行うことはできない（第13条）

③ 衛生確保のためのと畜検査は，次の3段階で義務づけられている（第14条）.

（ⅰ）生体検査：と殺を行う前には，検査を受けなければならない.

（ⅱ）解体前検査：と殺した後，解体前に検査を受けなければならない.

（ⅲ）解体後検査：解体された肉，内臓，血液，骨および皮は，検査を受けた後でなければ，と畜場外に持ち出してはならない.

④と畜場以外の場所で解体された肉，内臓又は解体後検査を受けずに持ち出された肉，内臓を食用として販売する目的で譲り受けてはならない（第15条）.

⑤検査は，都道府県・保健所設置市職員であると畜検査員が行う（第19条）.

⑥都道府県知事及び保健所設置市長は，検査の結果，獣畜が疾病にかかり食用に供することができないと認めた場合においては，獣畜のと殺または解体の禁止，その他の措置を講じさせることができる（第16条）.

4）牛海綿状脳症対策特別措置法（平成14年制定）

この法律の第1条（目的）は，「牛海綿状脳症の発生を予防し，及び蔓延を防止するための特別の措置を定めること等により，安全な牛肉を安定的に供給する体制を確立し，もって国民の健康の保護並びに肉用牛生産及び酪農，牛肉に係る製造，加工，流通及び販売の事業，飲食店営業等の健全な発展を図ることを目的とする.」としている．本法の要点は以下のようである.

①牛海綿状脳症の発生が確認された場合またはその疑いがあると認められた場合，国及び都道府県が講ずべき措置（対応措置）に関する基本計画を策定する（第3,4条）.

②ウシの肉骨粉を原料等とする飼料をウシに使用してはならない（第5条）.

③と畜場における牛海綿状脳症に係る検査について（第7条）.

（ⅰ）と畜場内で解体された厚生労働省令で定める月齢以上のウシの肉，内臓，血液および皮は，都道府県知事，保健所設置市長の行う検査を経たのちでなければ，と畜場外に持ち出してはならない.

（ⅱ）と畜場設置者又は管理者は，ウシの脳及び脊髄等の特定危険部位については，学術研究の用に供するために都道府県知事または保健所設置市長の許可を受けた場合を除き，焼却処理しなければならない.

（ⅲ）と畜場内においてウシのと殺または解体を行う場合には，ウシの特定危険部位によるウシの枝肉および食用に供する内臓の汚染を防ぐよう処理しなければならない.

④ウシに関する情報の記録などについて（第8条）

（ⅰ）国は，ウシ1頭ごとに生年月日，移動歴その他の情報を記録・管理するための措置を講じる.

（ⅱ）ウシの所有者は，ウシ1頭ごとに個体を識別できる耳標を着け，情報の記録・管理に必要な情報を提供しなければならない.

5）食鳥処理の事業の規制及び食鳥検査に関する法律（平成2年制定）

この法律の第1条（目的）は，「食鳥処理の事業について公衆衛生の見地から必要な規制その他の措置を講じるとともに，食鳥検査の制度を設け，食鳥肉等に起因する衛生上の危害の発生を防止し，もって国民の健康の保護を図ることを目的とする.」としている．本法の要点は以下のようである.

①食鳥をと殺し，及びその羽毛を除去したり，食鳥と体の内臓を摘出する事業を行う者は，食鳥処理場ごとに，都道府県知事，保健所設置市または特別区長の許可を得ねばならない（第3条〜第7条）.

厚生労働省令で定める月齢
検査対象は21か月齢以上.

特定危険部位
ウシの頭蓋（舌，頬肉を除く），脊髄，回腸遠位部（盲腸結合部から2m以上）をいう.

食鳥
ニワトリ，アヒル，シチメンチョウ，その他一般に食用に供する家禽類をいう.

食鳥と体
と殺し羽毛を除去した食鳥で，内臓を摘出する前のものをいう.

食鳥中抜きと体
食鳥と体から内臓を摘出したものをいう.

食鳥肉等
内臓を摘出した後の食鳥の肉，内臓および皮をいう.

②食鳥処理業者は，自己の名義をもって，他人に食鳥処理の事業を営ませてはならない（第10条）．

③食鳥処理業者は，食鳥処理場を衛生的に管理し，食鳥，食鳥と体，食鳥中抜きと体および食鳥肉等を衛生的に取り扱い，その他公衆衛生上必要な措置を講じなければならない（第11条）．

④食鳥処理業者は，食鳥処理を衛生的に管理させるため，食鳥処理場ごとに一定の資格を有する食鳥処理衛生管理者を置かねばならない（第12条）．

⑤衛生確保のため食鳥検査は，次の3段階において行わねばならない（第15条）．

（ⅰ）生体検査：食鳥をと殺しようとするときは，その食鳥の生体について都道府県知事が行う検査を受けねばならない．

（ⅱ）脱羽後検査：食鳥と体の内臓を摘出しようとするときは，その食鳥と体表面の状況について都道府県知事等が行う検査を受けねばならない．

（ⅲ）内臓摘出後検査：食鳥処理業者は，食鳥と体の内臓を摘出したときは，その内臓および中抜きと体の体壁の内側面の状況について都道府県知事などが行う検査を受けねばならない．

⑥食鳥検査に合格した後でなければ，食鳥と体，食鳥中抜きと体，または食鳥肉等を食鳥処理施設外に持ち出してはならない（第17条）．

⑦食鳥処理場外で処理した，食鳥と体，食鳥中抜きと体または食鳥肉等や，検査に合格する前に処理場外に持ち出された食鳥と体，食鳥中抜きと体または食鳥肉等を食品として販売する目的で譲り受けてはならない（第18条）．

⑧都道府県知事は，検査の結果，食鳥が疾病にかかったものに係るものであるため，食用に供することができないと認めた場合などにおいては，食鳥処理の禁止，その他の措置を講じさせることができる（第20条）．

6）食品の製造過程の管理の高度化に関する臨時措置法（HACCP支援法）

この法律は，食品の安全性の確保と品質管理の高度化に資するHACCP手法の導入を推進するために必要となる施設整備に対する長期低利融資等の措置を行うために，平成10年に5年間の時限法として制定された．平成15年に5年間延長することになり，さらに最近の国民の食の安全・安心に対する関心が高まったことなどから，HACCP手法の導入を引き続き促進するために平成20年に法の適用期限を5年間延長し，さらに平成25年6月にこの法律を10年間延長するとともに，HACCP導入のための施設・体制整備支援対象とした．

この法律の第1条（目的）は，「食品の製造過程において，食品に起因する衛生上の危害の発生の防止と適正な品質の確保を図るため，その管理の高度化を促進する措置を講じ，もって公衆衛生の向上及び増進に寄与するとともに，食品の製造又は加工の事業の健全な発展に資することを目的とする．」としている．本法の要点は以下のようである．

①厚生労働大臣及び農林水産大臣は，製造過程の高度化に関する基本方針を定めて公表する（第3条）．

基本方針では次のことを定めることとしている．

（ⅰ）製造過程の管理の高度化の基本的な方向

（ⅱ）高度化基準の作成に関する基本的事項

（ⅲ）その他製造過程の管理に関する重要事項

②厚生労働大臣及び農林水産大臣の指定法人は，食品の種類ごとに製造過程の管理の高度化に関する基準を作成し，これを厚生労働大臣及び農林水産大臣に提出して，当該高度化基準が基本方針に照らして適切なものである旨の認定を受けることができる（第4条）.

③食品の製造・加工業者は，その製造・加工食品の種類及び製造・加工施設ごとに，製造過程管理の高度化計画を作成し第4条で認定を受けた指定法人に提出して，認定された高度化基準に適合するものである旨の認定を受けることができる（第8条）.

④上記の認定を受けた事業者は，製造過程の管理の高度化を行うのに必要な長期・低利の資金の貸し付けを受けることができるほか，税制上の優遇措置が認められている（第10条）.

1.5 ····· 食品安全行政

食品安全行政の目的は，食品の安全性の確保のための施策を充実させることによって国民の健康の保護をはかることにある．本行政は，食品衛生法と食品安全基本法を軸として，と畜場法，食鳥処理の事業の規制および食鳥検査に関する法律（略称：食鳥検査法）などを根拠法として実施されている．また，関連法として食品の製造過程の管理の高度化に関する臨時措置法や健康増進法も含まれる．すでに述べたように，食品安全基本法ではリスク評価を，食品衛生法および関連法ではリスク管理を担うことになる．リスク評価は，実際には食品安全基本法に基づき設立された食品安全委員会が実施することになる（p.4 図1-3参照）.

1）食品安全行政組織

1938（昭和13）年に厚生省が設置されたことにより，それまで内務省衛生局が担当していたが，わが国の食品安全担当行政は，厚生省衛生局が担当するようになった．その後数次の組織改編を経て，現在は厚生労働省食品安全部が担当している．食品安全部の構成は現在下記のようになっている.

◇食品安全部

○企画情報課：食品安全部諸将業務総合調整，リスクコミュニケーション

・国際食品室：食品安全部所掌に関する国際問題事務の総合調整

・検疫所業務管理室：検疫業務，輸入食品監視

○基準審査課：食品全般，添加物，農薬・動物用医薬品および容器などの規格・基準設定，表示の基準設定

・新開発食品保健対策室：特別用途表示，栄養基準表示，特定保健用食品，栄養補助食品，バイオテクノロジー技術応用食品の安全性審査

○監視安全課：食品監視全般，食中毒対策等健康危機管理，食肉・食鳥肉安全対策，HACCPの普及促進，GLP，環境汚染物質対策，化製場などの衛生対策

・輸入食品安全対策室：輸入食品の安全対策

GLP (Good Laboratory Practice)
登録検査機関の適正化.

化製場
獣畜（ウシ，ウマ，ブタ，めん羊，ヤギ）の肉，皮，骨，臓器などを原料として，皮革，油脂，にかわ，肥料，飼料，その他のものを製造する施設（化製場等に関する法律）をいう.

2）食品安全行政と食品衛生法

　食品安全行政の根幹となる法律は，食品衛生法である．本法では，食品，添加物，器具，容器包装などの規格基準の設定と監視，食品の製造や販売に関する衛生管理および営業許可などを実施している．食肉および食肉製品などの安全確保は，と畜場法と「食鳥検査法」によって実施している．また，関連情報の公開や調査研究における国際協力も食品安全行政のなかで重要になっている．

　さらに，国内における営業者への監視・指導や営業の許可，禁止，食品の検査などは地方自治体が担当地域の保健所を通じて実施している．食品の輸入時の監視については，国の機関である全国32か所に設置された検疫所の食品監視窓口が担当している（平成29年4月現在）（図1-4）．

　食品衛生法は，「規制法」である．食品の規格基準，施設基準，管理運営基準，表示基準などの基準策定の枠組みと，国による輸入時の監視や都道府県などによる国内食品関係営業施設などに対する監視指導の枠組みが定められている．また罰則が定められており，それらの概要は次のようである．

ⅰ）基準設定

　①**規格基準**：　厚生労働大臣は，公衆衛生の見地から薬事・食品衛生審議会の意見を聴いて，食品または添加物の成分規格や製造，加工，使用等に関する基準を定めることになっており，省令，告示により詳細な基準が定められている．また，同様に販売の用に供したり，営業上使用する器具，容器包装やそれらの原材料の規格を定め，またこれらの製造方法の基準を定めている．これらの基準に合致しないものは製造，輸入，販売，使用等が禁止される．また，一定の量を超えて農薬などが残留する食品の販売などを原則禁止するポジティブリスト制度（後述）が制定さ

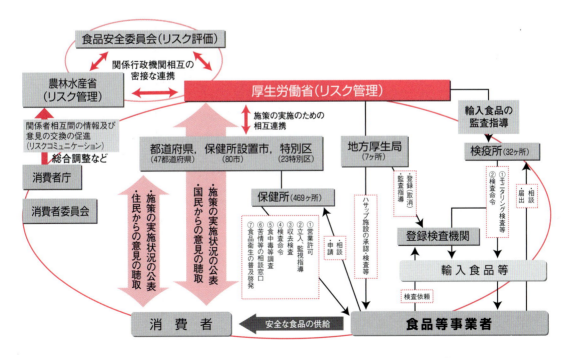

● 図 1-4 ●　食品安全行政の概要（国民衛生の動向，2018／19年）

れている.

② **表示基準**：　厚生労働大臣は，公衆衛生の見地から薬事・食品衛生審議会の意見を聴いて，食品表示に係る表示について必要な基準を定めることになっており，この基準に合致しないものは販売などが禁止される.

③ **施設基準**：　都道府県知事などは飲食店等の公衆衛生に与える影響が著しい営業の施設に対して，条例で業種別に，施設の構造，食品取扱設備，給水，汚物処理等に基準を定めている．この基準に適合する施設は，食品衛生法に基づいて都道府県知事などから営業許可が与えられる.

④ **管理運営基準**：　都道府県などは，営業施設に対して公衆衛生の見地から施設の管理，食品取扱設備の管理，食品の取扱い，食品取扱者の衛生管理などについての基準を定めている．都道府県などは，この基準に適合しない施設の営業許可の取消しまたは営業を禁停止させることができる.

ⅱ）監視体制

① **国内流通食品**：　都道府県等の保健所は，食品衛生法に基づいて食品衛生監視員の立入り検査などにより，食品関係営業施設などを対象に食品の規格基準，施設基準等の遵守に関して監視指導を行う.

② **輸入食品の届出**：　販売の用に供し，または営業上使用する食品，添加物，器具，容器包装を輸入しようとする者は，その都度厚生労働大臣に届け出なければならないこととされており，実際には通関手続きを行う海空港を管轄する検疫所に届出を行う.

③ **輸入食品に対する検査命令等**：　厚生労働大臣は，食品衛生上の危害を防止する必要がある場合，生産地の事情，過去の違反事例等から食品衛生法に違反するおそれがあると認められる食品，添加物，器具または容器包装を輸入する者に対して当該物件について，厚生労働大臣または登録検査機関による検査を命令する（検査命令）．命令を受けた者は検査を受けて結果の通知を受けるまで食品などの販売または営業上の使用は禁止される．また，検疫所では，食品衛生監視員が届出を審査し，違反の可能性の高い食品などについて検査命令を行う．またその他の食品などについても計画的なモニタリング検査を実施している．検査によって，食品衛生法違反が判明した食品などは廃棄，積み戻しなどの措置が行われる.

> **監視指導指針**
> 国および都道府県等が行う食品衛生に関する監視指導の重点などを示した指針.

④ **監視指導指針および監視指導計画**：　厚生労働大臣による監視指導指針に基づき，毎年度，輸入食品に対する検査の実施などに関する輸入食品監視指導計画を策定・公表し，計画の実施状況も公表することになっている.

ⅲ）罰　則

食品衛生法違反には，営業者に対する食品などの廃棄命令，回収命令，営業施設の整備改善命令，本国への積み戻し命令，営業許可の取消し，営業のすべてまたは一部禁停止などの行政処分を果たすことができる．また，違反行為者に対して，罰金刑，懲役刑が科されることがある.

3）食品，器具・容器包装材の規格基準

ⅰ）食品の規格基準

国内に流通する食品はすべて食品衛生法の適用を受ける．具体的には，同法省令

に基づく成分規格，製造・加工・調理基準，保存基準が定められ規制されている．ここで規格基準とは，成分規格，製造・加工・調理基準，保存基準を総称するものである．一定の品質を確保する必要があるか，腐敗しやすくその安全性の確保が困難と思われる食品に規格基準が設定されている．規格基準は，食品一般に対するものと，個別品目に対するものとがある．食品一般に対する規格基準を表1-1に示した．清涼飲料水，食肉および魚介類については個別品目ごとに重金属，細菌数，化学物質等の項目が示されている．個別規格の1例として魚肉練り製品の規格基準を表1-2に示した．また，乳および乳製品は，乳幼児から高齢者に至るまで幅広く利用されることから，衛生上問題が生じた場合にはその影響が非常に大きくなるために，食品一般とは別に「乳及び乳製品の成分規格等に関する省令（乳等省令）」で規格基準が示されている．「牛乳」の規格基準を表1-3に示した．

また，食品衛生法では，食品中の残留農薬および動物用医薬品（合成抗菌剤，抗生物質，内部寄生虫薬など：ウシ・ブタなどの獣畜や食鳥，魚介類）も食品成分とみなし，農薬・医薬品ごとに規格が定められている．対象食品群は，農薬については穀類，豆類，野菜類，種実類，茶およびホップであり，動物医薬品については食肉・鯨肉類，食鳥卵類，魚介類および生食用カキである．

ii）食品添加物の規格基準

食品衛生法では，「食品添加物とは食品の製造過程で使用する物または食品の加

●表1-1● 食品一般の規格基準（抜粋）

成分規格	食品：抗生物質を含有していないこと． 食肉，食鳥卵，魚介類は，化学合成品である抗菌性物質を含有しないこと． 食品が組換えDNA技術によって得られた生物の全部もしくは一部であり，又は当該生物の全部又は一部を含む場合は，厚生労働大臣が定める安全性審査を受けたことが公表されたものでなければならない． 食品が組換えDNA技術によって得られた微生物を利用して製造されたものまたは当該物を含む場合は上記と同様安全性審査を受けたことが公表されたものでなければならない． 「特定保健用食品」は厚生労働大臣が定める安全性及び効果の審査を受けたものでなければならない．
製造基準	食品を製造，加工する場合は，食品に放射線を照射してはならない． 生乳，生山羊乳を使用して食品を製造する場合は，生乳，生山羊乳は62℃，30分またはこれと同等以上の殺菌効果を有する方法で加熱殺菌する．食品に添加する乳は，牛乳，特別牛乳，殺菌山羊乳，部分脱脂乳，脱脂乳又は加工乳でなければならない． 獣畜の血液，血球，血漿を使用して食品を製造，加工，調理する場合は，それらの工程中で63℃，30分あるいはこれと同等以上の殺菌効果を有する方法で加熱殺菌する． 食品の製造，加工，調理に使用する殻付き卵は，食用不適切であってはならない．鶏卵を使用して食品を製造，加工，調理する場合は，工程中において70℃で1分以上あるいはこれと同等以上の殺菌効果を有する方法で加熱殺菌しなければならない． 食品を製造，加工する場合は，食品に放射線を照射してはならない．加工する場合は，添加物の成分規格・保存基準・製造基準に適合しない添加物を使用してはならない．
保存基準	飲食用以外の氷雪で，直接接触させて食品を保存するための氷雪は（融解水），大腸菌群陰性でなければならない． 食品を保存する場合は抗生物質を使用しない． 食品保存の目的で，食品に放射線を照射しない．

●表1-2● 魚肉練り製品の規格基準（要点抜粋）

成分規格	大腸菌群：陰性 亜硝酸根：0.050 g/kg以下（魚肉ソーセージ，魚肉ハム）
製造基準	製造に使用する魚介類は鮮度が良好である． 魚体やおろした魚肉は十分に洗浄して清潔な容器に入れる． 水さらしは衛生的な水を使い十分換水する． 使用する砂糖やでん粉，香辛料は芽胞数が1000/g以下のものを使用する． 殺菌温度は中心温度が75℃以上で加熱する．
保存基準	10℃以下に保存（魚肉ソーセージ，魚肉ハム，特殊包装かまぼこ），ただし気密性容器包装に充填後，120℃，4分殺菌（同等以上の方法を含む）した製品およびpH 4.6以下または水分活性0.94以下のものを除く． 冷凍製品は−15℃以下に保存する．

●表1-3● 牛乳の規格基準（要点）

成分規格	比重：1.028～1.034（ジャージー種の乳は1.028～1.036） 酸度：0.18%以下（ジャージー種の乳は0.20%以下） 無脂乳固形分：8.0%以上 細菌数：5万/mL以下 大腸菌群：陰性
製造基準	殺菌は63～65℃で30分以上，またはこれと同等以上の効果を有する方法で加熱殺菌する．
保存基準	殺菌後直ちに10℃以下に冷却して保存する（常温保存可能なものを除く）． 常温保存可能品は常温を超えない温度で保存する．

工・保存の目的で使用する物」と定義されている．添加物は原則として厚生労働大臣が指定したもの（指定添加物）以外は使用できないが，既存添加物として記載されているいわゆる天然添加物と天然香料は指定を免除されており，現時点では安全上の問題がない限り使用できる．一般に，食品添加物は生涯にわたり摂取されるため厳しい規制が課せられている．指定添加物およびいくつかの既存添加物が規格・基準によって規制されている．規格については，化学的・物理的性状を含む物質の特質・本質に関するものが，基準には製造，貯蔵，使用に係るものが含まれている．これらの規格・基準は，表示基準，保存基準も含めて「食品添加物公定書」で公表されている（第6章「食品添加物」も参照）．

① **食品添加物およびその製剤の表示**：　販売を目的としたすべての食品添加物または添加物製剤には，その包装に食品衛生法に規定する必要な情報を日本語で表示しなければならない．表示には，物質名，製造者名，製造所の所在地，使用方法などが含まれる．

② **食品添加物を含む食品の表示**：　食品衛生法では，例外はあるが，食品添加物を含むすべての食品に対して物質名を表示しなければならない．表示に使用する物質名は原則として化学名であることとしているが，一般に広く用いられている名称があればその使用が認められる．甘味料，着色料，保存料，糊料，酸化防止剤，発色剤，漂白剤，防かび剤の8種については，たとえば，「保存料（ソルビン酸）」のように物質名と用途名を併記する．また，着香料やpH調整剤などは物質名の記載は免除される．

iii）器具・容器包装製品の原材料，性質，用途

器具や容器包装に用いられる素材原料，その性質，用途の概要を表1-4にまとめた．器具，容器，包装のそれぞれに特定の原料がある．プラスチックの成型後に熱をかけると軟化する素材を熱可塑性，軟化しない性質を熱硬化性という．

iv）おもちゃの規格基準

おもちゃは，乳幼児が接触することにより健康を損なうおそれがあるものとして

●表 1-4 ● 器具・容器包装材の概要

分類		素材・製品の原料	性質	用途
器具・容器	金属	アルミニウム	熱伝導がよい．軽い．柔らかく傷つきやすい．酸・アルカリ・塩に弱い．空気中で錆びない．加工が容易．再生できる．多用されている．油なじみは悪い．磁性がなく，電磁調理器（IH）に使用できない．	ゆで物用の鍋など．皿，箱など．短時間の食品保存．
		鉄	熱伝導がよい．重い．安価．加工が容易．多用されている．磁性があり，IHに利用できる．鉄分が溶出する．錆びやすい．油なじみがよい．洗浄に洗剤を使わないのが基本．	中華鍋，フライパンなど高温調理に用いる．炒め物，焼き物．包丁類．
		ブリキ	鉄材から作った鋼板にスズをメッキしている．酸や塩に侵食されやすい．大気に触れると酸化が進む．スズが溶出する．開缶後は内容をすぐに別に移す．	缶詰．
		ティンフリースチール	鋼板をクロム処理している．スズ（ティン）の溶出がない．	缶詰．
		ステンレス鋼	鉄とクロムやニッケルとの合金．さびにくい．熱伝導が悪い．焦げ付きやすい．油のりが悪い．酸・アルカリに強い．衝撃に強い．耐腐蝕性が高い．クロム・ステンレス鋼はIH可能．	保存容器．ボウル．バット．
		銅	熱伝導が非常によい．容器全体に速やかに熱が伝わる．重い．変色する．酸・油に弱い．緑青（ろくしょう）が発生する．利用にはスズあるいは銀メッキが必要．	ゆで物，煮物．鍋類．

	金属	チタン	非常に軽い. 強い. 丈夫. 錆びない. 酸やアルカリに強い. 溶出がない. 熱伝導は悪い.	中華鍋. 保存容器.
器具・容器	セラミック	耐熱ガラス	熱伝導が非常に悪い. 焦げ付きやすい. 急激な温度変化に耐える. 衝撃に強い. 割れにくい. 金属臭がない. 溶出物がない.	各種の鍋. 電子レンジによる調理用.
		陶磁器	保温性がよい. 熱伝導が悪い. 衝撃に弱い. 割れやすい.	長時間の煮物料理に適する. かゆ炊き, 鍋物に用いる.
	表面加工	ホーロー	鉄にガラス質の釉薬を被覆し焼き付けたもの. 鉄（安価で強固）とガラス（耐腐蝕性など）の両方の良さを持つ. 酸・塩に強い. アルカリに弱い. 熱伝導が悪い. 急激な加熱・冷却に弱い. IH 可能.	果物など酸性度の高いものを煮る. 食品の保存. 長期保存.
		フッ素系樹脂	こびりつきにくい. 耐熱性が低い.	油なしの調理に用いる.
包装・容器	熱可塑性プラスチック	ポリエチレン（PE）	安全性は高い. ヒートシール性が高い. 安価. 包装プラスチックの50%シェア. 軽い. 耐水性がよい. ガス遮断性は低い. 耐熱性は低い. 表面に印刷しにくい.	食品と直接触れる内面包材として利用. 青果物の包装. ラップフィルム, ざる, 容器, 食器, バケツ, コップ.
		ポリエチレンテレフタレート（PET）	安全性が高い. 低温から高温に耐える. 透明性が高い. ガス遮断性が高い. ペットボトルのPETのこと. 燃焼時に有害ガスが出ない.	各種清涼飲料水用ボトル, レトルト食品.
		ポリ塩化ビニリデン（PVDC）	ガス遮断性が高い. 耐熱性が高い. 強度が高い.	ソーセージなどのケーシング, ラップフィルム.
		ポリ塩化ビニル（PVC）	低温, 高温, 溶剤に弱い. 安価. 着色が容易. 塩素を含むため, 低温燃焼（800℃以下）によりダイオキシンが発生する.	ラップフィルム, ゴム代用品.
		ポリカーボネート（PC）	ガス遮断性が低い. 使用温度範囲が広い（-100～230℃）.	冷凍食品用カップ, 低温充填され高温で膨張するプリン容器.
		ポリプロピレン（PP）	耐熱性, 透明性, 耐薬剤性, 耐酸性が高い. 加工が容易.	レトルトパック, 食器, 水筒.
		ポリスチレン（PS）	ガス遮断性が高い. 耐熱性は高くない. 安価. 加工性が高い. 多用されている.	卵のパック, ストロー, まな板, 乳酸菌飲料用ボトル. カップ麺の容器.
		AS樹脂（AS）	アクリロニトリルと, スチレンの縮重合物. 機械的強度が高い. 薬品耐性がある. 透明性あり.	ケース, 酒類用パック, 食品用機器部品.
		ABS樹脂（ABS）	アクリロニトリル, ブタジエンおよびスチレンの縮重合物. 耐衝撃性, 耐薬品性, 耐熱性が高い.	ケース, 食品用機器部品.
		ポリメタクリル酸メチル（PMMA）	透明, 輝きのある樹脂. 安価. 衝撃に弱い. 酸に強い. アルカリや有機溶剤に弱い.	コップ, しょう油・ソース入れ.
		ナイロン（NY）	耐摩耗性が高い. 耐油性が高い. 強靭.	レトルトパウチ, 冷凍食品.
	熱硬化性プラスチック	フェノール樹脂（PF）	硬い. 環境耐性が高い. 耐酸性, 耐熱性, 安価.	弁当箱, 漆器の素地材, 一般食器.
		尿素（ユリア）樹脂（UF）	無色透明, 着色が容易. 安価. 燃えやすい.	お盆, 茶たく, 一般食器, 漆器の素地材, おもちゃ, ボトルキャップ.
		メラミン樹脂（MF）	無色透明. 光沢がある. 耐水性. 耐熱性. 硬い. 安価. 強酸, 強アルカリに弱い. 衝撃性が低い（ヒビが入りやすい）.	食器, お盆, 箸など各種食器.
	アルミニウム		遮光性が高い. ガス遮断性が高い.	レトルトパウチ, アルミホイル.
	紙	ポリエチレン加工紙	クラフト紙にポリエチレンを加工したもの. ラミネート. 密閉性が高い. 耐水性, 防湿性が高い.	冷凍食品, ジュース類, 牛乳パック, 紙コップ, カップ麺容器.
		グラシン紙	化学パルプを原料とした紙に光沢をつけた薄紙, 半透明, 光沢, 耐水性, 耐脂性あり, 通気性なし.	ビスケット, 洋菓子の包装.
		硫酸紙	化学パルプを用いてすいた紙を, 濃硫酸処理した紙, 半透明, 耐水性あり, 耐油性あり, 通気性なし, 紙として丈夫.	バター, チーズ, カニ缶の包装.
		パラフィン紙	グラシン紙にパラフィンを含浸させたもの.	紙コップ, キャラメルの包装, 中華まんやケーキの底紙.
		ターポリン紙	2枚の紙でアスファルト（防湿素材）を挟んだもの. 防水性が高い.	緑茶の包装.

環境汚染物質

環境由来の汚染物質をいい，食品中に残留する汚染物質には，ダイオキシン，PCB，水銀やカドミウムなどの重金属がある．

自然毒

熱帯・亜熱帯地域で収穫される落花生，ナッツ類，香辛料などにはカビが産生するアフラトキシン類が検出されることがあるので，輸入食品の検査を行い検出されたもの（アフラトキシンB_1：検出限界10 ppb）の輸入・販売は認められない．水産食品についてはフグ毒，貝毒，シガテラ毒などのマリントキシンが問題となり，フグについては食用可能な漁獲海域，魚種，部位を限定し，有毒部位を確実に除去できる者（フグ調理師）に施設を限定して処理を認めている．貝毒については，麻痺性貝毒と下痢性貝毒の規制値を設け，国産品については生産海域における採取規制，輸入品については輸入に必要に応じて検査を行っている．シガテラ毒魚については，特定の魚種の輸入・販売を禁止している．

厚生労働大臣が指定したものが対象になる．おもちゃには規格および基準が設定されており，おもちゃそのものと原材料については規格が，基準には製造基準がある．

規格は，おもちゃそのもの（写し絵や折り紙）とおもちゃの製造に用いる原材料（塩化ビニル樹脂塗料，ポリ塩化ビニルを主体とする材料，ポリエチレンを主体とする材料），ゴム製おしゃぶりが対象になっている．

また，製造基準では，おもちゃに使用される着色料を規制している．合成着色料については，原則として食品衛生法（第10条）に基づき厚生労働大臣が指定した着色料以外は使用できない．

v）洗浄剤

野菜および果実などの食品および食器類の洗浄に用いる洗浄剤も食品衛生法の規制対象になる．規格基準は，ヒ素，重金属，メタノールなどに関する成分規格と使用基準が設定されている．

vi）食品中の汚染物質の規格値と暫定規制値

食品は，通常成分以外にさまざまな化学物質を含有することがある．それらは，2つのグループに大別される．1つは食品添加物，残留農薬，残留動物用医薬品である．これらは食品の生産・製造・加工の過程で意図的に使用された結果として含有される場合があるもので，食品，食品添加物などの規格基準で規制値（表1-5）が設定されている．他は，自然毒，ダイオキシンやPCBなどの環境汚染物質や外因性内分泌かく乱化学物質（環境ホルモン）や放射性物質であり，いくつかについては暫定規制値（表1-6，表5-12参照）が設定されている．

4）食品の表示基準

食品の表示は，消費者に食品の安全性の確保や食品選択の機会を確保する重要な意義を持っている．食品の表示について一般的なルールを定めた法律には，「食品

●表 1-5 ● 食品中の化学物質の規格

食品類	物質名	規制値
清涼飲料水	ヒ素，鉛，カドミウム	不検出
	スズ	150.0 ppm 以下
りんご搾汁及び搾汁された果汁のみを原料とする清涼飲料水	上記のほかパツリン	0.050 ppm 以下
粉末清涼飲料水	ヒ素，鉛，カドミウム	不検出
	スズ	150.0 ppm 以下
食肉製品	亜硝酸根	0.070 g/kg 以下
鯨肉製品		
魚肉練り製品（魚肉ソーセージ，魚肉ハム）		0.050 g/kg 以下
イクラ，スジコおよびタラコ（スケトウダラの卵巣を塩蔵したしもの）		0.005 g/kg 以下
寒天	ホウ素化合物	ホウ酸として 1 g/kg 以下
米	カドミウム及びその化合物	Cd として 0.4 ppm 以下
サルタニ豆，サルタピア豆，バター豆，ペギア豆，ホワイト豆，ライ豆	シアン化合物	HCN として 500 ppm 以下
小豆類（いんげん，ささげ及びレンズを含む）		不検出
えんどう		
そら豆		
落花生		
その他の豆類		
生あん		
即席めん類（麺を油脂で処理したもの）	油脂の酸価	3 以下
	油脂の過酸化物価	30 以下

注）食品，添加物等の規格基準より抜粋

外因性内分泌かく乱化学物質

環境由来の化学物質が生体の内分泌機能をかく乱し，人の健康に影響を及ぼす物質をいい，世界保健機関・国際化学物質安全計画（WHO/IPCS）の定義では，「内分泌系の機能に変化を与え，それによって個体やその子孫あるいは集団に有害な影響をもたらす外因性の化学物質または混合物」としている．これらの物質には，農薬，工業化学物質，医薬品等が含まれており，PCB，DDTやクロルデンのようにわが国では既に製造・使用・輸入が禁止されている物資も含まれている．

● 表 1-6 ● 食品中の環境汚染物質と自然毒の暫定規制値

物質名	食品	規制値
アフラトキシン	全食品	不検出
PCB	魚介類	
	遠洋沖合魚介類（可食部）	0.5 ppm
	内海・内湾（内水面を含む）魚介類（可食部）	3　 ppm
	牛乳（全乳中）	0.1 ppm
	乳製品（全量中）	1　 ppm
	育児用粉乳（全量中）	0.2 ppm
	肉類（全量中）	0.5 ppm
	卵類（全量中）	0.2 ppm
	容器包装	5　 ppm
水銀		
総水銀	魚介類*	0.4 ppm
メチル水銀		0.3 ppm **
貝毒		
麻痺性貝毒	貝類（可食部）	4　　 MU ***
下痢性貝毒		0.005 MU
デオキシニバレノール	小麦	1.1 ppm

* マグロ類（マグロ，カジキ，カツオ）および内水面水域の河川産魚介類（湖沼産の魚介類を含まない），並びに深海性魚介類など（メヌケ類，ケンメダイ，ギンダラ，ベニズワイガニ，エッチュウバイガイおよびサメ類については適用しない．
** 水銀として
*** MU（mouse unit）：マウス単位
・麻痺性貝毒：体重20 gのマウスを15分間で死に至らしめる毒量を1 MUとする．
・下痢性貝毒：体重20 gのマウスを24時間で死に至らしめる毒量を1 MUとする．

衛生法」，「農林物資の規格化及び品質表示の適正化に関する法律」，および「健康増進法」があり，それぞれ複数の表示基準が定められ，分かりにくくなっていた．食品表示法（平成25年6月公布）は上記3法の食品に関する規定を統合し，食品の表示に関する包括的・一元的な制度を設けたものである．平成27年4月から食品表示法に基づく新たな制度がスタートし，具体的な表示ルールが食品表示基準（内閣府令）に定められている．

（1）食品表示基準の構造

食品表示制度は，消費者の権利（安全確保，選択の機会の確保，必要な情報の提供）の尊重と消費者の自立の支援基本とすることを基本理念として，また食品表示は事業者に対しては相当のコストをかけて遵守する義務を負わせており，これを順守するための負担が相対的に大きくなる小規模食品関連事業者の活動や事業者間の公正な競争を確保する等の配慮規定も設けられている．

表示基準は，次のように5章から構成されている：第1章 総則（食品表示基準の適用範囲と用語の定義），第2章 加工食品，第3章 生鮮食品，第4章 添加物，第5章 雑則．表1-7に示したように，「加工食品」と「生鮮食品」に関しては「食品関連事業者」と「食品関連事業者以外の販売者」に係る基準に区分され，それぞれの区分の中で，義務表示（横断的義務表示，個別的義務表示，義務表示の特例），表示の方式，表示禁止事項等が規定されている．そのなかで，消費者向けの食品（一般用加工食品と一般用生鮮食品）の表示義務は，共通ルール（横断的義務表示）がまとめられており，さらに個別的義務表示が規定されている．共通ルールは，すべての食品に表示しなければならない事項と，一部の食品に表示が義務づけられている事項に分けて規定が設けられている．「添加物」も「食品関連事業者」と「食品関連事業者以外の販売者」に区分され，表示事項が規定されている．本書では，消費者向けの食品（一般加工食）の義務表示について述べる．

17

●表 1-7 ● 食品表示基準の条文構造

食品分離	事業者区分		内閣府令条文
加工食品	食品関連事業者[1]	一般用	横断的義務表示（3条），個別的義務表示（4条），義務表示の特例（5条），推奨表示（6条），任意表示（7条），表示方式等（8条），表示禁止事項（9条）
		業務用	義務表示（10条），義務表示の特例（11条），任意表示（12条），表示方式等（13条），表示禁止事項（14条）
	食品関連事業者以外の販売者[2]		義務表示（15条），表示方式等（16条），表示禁止事項（17条）
生鮮食品	食品関連事業者[1]	一般用	横断的義務表示（18条），個別的表示（19条），義務表示の特例（20条），任意表示（21条），表示方式等（22条），表示禁止事項（23条）
		業務用	義務表示（24条），義務表示の特例（25条），任意表示（26条），表示方式等（27条），表示禁止事項（28条）
	食品関連事業者以外の販売者[2]		義務表示（29条），表示方式等（30条），表示禁止事項（31条）
添加物	食品関連事業者		義務表示（32条），義務表示の特例（33条），任意表示（34条），表示方式等（35条），表示禁止事項（36条）
	食品関連事業者以外の販売者[2]		義務表示（37条），表示方式等（38条），表示禁止事項（39条）

1) 食品の製造・加工（調整・選別を含む）もしくは輸入を業とする者，または食品の販売を業とする者
2) バザー等で販売する者など，食品の製造・加工もしくは輸入を業としない者

（2）表示の方法

表示は消費者が必要とする表示を確認しやすいように，表示基準に従って一括表示欄を設けて次の事項を順に示すことが原則である．

① 名称，② 原材料名，③ 添加物（添加物欄を設けず原材料名の欄に原材料名と明確に区分して表示できる），④ 原材料原産地名，⑤ 内容量，⑥ 固形量，⑦ 消費期限または賞味期限，⑧ 保存方法，⑨ 原産国名，⑩ 製造者（場合に応じて製造者，加工者，輸入者を表示）．

（3）表示の共通ルール

ⅰ）名称：表示しようとする加工食品の内容を表す一般的な名称を表示する．

ⅱ）原材料名

① 使用した原材料に占める重量の割合の高いものから順に，最も一般的な名称で表示する．

② 2種類以上の原材料からなる複合原材料を使用する場合は，その複合原材料名の後に括弧を付け，複合原材料中の原材料に占める重量の割合の高いものから順に表示する．

ⅲ）添加物

指定添加物454品目，既存添加物365品目，天然香料612物質，一般飲食物添加物（イチゴジュース，寒天等）106品目に表示が義務づけられており（平成28年10月），添加物に占める重量の割合の高いものから順に添加物名を表示する．なお，栄養強化の目的で使用されるもの，加工助剤およびキャリーオーバーは表示が免除される．

添加物は，事項欄を設けずに原材料名の欄に原材料と明確に区分して表示できる．

> **表示項目**
> 表示に用いる文字は8 pt以上の大きさとするが，表示面積が150 cm²以下の場合は5.5 pt以上の活字を用いる．また，人の健康と直結する項目（保存方法，アレルゲン等）を除き，表示面積が30 cm²以下の場合は表示を省略できる．

例1：原材料と添加物を記号（／）で区分して表示

原材料名	豚ばら肉，砂糖，食塩，卵白，香辛料／リン酸塩（Na），調味料（アミノ酸），酸化防止剤（ビタミンC），コチニール色素

例2：原材料と添加物を改行して表示

原材料名	豚ばら肉，砂糖，食塩，卵白，香辛料 リン酸塩（Na），調味料（アミノ酸），酸化防止剤（ビタミンC），コチニール色素

例3：原材料と添加物を別欄表示

原材料名	豚ばら肉，砂糖，食塩，卵白，香辛料 リン酸塩（Na），調味料（アミノ酸），酸化防止剤（ビタミンC），コチニール色素

iv）内容量・固形量・内容総量

内容重量（g または kg 単位），内容体積（mL または L）または内容数量（個数等）で表示し，固形物に充塡液を加えて密封したものは，固形量や内容総量を g または kg 単位で明記する．

v）消費期限または賞味期限

① **消費期限**：最大5日を目安とし，品質の変化が急速で速やかに消費すべき食品に対するもので，年月日表示を必要とする．

② **賞味期限**：上記以外の食品で，品質が保たれる期間が3ヶ月以内のものは年月日表示，3ヶ月以上のものは年月表示を行う．

vi）保存の方法：開封前の保存方法を，食品の特性に従って表示する．

> 例 　直接日光，高温高湿を避けて保存してください
> 　　10℃以下で保存してください

vii）栄養成分の量と熱量

栄養成分表示は，健康で栄養バランスのとれた食生活を営むことの重要性を消費者自らが意識し，商品選択に役立てること，国際的にもコーデックス委員会で「栄養表示に関するガイドライン」に包装された食品の栄養表示を義務とすべきことが追記されたことなどから，原則としてすべての一般用加工食品および一般販売用の添加物に栄養成分表示が義務づけられている．

【栄養表示の基本】		
栄養成分表示（1袋当たり）		
熱量		○○○ kcal
たんぱく質		×× g
脂質		○× g
炭水化物		×○ g
食塩相当量		Y g

熱量，たんぱく質，脂質，炭水化物，ナトリウム（食塩相当量）を基本5項目といい，表示はこの順に記載せねばならない．なお，基本5項目以外の栄養成分は任意に表示できる（任意表示）．

viii）食品関連事業者等の氏名または名称

① 食品関連事業者等の氏名等：食品関連事業者のうち表示内容に責任を有する者の氏名または名称および住所（輸入品については輸入業者の営業所所在地）を表示する．表示責任者が販売者で，別に製造所がある場合は食品関連事業者を販売者と表示し，別に製造所の所在地および製造者の氏名を表示する．

② 製造所または加工所の氏名等：食品の製造または加工所の所在地および氏名または名称を表示する（食品関連事業者と製造者氏名，住所等が同一の場合は，製造者氏名・住所等を省略できる）．

③ 製造所固有番号：製造所名や住所を表示する場合，製造所が方々に所在したり，一部を委託製造している場合などは本社名と本社住所を記載し，実際の製造工場を特別な記号で表示でき，これを固有記号といい，たとえば「TS77」のようにアルファベットと数字を組み合わせて使用される．固有記号を用いる場合は消費者庁長官への届出が必要である．

（4）一定の要件に該当する場合に表示が必要な事項

i）アレルゲンを含む食品の表示

アレルギー物質を含む食品に起因する健康危害（食物アレルギー）が多くみられるようになったことから，このような危害を未然に防止するために，表示により消費者に情報を提供することを目的に，平成13年4月以降，発症数や重篤度から勘

食物アレルギー
食品中に含まれるある種の成分（アレルゲン）により，痒み，蕁麻疹，頭痛，吐き気，嘔吐，下痢等の症状を起こし，激しい場合にはショック症状を起こし死亡することもある．アレルゲンの多くはその食品に含まれる特有のタンパク質であり，人によって感受性が異なる．

案しアレルゲンを含むとして表示を義務付ける特定原材料（7品目）と，表示を奨励する特定原材料に準じるもの（20品目）を規定している．

　①**特定原材料**（府令で表示を義務づけ：義務表示）：えび，かに，卵，乳，小麦，そば，落花生の7品目．

　②**特定原材料に準ずるもの**（通知で定めている：推奨表示）：あわび，いか，いくら，オレンジ，カシューナッツ，キウイフルーツ，牛肉，くるみ，ごま，さけ，さば，ゼラチン，大豆，鶏肉，バナナ，豚肉，まつたけ，もも，やまいも，りんごの20品目．

　【表示例】

　　　・個別表示例

原材料名	○○（△△，ごま油），ゴマ，×××，醤油（大豆・小麦を含む），マヨネーズ（大豆・卵・小麦を含む），卵黄（卵を含む），食塩，○○○，酵母エキス（小麦を含む）／調味料（アミノ酸等），甘味料（ステビア），◇◇◇（大豆由来）

　　　・一括表示例

原材料名	○○（△△，ごま油），ゴマ，×××，醤油，マヨネーズ，卵黄，食塩，○○○，酵母エキス／調味料（アミノ酸等），甘味料（ステビア），◇◇◇，（一部に小麦・卵・ごま・大豆を含む）

ⅱ）L-フェニルアラニン化合物の表示

　L-フェニルアラニン化合物を含むか否かはフェニルケトン尿症の患者に必要な情報であることから，アスパルテームを含む食品には「L-フェニルアラニン化合物を含む」と表示する必要がある．

ⅲ）遺伝子組換え食品の表示

　遺伝子組換え食品は，他の生物から有用な性質を持つ遺伝子を取り出し，その性質を持たせたい植物などに組み込む技術を用いて利用して作られた食品である．平成13年から消費者の選択に資するという観点から遺伝子組換え食品の表示が義務化されている．

① 表示対象食品

　大豆，とうもろこし，ばれいしょ，なたね，綿実，アルファルファ，てん菜，パパイヤの8作物と，これを原材料として加工後も組み換えられたDNA等が検出できる33の加工食品群について，「遺伝子組換えである」または「遺伝子組換え不分別である」旨の表示をせねばならない．

② 表示基準

　・遺伝子組換え食品または遺伝子組換え食品を原料とする場合：表示は義務であり，「遺伝子組換え」，「遺伝子組換えのものを分別」と記載

　・遺伝子組換え食品が含まれていないことを確認していない場合：表示は義務であり，「遺伝子組換え不分別」と記載

　・遺伝子組換え食品が含まれていないことを確認している場合：表示は任意であり，「遺伝子組換えではない」，「遺伝子組換えでないものを分別」と記載可

　・特定遺伝子組換え農産物（高オレイン酸大豆，ステアリドンサン酸産生大豆，高リシン産生トウモロコシ）：表示は義務であり，「遺伝子組換え」と記載，

ⅳ）保健機能食品の表示

　近年，錠剤，カプセル剤の形状をしたビタミン，ミネラル，ハーブ類等を含む食品が流通している．このような栄養成分を含む食品は，適切に摂取することにより

健康の維持・増進に寄与するが，不適切な摂取をした場合には有害影響をもたらす可能性もある．このようなことから，健康に関わる有用性を表示する食品には，消費者が適切な選択を行えるように表示基準等を定めた保健機能食品制度が設けられている．

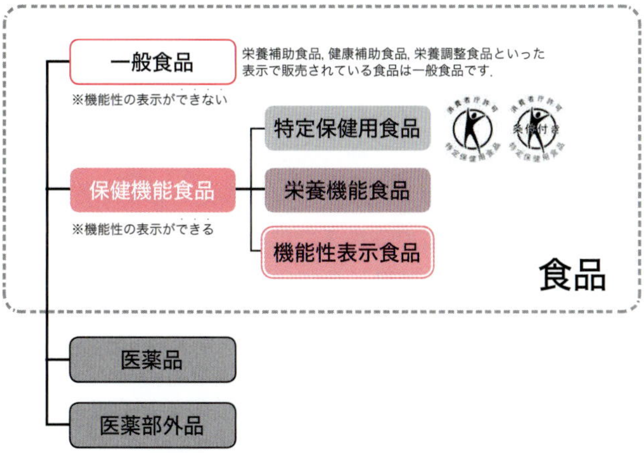

●図 1-5 ● 保健機能食品の位置づけ（『消費者の皆様へ「機能性表示食品」って何？』消費者庁食品表示企画課 (2015)）

この制度では，特定保健用食品と栄養機能食品および機能性表示食品の3つに分類（図 1-5）しており，これら保健機能食品では，食品または栄養成分または機能性関与成分の機能に関する表示以外に，摂取上の注意事項，1日当たりの摂取目安量，栄養成分量等を表示することになっている．

特定保健用食品は，通常の食生活において特定の保健の目的で摂取する人に対して，たとえば「おなかの調子を整える」等の健康強調表示ができるもので，食品の保健効果について個々の食品の組成・成分等から総合的に判断され商品ごとに消費者庁により個別審査され，許可・承認されている（平成 29 年 4 月現在 1,123 商品）．また，特定保健用食品は，有効性の科学的根拠は低いが，一定の有効性が確認される食品には「限定的な科学的根拠である」と表示することを条件として許可する条件付き特定保健用食品や，特定保健用食品として許可実績が十分にあるなど，化学的根拠が蓄積されている食品については，規格基準により許可する特定保健用食品（規格基準型）が認められており，また関与成分の疾病リスク低減効果が医学的・栄養学的に確立している場合は，特定保健用食品の許可表示の一つとして「疾病リスク低減表示」も認められている．

栄養機能食品は栄養成分（ビタミン，ミネラル等）の補給のために利用される食品で，栄養成分の機能の表示をして販売されるものである．栄養機能食品として販売するためには，1日当たりの摂取目安量に含まれる当該栄養成分量が定められた上〜下限値の範囲内である必要があるが，消費者庁の個別審査を必要としない．また，栄養機能表示だけでなく，注意喚起表示も必要である．

機能性表示食品は，安全性および機能性に関する一定の科学的根拠に基づいて，食品関連事業者の責任において特定の保健の目的が期待できる旨の表示を行うものとして，消費者庁長官に届け出たものであり，平成 29 年 3 月末現在 815 件が公表されている．科学的根拠等については，消費者庁は個別審査を行わないという点で特定保健用食品とは異なっている．

v）特別用途食品の表示

特別用途食品とは，健康増進法に基づき，健康上特別の状態にある人たちが，食事療法や健康の維持・増進などに利用できることを目的とした食品である．

特別用途食品は，次の5食品群が規定されている．

① 病者用食品

② 妊産婦・授乳婦用粉乳

③ 乳児用調製粉乳
④ えん下困難者用食品
⑤ 特定保健用食品

　病者用食品には単一食品と組合せ食品があり，また低たんぱく質食品，アレルゲン除去食品，無乳糖食品や総合栄養食品のような許可基準型のものと，個別評価型のものに区分されている．特定保健用食品は，食品衛生法施行規則で定める保健機能食品と健康増進法施行規則で定める特別用途食品の両方で規定されている．特別用途食品の表示をする場合には，厚生労働省の許可または承認を受けて，規定された許可・承認マーク（図1-6）に加え，厚生労働省令で定められた次の事項を表示しなければならない．

① 商品名
② 製造者名と製造所在地（製造者以外：許可を受けた者の氏名と営業所在地）
③ 許可を受けた表示の内容
④ 栄養成分量，熱量および原材料の名称
⑤ 消費期限または賞味期限

特定保健用食品：「特定保健用食品」であることを表示，内容量，1日あたりの摂取目安量，摂取上の注意事項，栄養素等表示基準値に対する割合および「食生活は，主食，主菜，副菜を基本に食事のバランスを」の文言を表示する．

vi）栄養表示基準制度

　わが国では，国民の健康増進に役立つよう食品選択を支援するために，食品表示法で栄養表示が義務づけられている（図1-7）．

① 熱量やビタミンなどの栄養成分の表示する場合は，主要栄養成分など（エネルギー，たんぱく質，脂質，炭水化物，ナトリウム，栄養表示された栄養成分）に関する標準的な表示を義務づける．

② 低，減，無，強化などの強調表示（低カロリー，減塩，ビタミンA強化など）を行う場合は，基準に合致した食品についてその表示を認める自己認証制度を導入している．

> **栄養素等表示基準値に対する割合**
> 栄養素等表示基準の定まった物であって，特定保健用食品として許可対象になった成分．

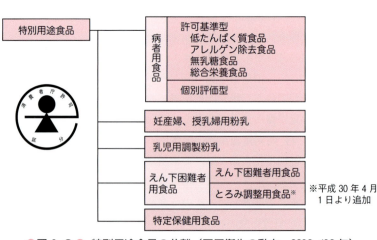

● 図 1-6 ● 特別用途食品の分離（国民衛生の動向，2018／19年）

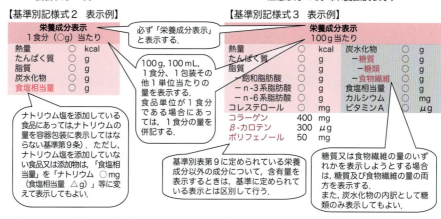

●図1-7● 栄養表示基準による食品の表示例（消費者庁：栄養成分表示及び栄養強調表示とは）

vii) 不適正表示に対する措置

食品表示基準に従わない食品の販売や食品関連事業者を防止するために，図1-8に示したように，食品表示法に基づき行政機関（内閣府，農林水産省，財務省）に次のような権限が与えられている．

① 食品表示基準に違反する食品を販売した場合，食品表示基準を遵守することを指示できる．

② 指示を受けた者が，正当な理由なしに指示に従わない場合は，指示に従うよう命令できる．

③ アレルゲンや消費期限等の消費者の生命または身体に対する危害の発生や拡大の防止を図るために緊急の必要があるときは，食品の回収等の措置をとるよう命令したり営業停止を命じたりすることができる．

④ 上記の措置をとるために必要な食品関連事業者への行政機関の立ち入り検査の権限が認められている．

⑤ 行政的な措置・処分を行った場合は，その内容の公表が義務づけられている．

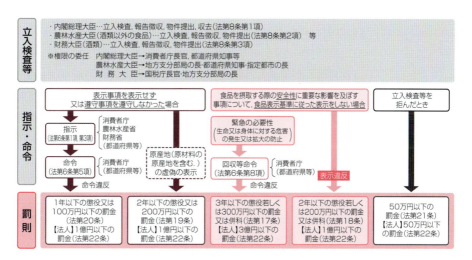

●図1-8● 食品表示法における立入検査，指示・命令，罰則の流れ（「早わかり食品表示ガイド（事業者向け）－食品表示基準に基づく表示－」消費者庁（2016））

5）総合衛生管理製造過程の導入

1995（平成7）年の食品衛生法の一部改正に際して，総合衛生管理製造過程承認制度が導入された．これはHACCPシステム（7章参照）を基礎とした食品の衛生管理手法を法律に位置づけたものである．この制度はHACCPシステムに基づく衛生管理が適切に実施されているかどうかを書類審査および現地調査により確認し，厚生労働大臣が各施設ごと，食品群ごとに承認を与えるものである．なお，承認の有効期間は3年であり，更新制度が設けられている．

現在，次の6種類の食品群がこの制度の対象になっている．
① 乳（牛乳，加工乳など）
② 乳製品（クリーム，アイスクリーム類，発酵乳，乳酸菌飲料，乳飲料等，脱脂粉乳など）
③ 清涼飲料水
④ 食肉製品（ハム，ソーセージなど）
⑤ 魚肉練り製品（かまぼこ，魚肉ハム・ソーセージなど）
⑥ 容器包装詰加圧加熱殺菌食品（缶詰・レトルト食品）

総合衛生管理製造過程の承認は，営業者がHACCPシステムの考え方に基づいて自らが設定した食品の製造・加工の方法および衛生管理の方法について，厚生労働大臣が承認基準に適合することを個別に確認するものである．これにより承認を受けた総合衛生管理製造過程を経た食品の製造・加工は，食品衛生法第11条（第1項）に基づく製造基準に適合した方法とみなされる．したがって，画一的な製造基準によらず，工程の各段階において安全性に配慮した多様な方法で食品を製造・加工できることが可能になっている．

6）輸入食品の安全性確保

わが国で流通する輸入食品の量は年々増加し，現在はカロリーベースで約60%に達している．特に平成7年にWTO協定の発効以来，農産物の貿易自由化，規制緩和政策が推進されたこと，国民の嗜好性の多様化により，今後も食品の輸入は増加していくことが予測される．このような状況において，輸入食品の安全性確保は食品安全行政のなかでも重要な事項となっている．

日本では，国と地方の両者が食品の監視を担当している．食品輸入時の監視は国（検疫所）が実施し，国内に流通する輸入食品の監視は国産品と同様に地方自治体（保健所）が実施する．厚生労働省は，全国の海港・空港に設置された32か所の検疫所に食品衛生監視員を配置して輸入食品の監視指導を行っている．また，検疫所の検査体制充実のために高度な分析を集中的に実施する「輸入食品・検疫検査センター」を横浜と神戸の2検疫所に設置し，添加物や微生物を中心に検査する検査課を6検疫所（成田空港・東京・名古屋・関西空港・大阪，福岡の検疫所）に設置している．輸入食品の安全性確保は，食品衛生法に基づいて年度ごとに策定される「輸入食品監視指導計画」に沿って実施される．監視体制の概要を図1-9に示した．

i）輸入食品監視指導計画

輸入食品の監視指導を効率的・効果的・重点的に実施するために，輸出国・生産地の事情などを踏まえて策定する計画である．策定に際しては消費者との意見交換

**食品衛生法
第11条第1項**

厚生労働大臣は，公衆衛生の見地から，薬事・食品衛生審議会の意見を聴いて販売の用に供する食品もしくは添加物の製造，加工，使用，調理もしくは保存の方法につき基準を定め，または販売の用に供する食品もしくは添加物の成分につき規格を定めることができる．

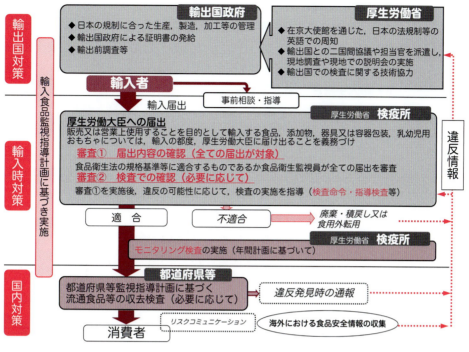

● 図 1-9 ● 輸入食品の監視体制の概要（国民衛生の動向, 2018／19 年）

会（リスクコミュニケーション）を開いて，広く国民の意見を求めている．

本計画では輸入食品の監視指導にあたって，①輸出国，②輸入時および③国内流通時の 3 段階で対策を講じることになっている．

①**輸入時における監視体制**： 検疫所の食品衛生監視員は，食品輸入届についてわが国の食品衛生法に適合するか否かを審査するとともに，輸入時または国内での違反の発生状況，海外情報に基づき，違反の可能性に応じた検査の実施，指導を行う．

（i）包括的輸入禁止規定： 特定の国・地域で製造された輸入食品などに違反が高頻度に発生した場合や，生産地の管理状況などからみて継続的に違反食品が輸入されるおそれがある場合には検査せずに包括的に輸入・販売を禁止する．

（ii）検査命令とモニタリング検査：

　a．検査命令：輸出国の事情や過去の違反事例から判断し，食品衛生法に違反している可能性が高いと判断された食品などに対して行われる．命令検査を実施する場合，輸入の都度，検査に合格しなければ輸入できない．この検査は，輸入者が検査費用を負担して登録検査機関で実施する．

　b．モニタリング検査：監視指導計画に基づいて各食品の違反状況を調査することを目的に，食品の種類ごとに年間の輸入量，違反率を考慮して科学的，計画的に，検疫所が実施する．

　c．監視指導結果の公表：監視指導結果は，毎年度途中（4 月〜9 月）と年度ごとに公表されている．

②**輸出国における安全衛生対策**： 検査命令やモニタリング検査を強化するにあたって当該国大使館や輸入者に対して対象食品などを通知している．また，現地

調査や二国間協議によって食品安全対策の推進を行っている.

③ 輸入者への自主的な衛生管理の実施に係る指導: 食品衛生法において，輸入者を含む食品等事業者は，自らの責任において輸入食品などの安全性を確保するために必要な措置を講ずるよう規定されている.

ⅱ）輸入手続き

食品等の輸入にあたっては，通常は以下のような手続きがとられる.

① 「食品等輸入届出書」：所轄検疫所に届け出る.

② 書類審査

③ 現場検査：書類審査の結果，検査が必要な場合は保税地域で検査を実施する.

④ 試験室検査：さらに必要な場合，試験室で検査する.

⑤ 食品衛生法適合：輸入を許可する.

⑥ 食品衛生法不適合：積み戻し，廃棄などの措置を講じる.

輸入手続きについては，輸入食品監視の電算システムと税関の通関手続きの電算システム等のインターフェイス化を進めることによって迅速化が行われている.

ⅲ）輸入食品監視結果（2016（平成 28）年度）

2016（平成 28）年度の届出件数約 234 万件に対し 19.6 万件（8.4 ％）（検査命令，モニタリング検査，自主検査件数）について検査した結果，食品衛生法違反件数は，773 件（届出件数に対する割合：0.03 ％）であった．違反事例を条文別にみると表 1-8 に示したように，第 11 条違反（食品の微生物規格，残留農薬の基準，添加物の使用基準などの規格基準違反）がもっとも多く，違反件数の 61.4 ％を占めており，次いで第 6 条違反（アフラトキシンなどの有害・有毒物質の付着等）が 25.7 ％，第

● 表 1-8 ● 輸入食品の食品衛生法違反状況（平成 28 年度）

違反条文	違反件数	割合（％）	主な違反内容
第 6 条：販売を禁止される食品及び添加物	206（延数） 206（実数）	25.7	アーモンド，乾燥いちじく，くるみ，ケツメイシ，香辛料，ゴマの種子，チアシード，とうもろこし，ハスの種子，ハトムギ，ピスタチオナッツ，ブラジルナッツ，乾燥りんご，落花生等のアフラトキシンの付着，亜麻の種子，キャッサバ等からのシアン化合物の検出，キムチからの腸管出血性大腸菌の検出，ブランデーからのメタノールの検出，大麦，米，コーヒー豆，小麦，大豆等の輸送時における事故による腐敗・変敗（異臭・カビの発生）
第 9 条：病肉等の販売等の禁止	5（延数） 5（実数）	0.6	衛生証明書の不添付
第 10 条：添加物等の販売等の制限	42（延数） 41（実数）	5.2	指定外添加物（TBHQ，アゾルビン，イノシン酸二カリウム，キノリンイエロー，グアニル酸二カリウム，ケイ酸アルミニウムカリウム，サイクラミン酸，ナトリウムエトキシド，ヨウ素酸カリウム，一酸化炭素）の使用
第 11 条：食品又は添加物の基準及び規格	493（延数） 471（実数）	61.4	野菜及び冷凍野菜の成分規格違反（農薬の残留基準超過），畜水産物及びその加工品の成分規格違反（動物用医薬品の残留基準超過，農薬の残留基準超過等），その他加工食品の成分規格違反（大腸菌群陽性等），添加物の使用基準違反（スクラロース，ソルビン酸，二酸化硫黄等），添加物の成分規格違反，放射性物質の基準超過，安全性未審査遺伝子組換え食品の検出
第 18 条：器具又は容器包装の基準及び規格	55（延数） 50（実数）	6.8	材質別規格違反
第 62 条：おもちゃ等への準用規定	2（延数） 2（実数）	0.2	おもちゃの規格違反
合計	803（延数）[*1] 773（実数）[*2]		

[*1] 検査項目別の延べ件数
[*2] 違反となった届出の件数

18条違反（器具・容器包装の規格に違反）が6.8％，第10条違反（添加物等の販売等の制限違反）が5.2％であった．

1.6 食品衛生に関係する国際機関

現在，食品の流通は世界規模でますます広がり，食の安全・健康保護の観点から諸外国や国際機関との交流・協力が重要になっている．わが国は，従来からWHO，FAO，OECD（経済協力開発機構）やAPEC（アジア太平洋経済協力）などの機関，米国やEU（欧州連合）諸国との共同研究など多くの国際的活動を行っている．

1）世界保健機関（WHO）

WHO（World Health Organization）は国際連合の保健衛生に関する専門機関として，1946年に開催された国際保健会議において世界保健機関憲章が採択（1948年4月7日発効）されたことによって設立された．わが国は1951年に加盟が認められた．2017年4月現在，194か国が加盟している．

憲章前文に記されている「すべての人々が可能な最高の健康水準に到達する」ことを目的としてWHOは活動している．すなわち，保健衛生の分野における問題に対し広範な政策的支援や技術協力，必要な援助等を実施するとともに，感染症の撲滅，国際保健に関する条約・協定・規則の提案，勧告，研究促進などを行っている．また食品，生物製剤，医薬品などに関する国際基準を策定している．食品，医薬品，血液製剤，化学物質などに関する安全対策も重要課題として取り組み，各種の基準策定，副作用などの健康危機管理上の重要な情報の迅速な提供に努めている．

2）国連食糧農業機関（FAO）

FAO（Food and Agriculture Organization）は，1943年に開催された連合国食糧農業会議で食糧・農業に関する恒久的機関として設置が決定し，1945年10月16日に連合国代表者会議でFAO憲章が採択・発効した．現在，194加盟国，1加盟組織（EU）と2準加盟国（2016年9月現在）となっている．

人類の栄養および生活水準の向上，食糧および農産物の生産，流通および農村住民の生活条件の改善により拡大する世界経済へ寄与することによって，世界の食糧安全保障を達成し，人類を飢餓から解放することを目的として活動している．

FAOは，次のような食糧・農業に関する広範な活動を行っている．

① 食糧・農業に関する国際的な検討の場の提供
② 世界の農林水産物に関する情報の収集・分析および提供
③ 開発途上国に対する政策的支援，技術協力の実施

FAOにおける技術経済計画のなかでは，農業分野，水産分野，林業分野，その他に分けて事業を行っている．農業分野の主な事業として植物検疫措置の国際基準の制定，コーデックス（FAO/WHO合同規格計画）委員会の運営および世界食糧安全保障状況地図の作成，林業分野では森林資源評価・管理などに関して森林経営の取り組み，水産分野では水産資源の乱獲に歯止めをかける「責任ある漁業のための行動規範」および国際行動計画関連事業が行われている．

3）コーデックス委員会

わが国の食糧自給率はカロリーベースで4割であり，6割を輸入に頼っている．また近年の国民の嗜好性の多様化，諸外国からの農産物の市場開放の要請もあって，輸入件数は年々増加している．しかし，食品の規格基準や表示基準などの基準認証制度は国によって異なることが多く，国際的に統一されたものではない．各国がそれぞれ自国の消費者保護等を目的として食品の規制を行うと，国際貿易の障害が現れることもあり，食品規制の国際的統一が望まれていた．このような状況から，消費者の健康を保護し，食品貿易における公正な取引き確保等を目的として，国際貿易上重要な食品について国際的な規格を策定するためにFAO/WHO合同食品規格計画（Joint FAO/WHO Food Standards Programme）の下に，コーデックス委員会（Codex Alimentarius Commission）が，1962年（昭和37年）に設立された．事務局はローマ（イタリア）におかれ，2018年5月現在188か国とヨーロッパ共同体が参加しており，わが国は1966年に参加している．1963年以降，コーデックス委員会の下部組織として，図1-10に示したように，一般問題部会（10部会），個別食品部会（12部会），特別部会（1部会）と地域調整部会（6部会）が設けられ，食品群ごとの国際勧告規格，衛生取扱規範，残留農薬基準等の作成や，食品全般に共通する課題に関する基準の作成を行っている．

特別部会に関しては，1999年にバイオテクノロジー応用食品の安全性評価に関する国際基準を策定するために，バイオテクノロジー応用食品特別部会（議長国：日本）が設置されている．同特別部会は2000年3月から2003年3月まで4回開催され，次の3文書を作成した．

① モダンバイオテクノロジー応用食品のリスク分析に関する原則
② 組換えDNA植物由来食品の安全性評価の実施に関するガイドライン（添付

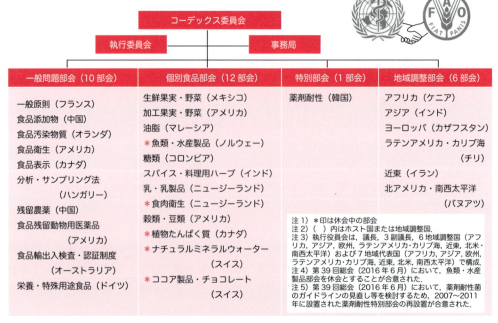

● 図1-10 ● コーデックス委員会組織図（国民衛生の動向，2018／19年）

資料として，アレルギー誘発性に関する評価）

③ 組換え DNA 微生物利用食品の安全性評価の実施に関するガイドライン（添付資料として，アレルギー誘発性に関する評価）

これらの文書は，2003 年 6 月に開催されたコーデックス委員会で採択され，国際基準として認定された．これに伴って同特別部会の解散が決定したが，バイオテクノロジー応用食品に関してはさらに検討すべき案件があることから，2004 年にコーデックス委員会で，バイオテクノロジー応用食品特別部会の再設置（議長国：日本）が決定し，2008 年に次の 3 文書が採択された後，再び解散している．

① 遺伝子組換え動物由来食品の安全性に関するガイドライン

② 栄養改変した遺伝子組換え植物由来食品の安全性に関するガイドライン

③ 輸出国では承認されているが，輸入国では承認されていない遺伝子組換え植物が微量に存在する場合の安全性評価および情報共有システムに関するガイドライン

関係機関として，FAO/WHO 合同食品添加物専門家会議（JRCFA），FAO/WHO 合同残留農薬専門家会議（JMPR）などがあり，食品添加物，残留農薬，食品汚染物質等の安全性評価や許容 1 日摂取量（Acceptable Daily Intake：ADI）の設定などを行っている．これらのデータは，各国が行う食品添加物や残留農薬などの安全性評価，規格基準や残留基準などを設定する際の重要な資料とされている．

4）世界貿易機関（WTO）

ガット（GATT：The General Agreement on Tariffs and Trade，関税および貿易に関する一般協定）が 1948 年に発足し，わが国は 1955 年に加盟し，さまざまな国家間の交渉・条約を締結してきた．1986 年から行われていたガット・ウルグアイラウンドの交渉の結果，1994 年にモロッコのマラケシュで「世界貿易機関 WTO を設立するマラケシュ協定」（WTO 協定）がとりまとめられた．1995 年 1 月に WTO 協定が発効し，多角的貿易機関である WTO（World Trade Organization）の設立，貿易制度の共通の枠組みについて定める主要協定の締結，紛争解決メカニズムの強化等が行われるようになった．一方，食品の国際流通の拡大とともに，各国の食品衛生規制などの違いが貿易障壁として問題視されるようになった．このため，ガット・ウルグアイランド交渉の中で，食品衛生規制が貿易に与える影響を最小限にすることを目的に，国際基準の尊重，措置の透明性の確保を規定した「衛生植物検疫措置の適用に関する協定（SPS 協定）」が合意され，日本は 1994 年に締結している．SPS 協定を締結した国は，食品規格基準の設定・見直しにあたってコーデックス委員会などで作成した国際基準との整合性を図ることが求められている．

2 食 中 毒

2.1 食中毒の定義

急性胃腸炎症状
嘔気，腹痛，下痢，
嘔吐等の胃腸炎症状.

食中毒（food poisoning）とは，一般に食品（飲食物）を摂取することによって起こる急性胃腸炎などを代表とする健康障害とされている. 表 2-1 に示したように，病因物質は食品衛生法では，細菌，ウイルス，化学物質，自然毒およびその他（クリプトスポリジウム，サイクロスポラ，アニサキス）に分類されている.

● 表 2-1 ● 食品衛生法施行規則に基づく食中毒病因物質の種別

(1) サルモネラ属菌, (2) ブドウ球菌, (3) ボツリヌス菌, (4) 腸炎ビブリオ, (5) 腸管出血性大腸菌, (6) その他の病原大腸菌, (7) ウェルシュ菌, (8) セレウス菌, (9) エルシニア・エンテロコリチカ, (10) カンピロバクター・ジェジュニ／コリ, (11) ナグビブリオ, (12) コレラ菌, (13) 赤痢菌, (14) チフス菌, (15) パラチフスA菌, (16) その他の細菌, (17) ノロウイルス, (18) その他のウイルス：サッポロウイルス, ロタウイルス, A型肝炎ウイルス
(19) クドア・セプテンプンクタータ, (20) サルコシスティス・フェアリー, (21) アニサキス科およびシュードテラノーバ科の線虫, (22) その他の寄生虫：クリプトスポリジウム, サイクロスポラ, 肺吸虫, 旋尾線虫, 条虫など
(23) 化学物質：メタノール, ヒスタミン, ヒ素・鉛・カドミウム・銅・アンチモンなどの無機物, ヒ酸石灰などの無機化合物, 有機水銀, ホルマリン, パラチオンなど
(24) 植物性自然毒：麦角成分（エルゴタミン）, 馬鈴薯芽毒成分（ソラニン）, 生銀杏・生梅の有毒成分（シアン）, 彼岸花毒成分（リコリン）, 毒うつぎ成分（コリアミルチン, ツチン）, 朝鮮朝顔毒成分（アトロピン, ヒヨスチアミン, スコポラミン）, トリカブト・ヤマトリカブトの毒成分（アコニチン）, 毒キノコの毒成分（ムスカリン, アマニチン, ファリン, ランプテロールなど）, 山ごぼうの根の毒成分（フィトラッカトキシン）, ヒルガオ科植物種子（ファルビチン）, その他の植物に自然に含まれる毒成分
(25) 動物性自然毒：フグ毒（テトロドトキシン）, シガテラ毒, 麻痺性貝毒, 下痢性貝毒, 神経性貝毒, テトラミン, ドウモイ酸, その他動物に自然に含まれる毒成分
(26) その他
(27) 不明

2.2 食中毒の発生状況

食中毒は食品衛生法（第 27 条）により中毒患者を診察した医師による届出が義務づけられ，この届出に基づいて国および地方自治体から食中毒統計が公表されている. 図 2-1 に示したように，1980 年以降，事件数は毎年 1000 件程度で推移してきた. 1996 年の腸管出血性大腸菌 O157:H7 事件後から 1998 年まで 3000 件と増加がみられたものの，その後，2008 年にはほぼ 1400 件と減少傾向にある. 一方，患者数は年により増減がみられるものの相変らず 2〜5 万人の間で推移している. また，1 事件あたりの患者数は 1980〜1996 年まではほぼ 30〜55 人であったが，1996年から減少傾向にある. 1998 年から 20 人以下となったが，2006 年と 2007 年は 26人であった. しかし，2008 年は再び 20 人以下となっている. また，死者数は 1967年までは 100 人を超えていたが，その後漸減し最近 2〜4 年は 4〜7 人で推移し，2009〜2010 年は 0 人になった. 2011 年にはユッケを原因食とする腸管出血性大腸菌 O111 による食中毒事件で 4 人が死亡したが，これまでの死亡例のほとんどは毒

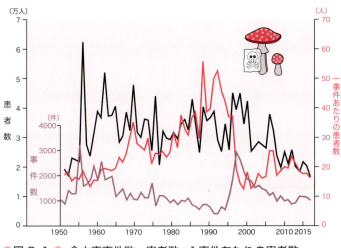

● 図2-1 ● 食中毒事件数・患者数・1事件あたりの患者数

キノコやフグ毒などの自然毒によるものである.

病因物質をみると，1950年代は自然毒によるものが全件数の半数近くを占めていたが，その後減少し9〜12%台で推移している．替わって，細菌性食中毒事例は増加し，1970年代以降現在に至るまで病因の判明した事例のうち70%を超えるようになった．2006年には原因判明のうちノロウイルスによるものが35%を占め2008年には24%と減少した．この間の細菌性食中毒は54〜62%であり，現在に至っても細菌による件数が半数以上を占めている.

最近の細菌とノロウイルスによる食中毒の月別発生状況を概観すると，細菌性食中毒は6〜10月の間に多発し，ノロウイルスは冬季の11月から早春の3月に多発している．このようなことから日本における月別の微生物性食中毒発生状況をみると2峰性を示している.

微生物性食中毒の原因微生物は，1980年代までは腸炎ビブリオ，ブドウ球菌，サルモネラが日本における3大食中毒細菌であったが，表2-2に示したように最近ではカンピロバクター・ジェジュニ/コリ，サルモネラ，ノロウイルスが3大食中

● 表2-2 ● 病因物質別の食中毒事件・患者・死者数（2017（平成29）年）

	件数	(%)	患者数	(%)	死者数	(%)
総数	1014	100.0	16464	100.0	3	100.0
病因物質判明	985	97.1	15865	96.4	2	66.7
病因物質不明	29	2.9	599	3.6	1	33.3
細菌	449	45.6	6621	41.7	2	66.7
サルモネラ菌	35	3.6	1183	7.5	−	−
ブドウ球菌	22	2.2	336	2.1	−	−
ボツリヌス菌	1	0.1	1	0.0	1	33.3
腸炎ビブリオ	7	0.7	97	0.6	−	−
腸管出血性大腸菌（VT産生）	17	1.7	168	1.1	1	33.3
その他の大腸菌	11	1.1	1046	6.6	−	−
ウェルシュ菌	27	2.7	1220	7.7	−	−
セレウス菌	5	0.5	38	0.2	−	−
エルシニア・エンテロコリチカ	1	0.1	7	0.0	−	−
カンピロバクター・ジェジュニ/コリ	320	32.5	2315	14.6	−	−
ナグビブリオ	−	−	−	−	−	−
コレラ菌	−	−	−	−	−	−
赤痢菌	−	−	−	−	−	−
チフス菌	−	−	−	−	−	−
パラチフスA菌	−	−	−	−	−	−
その他の細菌	3	0.3	210	1.3	−	−
ウイルス	221	22.4	8555	53.9	−	−
ノロウイルス	224	21.7	8496	53.6	−	−
その他のウイルス	7	0.7	59	0.4	−	−
寄生虫	242	24.6	368	2.3	−	−
クドア	12	1.2	126	0.8	−	−
サルコシスティス	−	−	−	−	−	−
アニサキス	230	23.4	242	1.5	−	−
その他の寄生虫	−	−	−	−	−	−
化学物質	9	0.9	76	0.5	−	−
自然毒	60	6.1	176	1.1	1	33.3
植物性自然毒	34	3.5	134	0.8	1	33.3
動物性自然毒	26	2.6	42	0.3	−	−
その他	4	0.4	69	0.4	−	−

資料：厚生労働省「食中毒発生状況」

毒微生物となっている．患者数は，ノロウイルス，サルモネラ，カンピロバクター・ジェジュニ／コリの順になっている．

　微生物性食中毒の1件あたりの平均患者数は，自然毒中毒の数人に比して規模も大きく，30人を超えることが多い．1988年では67人となっている．しかし，1996年以降1件あたりの平均患者数は減少がみられ，1998年以降20人以下となっている．また，1996年～2012年までの17年間で，1件あたりの患者数が500人を超えた大規模食中毒事例は64件みられている．病因不明の1件を除くと，43件が細菌性食中毒であり，18件がノロウイルスによるものであった．細菌性食中毒事件の原因菌は，サルモネラが14件，病原大腸菌が9件，ウェルシュ菌が9件，腸炎ビブリオが7件，ブドウ球菌が2件などであった．

　また，原因菌と原因食品との間には関連性がみられる．腸炎ビブリオは海産魚介類，ブドウ球菌は穀類・その加工品（主に米飯類）および複合調理食品（弁当類），サルモネラは卵・その加工品，複合調理食品および肉類・その加工品，カンピロバクターは肉類・その加工品，ウエルシュ菌は複合調理食品や肉類・その加工品，セレウス菌は穀類・その加工品（米飯類）が原因食品となっている例が多い．これは原因菌の生態学的な分布とも関係するものである．

　表2-3に示したように，原因施設別に食中毒発生状況をみると発生件数は飲食店，家庭，旅館の順であり，患者数は飲食店が最も多く，次いで仕出し屋，旅館の順になっている．また，原因菌と原因施設の関連性をみると，腸炎ビブリオは飲食店，旅館や家庭で，サルモネラは飲食店や家庭で，カンピロバクターは飲食店や旅館で，

●表2-3● 原因施設別の食中毒事件・患者・死者数（2017（平成29）年）

	件数	（%）	患者数	（%）	死者数	（%）
総数	1014	100.0	16464	100.0	3	100.0
原因施設判明	897	88.5	15942	96.8	3	100.0
原因施設不明	117	11.5	522	3.2	－	－
家庭	100	11.1	179	1.1	2	66.7
事業場	23	2.6	6231	3.9	－	－
給食施設-事業所	10	1.1	284	1.8	－	－
給食施設-保育所	4	0.4	157	1.0	－	－
給食施設-老人ホーム	6	0.7	139	0.9	－	－
寄宿舎	－	－	－	－	－	－
その他	3	0.3	43	0.3	－	－
学校	28	3.1	2675	16.8	－	－
給食施設-単独調理場-幼稚園	－	－	－	－	－	－
給食施設-単独調理場-小学校	3	0.3	139	0.9	－	－
給食施設-単独調理場-中学校	－	－	－	－	－	－
給食施設-単独調理場-その他	1	0.1	44	0.3	－	－
給食施設-共同調理場	3	0.3	1849	11.6	－	－
給食施設-その他	1	0.1	47	0.3	－	－
寄宿舎	6	0.7	244	1.5	－	－
その他	14	1.6	352	2.2	－	－
病院	6	0.7	332	2.1	－	－
給食施設	6	0.7	332	2.1	－	－
寄宿舎	－	－	－	－	－	－
その他	－	－	－	－	－	－
旅館	39	4.3	1852	－	－	－
飲食店	598	66.7	8007	50.2	1	33.3
販売店	48	5.4	85	0.5	－	－
製造所	8	0.9	164	1.0	－	－
仕出し屋	38	4.2	1605	10.1	－	－
採取場所	1	0.1	43	0.3	－	－
その他	8	0.9	377	2.4	－	－
不明	88	9.8	666	4.2	－	－

資料：厚生労働省「食中毒発生状況」

ウエルシュ菌は飲食店，仕出し屋や旅館で，腸管出血性大腸菌のほぼ半数は飲食店で，他の病原大腸菌も飲食店で多くみられている．

また，細菌性食中毒の発生要因をみると，原因菌により若干の相違がみられるが，長時間放置，原材料の汚染，手指からの汚染が特に多い．その他に調理施設・器具類の汚染，二次・交叉汚染，過剰調理，加熱不足が挙げられている．

2.3 食品微生物の種類と起源

われわれが日常摂取している食品は，特別なものを除き無菌的なものはなく，食品1gあたり10^3〜10^4程度の細菌数が普通にみられており，なかには10^6〜10^7に達するものもみられる．一般に，10^5/g以下の細菌数は食品衛生上からは正常値的にみられ，これ以上の菌数に増殖した場合には，衛生上の問題が生じてくる可能性がある．食品の微生物学的安全性を示唆する1つの指針として，上記のような細菌数がよく利用され，一般細菌数（好気性中温細菌数）と称されるものである．これが利用されるのは，多くの食品中には最も優勢なミクロフローラとして病原性をもたない好気性の中温細菌が存在するということにもよっている．食品微生物の主なものを細菌，かび，酵母に分けて表2-4に示した．

これらの微生物はもともと食品原材料そのものが保有していたものではなく，食品の生産，加工，調理，保存に際して環境に存在していたものが結果的に汚染することによって，食品のミクロフローラを構成したものである．

●表2-4● 食品中にみられる主な微生物

	細菌						かび[*7]	酵母[*8]
	グラム陰性桿菌		球菌　カタラーゼ		乳酸[*5]桿菌	芽胞形[*6]成桿菌		
	非発酵型[*1]	発酵型[*2]	陽性菌[*3]	陰性菌[*4]				
食肉・魚介類	○	○	○					
野菜類	○				○	○	○	
穀類・豆類	○	○	○				○	○
果実					○		○	○
牛乳						○		
ケーキ・パン				○		○	○	
缶詰食品					○	○		

注）主な菌属，菌群
[*1]：*Pseudomonas*，[*2]：Enterobacteriaceae，[*3]：*Staphylococcus*，*Micrococcus*，[*4]：Enterococci，[*5]：Lactobacillaceae，[*6]：*Bacillus*，*Clostridium*，[*7]：*Aspergillus*，*Penicillium*，[*8]：*Saccharomyces*，*Torulopsis*.

1）食品微生物の起源

食品微生物の起源は，空気，土壌，水などの自然環境やヒトおよび動物の消化管内容（糞便）が主なものであり，また，それらの集積された個々の食品の製造・加工ラインとか食品残渣である．微生物の汚染源を生態学的にみると次のようになる．

①土　壌：　土壌は適当な水分と有機物を含んでおり，ある種の微生物にとっては好適な生息場所となる．土壌はヒトや動物の排泄物，諸々の廃棄物などが投入され，それによって汚染を受ける．土壌微生物は生態系での物質循環の一部を担い，いわゆる土壌の浄化作用を有し，有機物，有害物の分解あるいは，病原菌の殺菌といった役割を演じる一方，食品や容器，その他に対する重要な汚染源となっている．野菜，果実，穀類などその生産過程で土壌と接しているものだけでなく，生鮮食肉

や，加工・調理食品なども土壌との直接的接触や塵埃などによって間接的に汚染を受け，食品の変質をもたらす原因となる．

土壌微生物の種類や数は，土壌の性質，場所，深さなどによって異なるが，細菌が最も多く，土壌1gあたり10^6〜10^9程度に達する．その種類としては，グラム陽性桿菌である *Bacillus*, *Clostridium* などが主体となっている．これら細菌に次いで，放線菌（*Actinomyces*, *Streptomyces* など）が多くみられる．また，糸状菌も多くみられ，*Penicillium*, *Fusarium*, *Mucor*, *Aspergillus* などが主要なものである．

② **水**：　河川水，湖沼水，池水など表在水は，常に土壌，糞便，下水の流入などによって影響を受ける．天然水には *Pseudomonas*, *Acinetobacter*, *Alcaligenes*, *Aeromonas*, *Flavobacterium* などのグラム陰性桿菌が圧倒的に多く，淡水系ミクロフローラを構成する．このほか，汚染の影響から *Bacillus*, *Clostridium*, *Micrococcus* や腸内細菌などもみられる．特に，グラム陰性桿菌には冷蔵中の生鮮魚介類・食肉の腐敗に関与する低温細菌（psychrotrophs）も存在する．

また，海水は3%前後の食塩を含んでいるので，この環境に適応して生育する海水固有の微生物叢をもっている．海水の微生物分布は地理的状況や季節などによって影響される．特に，河口，内湾，都市部の海域では細菌数は著しく多いが，陸から遠くなるに従って減少する．また，外洋の場合，水深40〜50mのところで細菌数は最大となり，*Vibrio*, *Pseudomonas*, *Flavobacterium* などの低温菌が主要なフローラとなっている．この水深は魚類の遊泳水位とも一致するといわれ，これらの細菌は魚体表面の細菌叢と非常に一致しており，漁獲後の海産魚介肉の腐敗を引き起こす．

③ **空　気**：　空気は，微生物が必要とする栄養源や水分がほとんどないか非常に乏しい．したがって，厳密な意味では空気中には固有の微生物は存在しない．土壌やその他に由来するものの一部が塵埃とともに，あるいは水蒸気とともに空気中にもたらされて，浮遊したり，落下したりして食品に付着する．このようなことから，空中微生物は乾燥や光線などに対して抵抗力の強い *Bacillus* や糸状菌の芽胞（spore），そのほか *Micrococcus*, *Staphylococcus*, *Streptococcus* など，グラム陽性菌などが多い．グラム陰性菌は一般に乾燥に弱いが，温度が高く湿度の高い室内でしばしば存在する．

室内空気のミクロフローラは，温湿度条件，構造物，収容物，作業内容，在室者数など種々の因子によって影響される．屋内細菌数は，在室人員数に大きく影響されることから，人的汚染の指標とされ，屋内感染の危険度を知る目安とされることもある．特に給食の厨房や食品工場では，温湿度が高くかつ従業員の出入りや動きが激しくなる傾向が強いために空気の汚染は高くなりやすく，結果的に食品の微生物汚染をもたらすことになる．

④ **ヒトおよび動物**：　ヒトを含め動物体には多くの微生物が生息しており，食品の汚染源にもなる．特に，消化管内に生息する細菌は糞便とともに体外に排出される．これらの細菌はヒトの手指などを介して，また動物の場合には体表の汚物などから食品を汚染する．さらに土壌，水，空気などにも混入して最終的に食品を汚染することになる．糞便由来細菌として，腸内細菌科 Enterobacteriaceae に属する大腸菌 *Escherichia coli*, *Klebsiella*, *Proteus* などの腸管内常在菌や，消化器系

感染症や食中毒の原因菌となる赤痢菌属 *Shigella*，サルモネラ *Salmonella* などがある．このほかに腸球菌（*Streptococcus fecalis* や *S. faecium*）などが重要視される．また，ウイルス性食中毒をもたらすノロウイルス（Norovirus）はヒトの消化管内を寄生箇所として，糞便を介して食品を汚染する．

糞便以外に手指，皮膚，毛髪，爪なども食品への汚染源となる．たとえば，食中毒原因菌にもなる *Staphylococcus aureus* は，体表の常在細菌としても知られており，手指や皮膚，毛髪などからよく検出されている．したがって，食品取扱者自身の衛生観念，健康管理も重要となってくる．

2）一次汚染と二次汚染

以上のような汚染源に由来する微生物が，さまざまな形で一次的あるいは二次的に食品原材料や食品を汚染する．そして，食品は汚染微生物によって食品固有のミクロフローラを形成する．前述のように，食品はその生産から消費に至るすべての段階で，種々の起源の微生物による汚染の危険にさらされている．

一次汚染とは，食品の原材料となる動物や植物が，それらの生存中にその生活環境の微生物の感染あるいは汚染を受けている状態をいう．たとえば，病原菌に感染した動物に由来する食肉や牛乳などは一次汚染を受けており，危険を伴うことがある．また，病原菌以外の細菌（一般細菌，腐敗細菌）による一次汚染は，原料食品がそのままの状態におかれた場合にはその保存性に影響してくる．

二次汚染は，食品の製造，加工，保存，流通，調理などの過程での汚染である．一次汚染微生物の多くは，食品の製造，加工，調理に際して排除されるが，当初から菌量が多ければ残存菌量も多くなりがちであるから，できるだけ当初の汚染度を低くしなければならない．非病原菌による二次汚染は食品の劣化に関与し，また病原菌による二次汚染，特に加熱調理後の二次汚染（再汚染）は危険性が大である．したがって，食品の不潔な取扱いや衛生管理の十分でない施設での加工，調理などは，かえってその後の汚染を濃厚なものにし，食品の保存性を低下させたり，食中毒の危険性を招いたりすることになる．

2.4 微生物性食中毒

食中毒原因菌は食品と共有する環境に存在しており，何らかの機会に食品を汚染する．

わが国における主な食中毒菌は，腸炎ビブリオ（*Vibrio parahaemolyticus*），サルモネラ（*Salmonella* spp.），カンピロバクター・ジェジュニ／コリ（*Campylobacter jejuni/coli*），病原大腸菌（*Escherichia coli*），ブドウ球菌（*Staphylococcus aureus*），ウェルシュ菌（*Clostridium perfringens*），セレウス菌（*Bacillus cereus*），ボツリヌス菌（*Clostridium botulinum*）である．これらに加え，1982年度からナグビブリオ NAG-vibrio（*Vibrio cholerae* non-O1 と *V. mimicus*），ビブリオ・フルビアリス（*V. fluvialis*），エロモナス（*Aeromonas hydrophila/sobria*），プレシオモナス（*Plesiomonas shigelloides*）およびエルシニア・エンテロコリチカ（*Yersinia enterocolitica*）が食中毒細菌として行政的に指定された．また，1999年12月に食品衛生法施行規則の一部改正が公布され，感染症法の3類感染症に分類

されているコレラ菌（*Vibrio cholerae* O1），赤痢菌（*Shigella* spp.），チフス菌（*Salmonella* Typhi），パラチフス A 菌（*Salmonella* Paratyphi A）やリステリア・モノサイトゲネス（*Listeria monocytogenes*），A 群連鎖球菌（*Streptococcus* A group）が食中毒事件票に追加され，飲食物を摂取して食中毒が発生した場合，食中毒として対応すると定められている．さらに 1997 年 5 月に食品衛生法の一部改正が行われ SRSV（Small Round Structured Virus）とその他のウイルスが食中毒原因物質に追加され，その後 2003 年 4 月に厚生労働省の通達でノロウイルス（Norovirus）の表記に変更された．

1）細菌性食中毒の分類

　細菌性食中毒は発症機構から便宜的に次のように大別される．

　① **感染型食中毒**：　食品中で大量に増殖した生きた原因菌を食品とともに摂取し，これが小腸内でさらにある程度増殖し，腸管に作用することによって発病するものである．サルモネラや腸炎ビブリオによる食中毒は，この型の食中毒に属する代表的なものである．

　② **毒素型食中毒**：　原因菌が食品中で増殖する際に産生する毒性物質（毒素）を摂取することによって中毒を起こす．ブドウ球菌食中毒が典型的なものであり，さらにセレウス菌による嘔吐型食中毒もこの範疇に含まれる．また，ボツリヌス菌中毒もこの型に分類されるが，その症状は特異的である．

　③ **中間型**：　食品中で増殖した原因菌を大量に摂取することは感染型と同じであるが，腸管内でエンテロトキシン（intravital enterotoxin）が産生され，これが食中毒の原因となるものである．セレウス菌の下痢型食中毒やウェルシュ菌食中毒はこの型に属する．

2）主要な微生物性食中毒

　以下に代表的細菌性食中毒の概略について述べる（表 2-5 参照）．

ⅰ）サルモネラ食中毒

　疫　学：　サルモネラは生態学的には，家畜，家禽，ネズミ，その他の動物，下水および河川水等に広く分布し，これらが食品への汚染源となりうる．食中毒との関連からみるとニワトリなどの家禽類やブタなどが汚染源として重要である．鶏肉では 20％，豚肉では 9％程度がサルモネラ菌の汚染を受けているという報告がある．*S.*Enteritidis 保菌輸入ヒナが原因となった汚染鶏卵による食中毒が 1982 年以来多発しており，これによる鶏卵汚染は世界的に問題視されている．その汚染率は 0.03％（1 万個に 3 個）程度とされているが，加工・調理の段階で汚染が増幅され，大規模な事件をもたらすことがある．また，ヒトのサルモネラ保菌率は 0.5％程度とされ，この保菌者による食品汚染も重視せねばならない．上述の様々な汚染源から二次汚染を受けた食品が原因となった事例がわが国の食中毒事例においてかなりみられている．

　原因血清型（菌種）をみると，1980 年後半から *S.* Enteritidis が鶏卵関連食品を原因とする事例が急増している．また，多剤耐性 *S.* Typhimurium の出現は世界的に公衆衛生上の大きな問題になっており，その予防対策が重要となっている．こ

● 表 2-5 ● おもな細菌性およびウイルス性の食中毒の特徴

タイプ		発症原因	主な原因菌	主な原因食品	潜伏期間	おもな症状
細菌性	感染型	原因菌が食品とともに摂取され，それらが消化管内に定着，増殖して起こる．	サルモネラ属菌	食肉や卵，およびそれらの加工品	12〜24時間	悪心，嘔吐，腹痛，下痢，発熱．小児や高齢者は血便や脱水症状を伴うこともある．
			腸炎ビブリオ	魚介類	10〜18時間	悪心，嘔吐，腹痛（激痛を伴うことが多い），下痢（水様便，血便もあり），発熱．
			病原大腸菌	ヒト，動物の大便が汚染源．非加熱食品などに事例がある	10〜30時間	腹痛，下痢，血便，発熱など．二次感染もある．赤痢に類似．
			カンピロバクター	肉類	2〜7日	嘔吐，腹痛，下痢（腐敗臭あり），発熱．小児は血便の場合もある．
	毒素型	食物内毒素型	食品についた原因菌が，食品内で増殖する際に産生する毒素を体内に取り込むことで起こる．	ブドウ球菌	おにぎりなどの米飯類（ヒトの手指から汚染）	1〜5時間	悪心と嘔吐は必発症状．下痢，腹痛はあるが発熱なし．脱水症状を伴う場合あり．
			セレウス菌（嘔吐型）	チャーハン，ピラフ，スパゲティ，おにぎりなど	30分〜6時間	悪心，嘔吐．ときどき腹部の痙攣や下痢が起こる．
			ボツリヌス菌	東北地方以北に多発し，"飯ずし"や"きりこみ"などが原因食品となる	12〜36時間	脱力感や瞳孔散大などの神経障害が主症状．呼吸失調で死亡することもある（致命率30〜50％であったのが現在は1％に低下）．
		生体内毒素型	食品に付着した発症量に達した原因菌が，消化管内で増殖する際に毒素を産生することで起こる．	セレウス菌（下痢型）	スープ，食肉加工品，肉料理など	6〜15時間	水様性下痢，腹部の痙攣および腹痛．悪心は下痢に伴って起こるが，嘔吐はめったにみられない．
			ウェルシュ菌	おもに肉類．鶏肉の煮物やシチューなどに事例がある	6〜18時間	腹痛と水様性下痢．発熱はない．
			病原大腸菌の一部	感染型タイプに準ずる	10〜30時間	腹痛と水様性下痢．発熱はない．重症の場合は脱水症状もみられる．コレラに類似．
			腸管出血性大腸菌	食品や水とともに原因菌が大腸に定着，増殖して毒素（ベロ毒素）を産生することで起こる． 牛肉，ハンバーガー，ローストビーフ，生乳，サンドイッチ，サラダ，飲料水などに事例がある	4〜9日	血性下痢，水様性下痢，腹痛，嘔吐が主症状．38℃以上の発熱はまれである．乳幼児や児童，基礎疾患を有する高齢者では溶血性尿毒症症候群（溶血性貧血，血小板減少，急性腎不全など）や脳症を併発して死に至ることがある．
ウイルス性		ウイルスが食品や水とともに摂取されることで起こる．	ノロウイルス	二枚貝複合調理食品，野菜サラダやサンドイッチ，ケーキなど	24〜48時間	悪心，嘔吐，腹痛，下痢，38℃以下の発熱．通常3日以内で回復．
			その他のウイルス A型肝炎	すし，大アサリ	4週間	発熱，頭痛，筋肉痛，腹痛死，肝炎症状．
			E型肝炎	生鹿・猪・豚肉	6週間	黄疸，発熱，悪心，腹痛．ときに下痢，倦怠感，食欲不振．

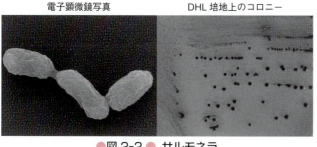

電子顕微鏡写真　　DHL培地上のコロニー

● 図 2-2 ● サルモネラ

のことは，わが国においても同様である．

病原体と菌学：　サルモネラはグラム陰性の通性嫌気性桿菌で腸内細菌科に属し，鞭毛によって運動するが，鞭毛を欠く非運動性菌もある（図2-2）．一般にサルモネラ属の中で胃腸炎を起こすサルモネラは亜種1の血清型で，その他の亜種は非病原性とされている．

サルモネラは分類学的には1つの菌属にまとめられているが，血清学的には2000以上の菌型（菌種）がみられている．サルモネラのヒトに対する病原性はおおよそ2つに分けられ，1つはS. Typhi，S. Paratyphi のようにチフスを起こす菌

である．他は主に胃腸炎・食中毒を起こすもので代表的な菌型として S.Typhimurium, S.Enteritidis, S.Thompson, S.Infantis などがあげられる．サルモネラの発育特性に関しては，発育温度域は 5.2～46.2℃（10℃以下の食品中ではほとんど増殖できない）（至適発育温度：35～43℃），発育pH域は3.8～9.5（至適pH：7～7.5），水分活性は 0.94 以上（至適水分活性：0.99）である．

病原性は，本菌が小腸下部の粘膜上皮に侵入し，粘膜固有層に入り，増殖し，炎症を起こすことによる．

症状と予防： 最も一般的にみられる症状は，急性胃腸炎であるが，その症状は多岐にわたる．通常 8～48 時間の潜伏期を経て発病するが，最近の S.Enteritidis 感染例では 3～4 日後の発病も珍しくない．症状は，悪心および嘔吐ではじまり，数時間後に腹痛および下痢を起こす．下痢は 1 日数回～十数回で 3～4 日持続するが，1 週間以上に及ぶこともある．小児では意識障害，痙攣および菌血症，高齢者では急性脱水症および菌血症を起こすなど重症化しやすく，回復も遅れる傾向がある．

予防は，農場対策として，サルモネラ保菌の家畜やニワトリの淘汰，輸入検疫の強化である．原因食品，特に食肉および鶏卵の低温保存管理，調理時および調理後の汚染防止が基本である．低年齢層ではペットおよびハエなどの衛生害虫への接触感染も無視することはできない．また二次感染の予防は手洗いの励行が基本である．

ii）腸炎ビブリオ食中毒

疫　学： 腸炎ビブリオ食中毒の発生件数は，わが国の食中毒のうちサルモネラに次いで多い．この食中毒は魚介類を生食するわが国の食習慣と大いに関係するが，欧米諸国，アジアの沿岸諸国でも発生例がみられている．わが国での発生時期は 7～9 月の高温の季節に集中してみられ，1～3 月の低温期にはほとんどみられない．本菌食中毒が主に海産魚介類の喫食に起因する．魚介類，海水，海泥，プランクトンについて調査された報告では，食中毒多発期の 7～9 月にわが国の沿岸海水，海泥，魚介類に V.parahaemolyticus が高濃度にみられている．また，海水温の上昇は本菌の海水中での増殖を促し，食中毒の発生に大きく関与すると考えられている．

本菌食中毒の原因食品は，海産魚介類の刺身，たたき，すしなどの魚の生食によるものが圧倒的に多い．また，魚介類→調理器具→他の食品というような経路で二次汚染を起こし，それによる本菌食中毒も多々発生している．

病原体と菌学： 腸炎ビブリオ V.parahaemolyticus はグラム陰性の桿菌である．液体中では極単毛性鞭毛のみを保有するが，固体表面では極単毛以外に菌体周囲に側毛性鞭毛が生じ，遊走現象を示す（図 2-3）．食塩濃度 3～5％で最も発育がよく，真水中では急速に死滅する．本菌の増殖に際しては培地の食塩濃度を 3％濃度としたものを用いる．この塩濃度は海水のそれと一致するものであり，本菌は本来海水細菌で，海産魚介類が常に本菌の汚染を受ける可能性を示すものである．また，本菌の世代時間は他の菌と比較して非常に短く，適当な発育条件下では 8～

> **グラム染色**
> 細菌の分類に用いられる染色法であり，石炭酸ゲンチアナ液やルゴール液で染色し，水またはアルコールで脱色してから，さらにサフラニンで染色する．

> **グラム陽性菌**
> グラム染色において紫色素がエタノールで脱色されず，最終的に紫色に染まる細胞表層構造を有する細菌グループ．ブドウ球菌，乳酸菌，バチルス，クロストリジウムなどが属する．細胞壁にはグラム陽性菌特有の成分としてタイコ酸やリポタイコ酸も含まれる．グラム陽性菌には外膜はなく，一般に抗菌物質に対する感受性はグラム陰性菌よりも高い．

> **グラム陰性菌**
> グラム染色において紫色色素がエタノールで脱色され，細胞壁が薄く最表層に外膜を有するグラム陰性菌は容易に脱色され，サフラニンなどの赤色色素での対比染色により赤色に染まる．大腸菌，サルモネラ，ビブリオ，シュードモナスなどが属する．

●図 2-3● 腸炎ビブリオ

10分であることから，一見新鮮な食品でも短時間のうちに感染菌量に達する．本菌の発育特性に関しては，発育温度域が 10〜43℃（至適発育温度：35〜37℃），発育 pH 域は 5.5〜9.6（至適 pH：7.6〜8.0），水分活性は 0.94 以上（至適水分活性：0.98）である．

本菌の腸管病原因子は下痢の原因となるたんぱく毒素である耐熱性溶血毒（TDH：thermostable direct hemolysin）とその類似毒素（TRH：TDH-related hemolysin）である．腸炎ビブリオはアルカリ性には抵抗性が強いが酸には弱いので，胃酸によりダメージを受ける．しかし，多量の食品と同時に消化管内に入った場合には酸の影響が弱められるので生残しやすい．小腸に移動した菌は蠕動運動に抵抗して腸管壁に定着・増殖して毒素を産生する．このときの定着には鞭毛による運動性や付着因子としての線毛の関与が示唆されている．

症　状：　一般的臨床症状は原因食摂取後 6〜12 時間の潜伏期後，悪心，嘔吐，心窩部〜上腹部痛，37〜38℃台の発熱，瀕回の水様性下痢がみられる．発病初期には重篤な症状を示すが，12 時間前後から快復に向かい，通常は 2〜3 日で治癒して予後は良い．

予　防：　腸炎ビブリオは 60℃程度の加熱でも死滅するので，加熱調理すれば本菌による食中毒は予防できる．しかし，刺身など生魚を好む日本人の食生活習慣，あるいは魚を料理したまな板を介しての他の食品の汚染の可能性などの理由により，予防も簡単ではない．また本菌は夏期の海水には普遍的に存在しており店頭での海産物を高濃度に汚染していること，増殖速度が他の細菌に比べて非常に速く，汚染した食品中で速やかに菌数が増加することなども，予防を困難にしている要因である．しかし，10^6 程度の多量の菌数を摂取しないと発症しないので，本菌による汚染があったとしても，加熱調理あるいはできるだけ低温で保存して速やかに食すれば本菌食中毒は防ぐことができる．また，夏期の海産物には高頻度で本菌が付着しているということを念頭において，他の食品への二次汚染の防止，すなわち魚を調理したまな板から調理済食品を汚染させるようなことのないように注意しなければならない．

iii）その他のビブリオ等による食中毒

疫　学：　わが国におけるナグビブリオ NAG-vibrio（*Vibrio cholerae* non-O1 と *V.mimicus*）による発生事例は 1978 年から 1996 年の間に 15 事例みられ，原因菌の内訳は *V.cholerae* non-O1 と *V.mimicus* による事例がそれぞれ 7 事例および 8 事例であった．なお，15 事例中 3 事例は腸炎ビブリオとの混合感染であった．ナグビブリオ食中毒は海外渡航歴のないヒトに起きる散発例のほかに，1984 年 9 月に高知県内の小学校で患者数 100 人を超す *V.cholerae* non-O1 食中毒，1990 年の長野県内の旅館で同様の規模の *V.mimicus* 食中毒が発生した事例など比較的規模の大きい集団食中毒事例もみられる．また，*V.fluvialis* による食中毒事例の報告はこれまでに 10 事例みられているが，いずれも腸炎ビブリオとの混合感染例であった．推定原因食品は生鮮魚介類によるものが多いが，二次汚染を受けた食品が原因と思われる事例もみられている．

病原体と菌学：　グラム陰性桿菌であるナグビブリオ，*V.fluvialis*，*A. hydrophila/sobria* および *P.shigelloides* は，本来，水生細菌であり，魚介類を介し

て人に感染し主に下痢症をもたらす．これらの菌による食中毒はまだ詳細にされていない．これらのうち，ナグビブリオの分布は，コレラ菌（$V.cholerae$ O1）の常在水域に限局され，わが国や欧米諸国には存在しないとされていたが，わが国でもすでに河川に定着し，それによって魚介類の汚染の危険性が増大している．

$V.cholerae$ non-O1 の病原因子は，コレラ毒素（CT：cholera toxin）および CT 類似毒素の他に，エルトール型コレラ菌と同様の溶血毒（エルトールヘモリシン），毒素原性大腸菌が産生する耐熱性エンテロトキシン（ST：heat stable enterotoxin）に類似の毒素（NAG-ST），また，腸炎ビブリオの耐熱性溶血毒様毒素，赤痢菌の志賀様毒素などの産生が知られている．本菌の大部分が大量のエルトールヘモリシンを産生し，これが下痢症の起因毒素であることが確認されている．同様に，NAG-ST もコレラ下痢以外の起因毒素であることが明らかにされたが，本毒素を産生する株は分離株全体の 1〜5% 程度である．$V.mimicus$ の病原性も $V.cholerae$ non-O1 と同等であり，類似した病原因子を保有し易熱性溶血毒の産生もそのひとつである．$V.fluvialis$ が下痢原性を有するが，下痢の発症機構は明らかでない．

　症　状：　一般的には $V.cholerae$ non-O1 または $V.mimicus$ が原因となる胃腸炎の症状は共に同様である．潜伏期間は数時間から 5 日間で主な症状は水様の下痢と嘔吐で通常発熱はない．$V.fluvialis$ による胃腸炎の症状も，感染性下痢症を呈する一般的な食中毒や胃腸炎起因菌によるものと類似し，水様性の下痢を主徴とする．通常は比較的軽症で，時に腹痛や発熱，軽度の血性下痢を起こす．潜伏期間は数時間から 3 日間程度（通常は 24 時間前後）である．

　予　防：　感染予防については，他の経口感染細菌と同様で，原則としては食品や飲料水への菌の汚染を防止すること．すでに魚介類などは $V.cholerae$ non-O1，$V.mimicus$，$V.fluvialis$ のようなビブリオに汚染されていることを前提に，① 上下水道の整備，② 魚介類とその加工品の製造・流通過程での低温保存（8℃ 以下），③ 魚介類の長期間保存を避け，加熱調理する，④ 下痢症状がある者は食品調理とその取扱いに従事しない，⑤ 二次汚染防止対策を講じる．生鮮魚介類を生食する機会が多いわが国では，各人の日常的な注意が必要となる．

iv）病原大腸菌食中毒

　疫　学：　大腸菌 $E.coli$ は本来人畜の腸内常在細菌であり，腸内醱酵に重要な役割を演じている．しかし，大腸菌のうち特定の血清型菌がヒトに対して病原性を有することが明らかにされ，これらを病原大腸菌と称している．食中毒の原因となる病原大腸菌には，その病原因子や発症機序の相違により，病原血清型大腸菌（EPEC：Enteropathogenic $E.coli$），組織侵入性大腸菌（EIEC：Enteroinvasive $E.coli$），毒素原性大腸菌（ETEC：Enterotoxigenic $E.coli$），腸管出血性大腸菌（EHEC：Enterohemorrhagic $E.coli$），腸管凝集性大腸菌（EAEC：Enteroaggregative $E.coli$）の 5 種類がある．病原大腸菌は，サルモネラと同様に自然界では家畜に広く分布し，これに由来する食肉，乳などが一次汚染源であり，さらに二次汚染して他の食品を汚染するものと考えられる．また，大腸菌のうちのある血清型菌はコレラあるいは赤痢と同様の病状を呈する．それぞれ毒素原性大腸菌あるいは腸管侵襲性大腸菌として知られ，主に水系感染をもたらし，いわゆる旅行者下痢の原因菌と

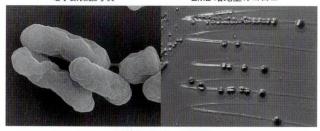
●図2-4● 大腸菌

しても注目されている.

病原体と菌学: 本菌は長さ1～4 nm, 幅0.3～0.8 nm のグラム陰性の桿菌で, ヒトや動物の腸管内に生息し, 正常細菌叢を形成していることはよく知られている（図2-4）. 特に回腸から盲腸部に最も多数みられ, それより上部や下部には少ない. 本菌がヒトの病気に関係していることが明らかにされたのは1930年代で, 下痢患者からは特定の血清型が検出されることが認められた.

① 毒素原性大腸菌：本菌が産生する腸管毒（エンテロトキシン）には, 易熱性毒素（LT：heat-labile enterotoxin）と耐熱性毒素（ST：heat-stable enterotoxin）の2種類がある. LT遺伝子はコレラ毒素遺伝子に類似している. ETECは小腸下部に定着因子（colonization factor）によって定着し, 増殖する結果, 産生された毒素作用により水分の腸管腔への分泌が起こり, 下痢がみられる. それはコレラに似た水溶性で, 腹痛, 嘔吐があることが多いが, 発熱は無いかあっても軽いことが多い. 本菌は"海外旅行者下痢"の原因となっている.

② 病原血清型大腸菌：本菌はほとんど発熱をみない幼児や, 学童の水様性下痢症を起こす. 本菌の病原的機序は明らかでないが, 腸管内壁の粘膜上皮細胞に強く付着し, 細胞自体にアクチンを集積させ, 腸絨毛の剥離と, 細胞障害を与える結果, 水分の吸収を阻害し, 下痢を起こすと考えられている.

③ 腸管凝集性大腸菌：線毛によって, 腸管内壁の粘膜上皮細胞に付着し, 腸絨毛の壊死と剥離をもたらす. ついで菌体が上皮細胞に強く密着し, 細胞内にアクチン線維を蓄積させ, 細胞へ取り込まれそれを傷害する. その結果水分の吸収阻害が起こり, 下痢を惹起する.

④ 組織侵入性大腸菌：赤痢菌のような粘血便を特徴とする下痢を起こし, 発熱, 腹痛をみることが多い. 成人にも比較的多くみられる下痢症で, ETEC同様に, 海外旅行帰国者から分離されることが多い. 病原部位は赤痢菌と同じく大腸で, 腸管粘膜上皮細胞へ侵入, 増殖し粘膜の剥離が起こり, 粘血便を起こすと考えられている.

⑤ 腸管出血性大腸菌：本菌はベロ細胞に対し細胞壊死性の毒性を示し, 免疫学的に志賀赤痢菌（*Shigella dysenteriae* type 1）の志賀毒素（Shiga toxin）と類似したベロ毒素（VT：vero cytotoxin）を産生し, ヒトに溶血性尿毒素症候群（HUS：*hemolytic uremic syndrome*）や脳症などの症状を呈する.

病原大腸菌の発育特性に関しては, 発育温度域は7～46℃（10℃以下の食品中ではほとんど増殖できない）（至適発育温度：35～40℃）, 発育pH域は4.4～9（至適pH：6～7）, 水分活性は0.95以上（至適水分活性：0.99）である.

症　状: EPECによる症状は下痢, 腹痛, 発熱, 嘔吐などである. 乳幼児ではしばしば非細菌性胃腸炎やETEC下痢症よりも重症となり, コレラ様の脱水症状がみられることがある. ETECによる主症状は下痢であり, 嘔吐を伴うことも多いが, 腹痛は軽度で発熱もまれである. しかし重症例, 特に小児の場合, コレラと

ベロ細胞
ベロ細胞（Vero cell）はアフリカミドリザルの腎臓上皮細胞に由来する, 細胞培養に使われる細胞株である. HeLa細胞と並んでもっともよく使われている細胞株のひとつである.

同様に脱水症状に陥ることがある．EPEC，ETEC の潜伏期間は 12〜72 時間であるが，それより短い場合もある．EIEC は下痢，発熱，腹痛であるが，重症例では赤痢様の血便または粘血便，しぶり腹などがみられ，臨床的に赤痢と区別するのは困難である．潜伏期間は一定しないが，通常 12〜48 時間である．EAEC は症状は 2 週間以上の持続性下痢として特徴づけられるが，一般には粘液を含む水溶性下痢および腹痛が主で，嘔吐は少ない．

　予　防：　予防対策としては，食品を十分に加熱し，調理後の長期保存を避けるなどの注意が大切である．また，発展途上国などへの旅行中の飲料水は殺菌したミネラルウォーターを飲用するなどの心がけも必要である．ヒトからヒトへの二次感染に対しては，手洗いを徹底することで予防することができる．

ⅴ）カンピロバクター腸炎

　疫　学：　C.jejuni は，1982 年に食中毒起因菌に指定されて以来，事件数において 2003 年から第 1 位にあり，患者数は 2005 年でほぼ 4000 人とノロウイルス，サルモネラに次いで第 3 位にある．カンピロバクターによる食中毒事例をみると，学校給食や飲料水が原因となった例が多々みられ，水系汚染・感染も重要である．散発下痢症における本菌の検出率は，小児では約 15〜25％で下痢症起因菌の第 1 位を占め，成人でも 5〜10％前後と高い検出率を示している．本菌罹患率は，米国では約 6 人/10 万人（全米平均）と推定されているが，地域によっては人口の 1％程度ともいわれている．一般に，本菌食中毒は年間を通じ発生するが，特に 5〜7 月に多い．

　C.jejuni 食中毒発生時における感染源の特定はきわめて困難である．それは 10^2〜10^3 個程度の少量感染で感染が成立し，また潜伏期間（2〜5 日）が長いことに加えて，通常の大気条件下で本菌は急速に死滅する生理学的性質などに起因する．しかし，患者および施設などを対象とした疫学調査結果からは，感染源として鶏肉関連調理食品，およびその調理過程の不備が強く示唆される．

　病原体と菌学：　カンピロバクター属菌は，17 菌種 6 亜種 3 生物型（2002 年現在）に分類されているが，ヒトの下痢症から分離される菌種は C.jejuni がその 95〜99％を占め，C.coli などは数％以下である．

　カンピロバクター C.jejuni/coli は微好気性のグラム陰性のらせん状桿菌であり（図 2-5），C.jejuni は長さ 0.5〜5 μm，幅 0.2〜0.4 μm であり，両極にそれぞれ 1 本の鞭毛をもち，いわゆるコルクスクリュー様の独特な運動を活発にする．本菌は酸素が 3〜15％の微好気性環境下で発育し，炭水化物をほとんど分解しない．室温では死滅しやすく，乾燥や酸性域でもきわめて弱い．本菌の発育特性に関しては，発育温度域が 31〜46℃（至適育温度：42〜43℃），発育 pH 域は 4.9〜9.0（至適 pH：6.5〜7.5），水分活性は 0.99 以上である．

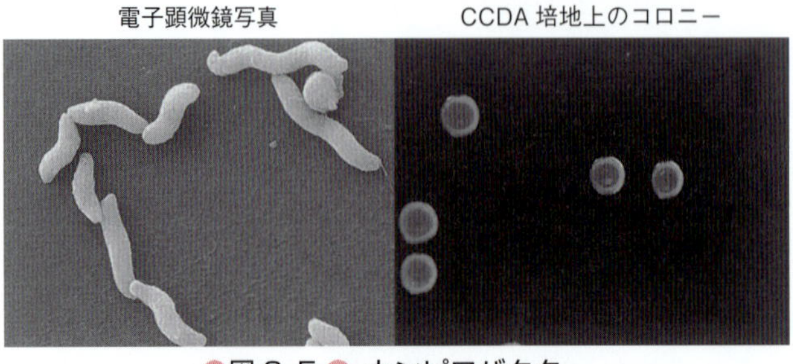

　カンピロバクターの汚染源はニワトリ，ブタなどの動物であり，これらの肉類が一次汚染食品となり，さらに他の食品への二次汚染をもたらしたり，あるいはそ

電子顕微鏡写真　　　　CCDA 培地上のコロニー

● 図 2-5 ● カンピロバクター

れらの廃棄物などが水を汚染することがある．汚染を受けた水が殺菌不十分なまま飲食用として利用された場合には再び食品を汚染し，さらには水系感染をもたらすことになる．

症　状：　症状は下痢（水様性，血便，粘血便），腹痛，発熱（平均体温約 38.3 ℃），悪心・嘔吐，頭痛，悪寒，倦怠感などがあり，潜伏期間は 2〜5 日間とやや長いことが特徴である．また，カンピロバクター腸炎発症後に，まれに発症するギラン・バレイ症候群（GBS：Guillain-Barré syndrome）が最近注目されている．GBS はこれまで予後良好な自己免疫性末梢神経疾患としてとらえられていたが，*C.jejuni* 感染症に後発する症例は概して重症化しやすく，発症 1 年後の時点においても寛解する患者は 6 割程度に止まる．また，一部の患者では呼吸筋麻痺が進行し，死亡例も確認されている．

予　防：　本感染症の予防は，獣肉（特に家禽肉）調理時の十分な加熱処理，また調理器具や手指などを介した生食野菜，サラダへの二次汚染防止に注意すること．また，本菌は乾燥条件では生残性がきわめて低いことから，調理器具，器材の清潔，乾燥に心がけることも必要である．一方，消費者の嗜好面からは，生肉料理（トリ刺し，レバ刺しなど）の喫食を極力避けるべきである．その他，イヌやネコなどのペットからの感染例も報告されており，ペットの衛生的管理が必要である．

vi）エルシニア食中毒

疫　学：　*Y.enterocolitica* は従来から散発例として回腸末端炎等の感染症をもたらすことが知られていたが，学校給食による集団食中毒をもたらしたことから，食品衛生上注目されるようになった．本菌による感染症は，1972 年に散発下痢症患者から初めて本菌が分離されてから，現在までに 14 例の集団食中毒の発生が確認されている．もっとも多かった患者数は 1980 年に発生した沖縄県の事例で，1051 人が発症した．原因菌のほとんどが血清型 O3，生物型 4 であることがわが国における特徴である．さらに 1987 年以降，青森県を中心に東北地方各地で病原性が強いとされる血清型 O8，生物型 1 の菌株による散発事例が多く報告されている．諸外国における本菌感染症事例では，北米においては O8 のほかに O13a，13 が報告され，欧州においてはわが国と同様の O3 の感染が報告されている．野生動物の感染・発症は健康保菌獣の糞便とともに排出された菌が感染源となり，汚染された飼料を感受性動物が摂取して起こり，これが自然に繰り返される．ヒトの感染様式も動物と同じであり，保菌獣から直接に，あるいは飲食物を介して経口的に感染する．これまでの動物における保菌実態から，ブタ，イヌ，ネコ，ネズミを介しての感染が重要である．

病原体と菌学：　腸内細菌科の *Yersinia* 属は 11 菌種に分類されている．ヒトに病原性を示すのは *Y.pestis*，*Y.pseudotuberculosis* および *Y.enterocolitica* である．下痢などの食中毒を主徴とするエルシニア感染症をもたらすのは主に *Y. enterocolitica* である．*Y.enterocolitica* はグラム陰性桿菌（図 2-6）である．本菌の特徴は 5℃ 以下の低温下でも発育できることであり，さらに 37℃ よりも 25℃ で培養した場合にその病原性が強くなることである．*Y.enterocolitica* は生物型と血清型で分類され，ヒトに病原性を示すのは特定の組み合わせに限られている．現在までに 8 つの血清型に分類されているが，ヒトの感染症と関連付けられている菌型

ギラン・バレイ症候群
ウイルスや細菌などの感染を原因とする自己免疫性抹消神経疾患で GBS 患者の 3 割は *C.jejuni* による先行感染を受けている．カンピロ腸炎の 1〜3 週後にまれに，四肢の筋力低下，歩行困難などの運動麻痺を主徴とする症状が見られ，中には重度の後遺症を残す例もみられる．分離菌株の血清型（Penner 法）はわが国では O19 型が多い．

2

食中毒

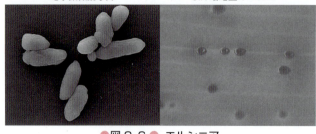
●図2-6● エルシニア
電子顕微鏡写真　　CIN培地上のコロニー

は1a, 1b, 2a, 2b, 2c, 3, 4b, 5aと5bである．

　Y.enterocoliticaの発育特性に関しては，発育温度域が0〜44℃（至適発育温度：28〜29℃），発育pH域が4.0〜10.0（至適pH：7.2〜7.5），水分活性が0.98以上（至適水分活性：0.99）である．

　症　状：　感染時のY.enterocoliticaの症状は下痢や腹痛を伴う発熱疾患や敗血症など多岐である．潜伏期は3〜10日であり，二次感染はまれである．患者の年齢とこれら病像とはある程度の相関がみられる．乳幼児では下痢症が主体であり，幼少児では回腸末端炎，虫垂炎，腸間膜リンパ節炎が多くなる．さらに年齢が高くなるにしたがって関節炎や，より多様な症状を呈する傾向がみられる．高熱者は少ないが，発熱の割合は高い．最も多い症状は腹痛である．特に右下腹部痛と悪心・嘔吐から虫垂炎症状を呈し，終末回腸炎，虫垂炎，腸間膜リンパ節炎などと診断される場合もある．腸管感染であるにもかかわらず頭痛，咳，咽頭痛などの感冒様症状を伴う割合が比較的高く，また発疹，紅斑，苺舌などの症状を示すこともある．

　予　防：　本菌は種々の動物や河川水等自然界に広くみられる．特に，食中毒と関係が強いのはブタであり，保菌ブタの糞便汚染を受けた食肉類や，あるいは汚染を受けた水を介して他の食品への汚染がみられ，これらの調理操作に欠陥があると食中毒をもたらすことになる．

vii）リステリア症

　疫　学：　Nyfeldtにより1929年にヒトのリステリア症が初めて明らかにされた．わが国では，本菌による感染症が最初に報告されたのは，1958年に山形県で髄膜炎，北海道で胎児敗血症性肉芽腫症を発症した症例である．以来，1970年代前半まで年間数例の散発例がみられていたが，徐々に本症に対する関心が高まるにつれて報告数も漸増してきている．1980年代に欧米諸国で牛乳，チーズ，野菜，食肉などの食品を原因とした集団発生が多数報告されるようになった．食品が感染源であることが証明された最初の事例は，1981年カナダにおけるコールスローを原因食とする集団事例である．わが国では確定されたリステリア食中毒の報告はみられない．食品が疑われる事例でも感染源や感染経路が明確にされたものはない．わが国の健康人における本菌保菌率は，0.5〜1.3%とされている．また，本菌の宿主域はきわめて広く，ほとんどの動物や種々の環境材料から分離されることから，さまざまな食品が汚染される危険性がある．特に乳，食肉などの動物性食品はこの危険性が高い．本菌は低温下でも発育するので，食品の低温流通が進み食品媒介感染症として注目されている．

　病原体と菌学：　L.monocytogenesはグラム陽性，通性嫌気性，両端鈍円の無芽胞短桿菌である（図2-7）．少数の鞭毛により30℃以下の培養で運動性を示す．半流動高層培地に穿刺培養すると，"umbrellamotility"と呼ばれる培地表面から数mm下層に雨傘状の発育が認められる．抗原的には耐熱性O抗原（菌体）と易熱性H抗原（鞭毛）により16の血清型に分類されている．臨床由来株はH抗原4b

電子顕微鏡写真　　オックスホード培地上のコロニー

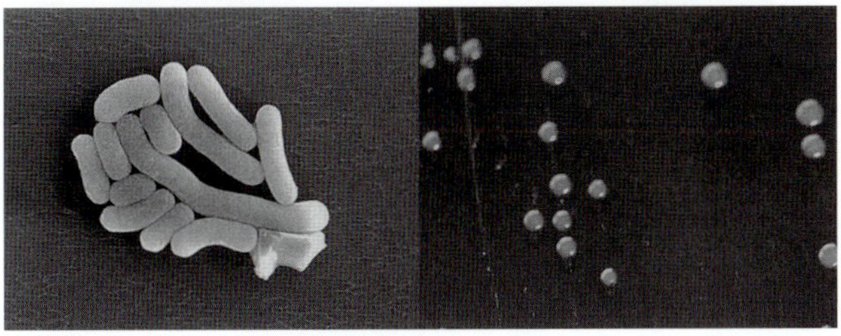

●図2-7● リステリア

がわが国ではもっとも多く，1/2b，1/2a もみられている．ウサギ，ウマ，ヒツジなどの血液寒天平板では35℃，一夜培養で弱い β 溶血性を示す．この溶血は，CAMP（Christie-Atkin-Munch-Peterson）テストで黄色ブドウ球菌が産出する β 溶血素により増強され，溶血環は明瞭に拡大される．発育pH域が広く，耐塩性があるなど食品の衛生管理上制御しにくい特性を有している．本菌の発育特性に関しては，発育温度域は0〜45℃（至適温度：30〜35℃），発育pH域は5.6〜9.6（至適pH：7.0），水分活性は0.92以上（至適水分活性：0.99）である．本菌は5℃の低温下でも発育増殖できる特徴があり，また食塩耐性があり10%食塩加ブイヨン中でも発育できる．本菌は腸粘膜から侵入し，マクロファージに取り込まれて，マクロファージ内で増殖し，リンパ節や血液中に拡散することによって発症する．

症　状：　本感染の潜伏期間は9〜32時間，平均20時間と推定されている．事例では24時間未満から多くは3日以上で，1か月以上のものもあり，多岐にわたっている．疾病は化膿髄膜炎および敗血症を起こす．食品媒介性の場合も全く同様で，中枢神経系の疾患でほとんどが占められる．38〜39℃の発熱，頭痛，嘔吐などがあり，意識障害や痙攣が起こる場合もある．健康な成人では無症状のまま経過することが多い．胎児敗血症では，流産や早産の原因となる．妊婦は発熱，悪寒，背部痛を主徴とし，胎児は出生後短時日のうちに死亡することが多い．集団発生の患者は妊婦，胎児，新生児が多く，散発例ではステロイド剤使用者，がん，白血病などの患者に多い．食品媒介性の感染症であっても，典型的な急性胃腸炎症状を通常は示されないことが特徴である．

予防・治療：　人獣共通感染症でもあるリステリア症は，家畜，家禽やペットなどからの感染が疑われていたが，現在では保菌者や食品を介しての感染がより重要視されている．胎児敗血症は母親からの垂直感染と考えられているが，妊婦の泌尿器系における保菌実態は明らかではない．高齢者や免疫機能の低下した患者への感染源，感染経路も不明であり，保菌者と食品の低温流通過程における汚染状況の把握が，感染防御と感染防止に重要と考えられる．

viii）ブドウ球菌食中毒

疫　学：　本菌食中毒の最初の報告例は，1884年に米国ミシガン州でチェダーチーズを原因食品とした事例である．本菌と食中毒との因果関係が初めて明らかにされた事例は1914年にフィリピンにおける牛乳によるものとされている．本菌食中毒の原因食品は，欧米では，乳，乳製品および食肉，肉製品が多いが，わが国では米飯類（にぎり飯，弁当）や和菓子などが著しく多いのが特徴である．特に，夏季には米飯類の調製時にエンテロトキシン産生性の *S.aureus* が汚染すると数時間で発症可能な量のエンテロトキシンを産生することになる．

本菌食中毒は他の細菌性食中毒と同様に5〜10月に多発しているが，腸炎ビブリオ食中毒ほど季節的発生傾向は極端でない．これはブドウ球菌が外界の気温に左右

されることなく，人や動物の体表，その他に常在することから，年間を通じて食品への汚染の機会がある．気温の低い時季でも室内暖房が普及したことによりブドウ球菌が食品を汚染すれば増殖が可能となる．

病原体と菌学：　S.aureusはヒト動物の化膿性疾患，敗血症，毒素性ショック症候群（TSS），日和見感染（メチシリン耐性黄色ブドウ球菌感染症（MRSA：Methicillin resistant S.aureus））の原因菌でもある．本食中毒はS.aureusが食品中で増殖する際に形成される毒素（エンテロトキシン：腸管毒）による．S.aureusはグラム陽性球菌であり（図2-8），食塩耐性，マンニット分解能を有し，レシチナーゼを産生する．本菌は医学的には化膿細菌であり，人や動物の鼻腔，咽頭，体表や腸管内などに存在し，また空気や土壌にも広く分布している．このことから本菌が食品を汚染する機会は非常に多い．本菌食中毒は典型的な毒素型食中毒であり，主にコアグラーゼを産生するS.aureusが食品中で増殖する際に菌体外毒素であるエンテロトキシンを産生し，これを摂取することによって嘔気，嘔吐を主徴とする症状を呈するものである．

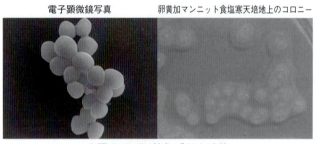

●図2-8● 黄色ブドウ球菌

本菌エンテロトキシンは免疫学的にA，B，C，D，E，G，H，I，J，K，L，M，N，O，P，Q，R，S，T，U，Vの21型が報告されている．これらは分子量3万前後の単純たんぱくである．

　本菌はグラム陽性の通性嫌気性菌であり，形態的にブドウの房状に配列していることからこの名がつけられた．Staphylococcus属の菌は28菌種に分類されている．これら菌属のうち，食中毒原因菌となるS.aureusはエンテロトキシンやコアグラーゼの産生能を有し，特定のファージ型やコアグラーゼ型を有する．本菌の発育温度は6.6～50℃（至適発育温度：30～40℃）であり，pH 4.0～9.8（至適pH：6.5～7.3），そして最高食塩発育濃度は10～15%であり，水分活性は0.86以上とされている．

　エンテロトキシンはpH 4.5以下では産生されず，至適エンテロトキシン産生条件はpH 7.0前後である．エンテロトキシンはタンパクでありながら，トリプシン，キモトリプシン，パパインなどのタンパク分解酵素によって不活化されず，pH 2.0以下でペプシンによって分解され，胃酸や消化酵素によっては破壊されない．また，食品中では耐熱性が強く，通常の加熱調理温度では破壊されない．精製エンテロトキシンはA型は80℃・30分でB型は100℃・60分以上の加熱条件で失活し，C型は100℃・1分で80%が失活する．なお，エンテロトキシンの催吐活性は，サルでは毒素型によって異なるが，静脈内投与では0.03～0.1 $\mu g/kg$であり，また経口投与では0.9～10 $\mu g/kg$である．ヒトの食中毒発症最少毒素量は20～25 $\mu g/$ヒトであり，発症時の食品中のブドウ球菌数は10^6～10^8であるとされている．

症　状：　ブドウ球菌食中毒は食品中で形成されたエンテロトキシンが食品とともに摂取され，毒素が胃や小腸上部で吸収され脳の嘔吐中枢を刺激し，嘔吐を起こす．この食中毒の潜伏時間はきわめて短く，食品を摂取してから1～5時間，平均

3時間で発症する．発症は急激であり，唾液の分泌が亢進し，次いで悪心，嘔吐，腹痛，下痢を起こす．なかでも，嘔気，嘔吐は必発症状であり，発熱はないかあっても37℃台である．これらの症状は激しい割に経過は良好で多くの場合1～3日で完全に回復し，合併症などがない限り死亡することはない．

予　防：ヒトの化膿巣が汚染源として最も重要であることから，化膿性疾患を有する者の調理従事は回避させる必要がある．健康人でも本菌を保有することから調理時に顔面等に手を触れさせないように注意し，手洗いの励行と素手で食品の取扱いを極力避ける．また本菌の発症はエンテロトキシンに起因しこの毒素は一般の調理・加工温度では失活しないので，食品中での本菌の増殖をさせないように，調理食品は5℃以下に保存する必要がある．また，本菌は10％食塩でも発育するので注意が必要である．

ix）セレウス菌食中毒

疫　学：*Bacillus cereus* は環境細菌のひとつであり，土壌，空気および河川水などの自然環境，そして農産物，水産物および畜産物などの食料，飼料等に広く分布する好気性の芽胞形成桿菌である．環境に広く分布している本菌は食品への汚染の機会が多く，食料・食材・調理加工食品の衛生的な取扱いがなされなかった場合，腐敗・変敗をもたらし，また食中毒をもたらすことがある．さらに，汚染された輸液ラインからの血液感染や種々の日和見感染（気管支炎，胸膜炎，心内膜炎，髄膜炎，敗血症，眼球炎，乳房炎）をもたらすことも知られている．*B.cereus* 食中毒は臨床症状によって嘔吐型と下痢型の2つに分けられる．本菌食中毒の最初の事例は，1955年にHaugeによって報告された下痢型食中毒である．この事例はノルウェーの病院と老人ホームで喫食前日に調理され，その後24時間以上室温に放置されていたバニラソースを原因食品とするものであり，患者数は総計600人に達した．その後1971年に，イギリスにおいて中華料理店で米飯または焼飯を原因食品とする嘔吐型食中毒の発生が報告されている．わが国では，岡山県の小学校で学童354人にカナダ産の脱脂粉乳によって下痢，腹痛などを主徴とする食中毒発生事例が1960年に初めて報告されている．その後，嘔吐型が多くを占める本菌食中毒事例が多々報告されるようになった．これに伴い，わが国では1982年より行政的に*B.cereus* は食中毒細菌として扱われるようになった．

病原体と菌学：*B.cereus* は，Bacillaceae科の*Bacillus*属に属するグラム陽性の大型（栄養細胞：1.0～1.2×3.5 μm）の芽胞形成桿菌である（図2-9）．芽胞は胞子嚢を膨出させず，菌体の中央あるいはやや中央に存在し，周毛性の鞭毛を有している．本菌は*B.thuringiensis* や *B.anthracis* と遺伝学的に近縁関係にある．*B.cereus* は溶血毒（cereolysin），フォスフォリパーゼ，嘔吐毒，下痢原性毒素等の菌体外毒素を産生する．

わが国に頻繁にみられる嘔吐型食中毒の発症には嘔吐毒が関与し，食物内毒素と考えられている．本毒素はセレウリド（cereulide）と命名された．アミノ酸とオキシ酸からなる環状のデプシペプチド

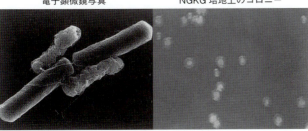

●図2-9● セレウス菌

であり，D-O-Leu-D-Ala-L-O-Val-L-Val の構造を示す．本毒素は疎水性で分子量が 1153.38 で，分子式は $C_{57}H_{96}O_{18}N_6$ であり，抗原性がない．121℃，90 分でも失活せず強い耐熱性を示し，pH 2 や 11 の強酸性またはアルカリ性でも失活せず，ペプシン，タイロシンに対しても失活しない．このように嘔吐毒は物理化学的要因に対して安定である．

　下痢型食中毒の発症に関与している毒素は下痢原性毒素（下痢毒：非溶血エンテロトキシン（non hemolytic enterotoxin），ヘモリジン BL（hemolysin BL）），ウサギ腸管ループ液体貯留因子，血管透過性亢進因子，腸管壊死毒，皮膚壊死毒，マウス致死因子などとされている．下痢毒は部分精製され，その分子量は嘔吐毒と比較してかなり大きく，3 万 8000～4 万 6000 のタンパク質と推定されている．本毒素は加熱，トリプシン，プロナーゼなどの酵素や胃酸などにより失活する．本型食中毒時の感染菌量は一般に 10^7～10^8 以上とされている．B.cereus が産生する下痢毒はウェルシュ菌のそれとは異なり，食品と共に摂取された本菌が強力な酸性環境の胃を通過し，小腸で定着・増殖し，下痢毒を産生することにより発症すると考えられている．このことから，下痢毒は生体内毒素とされている．

　本菌の発育特性に関しては，発育温度域が 10～48℃（至適発育温度：28～35℃），発育 pH 域は 4～9.6（至適 pH：6～7），水分活性は 0.94 以上（至適水分活性：0.98）であり，芽胞の耐熱性は 120℃，4 分（嘔吐型菌の芽胞は熱抵抗性が高い）である．

　症　状：　嘔吐型食中毒は嘔吐毒に起因し，その臨床症状は 30 分～6 時間の潜伏期後に悪心と嘔吐が起こるのが特徴であり，また時々，腹部の痙攣や下痢がみられ，症状の持続時間は一般に 24 時間以内である．

　下痢型食中毒は下痢原性毒素に起因しその臨床症状は，6 ～15 時間の潜伏期後に水様性の下痢，腹部の痙攣および腹痛が起こる．悪心は下痢に伴って起こるが，嘔吐はめったにみられない．症状はほとんどの例において 24 時間程度持続する．

　予　防：　B.cereus は環境細菌であり，一般に食品からは 10～10^3/g 程度の菌数が検出され，下痢あるいは嘔吐毒を産生する菌株がしばしば認められる．本菌下痢型食中毒菌は健康人では 10^7～10^8/g 以上の摂取菌量がなければ感染しない．また，嘔吐型食中毒に関しても同様の菌量がなくしては食品中で発症毒素量を形成することは不可能である．このことから一般食品で通常みられる程度の菌量では食中毒は起こらない．しかし，本菌は耐熱性芽胞を形成することから，焼飯類のように加熱調理食品であっても，保存・取扱いに欠陥があると発芽・増殖し，それによって発症菌量に達するようになる．それ故に加熱食品といえども調理後なるべく早く喫食させる必要があり，またすぐに喫食しない場合には，低温保存など（10℃以下）の適切で衛生的な取扱いを配慮する必要がある．本食中毒患者は経過が良好であり，ほとんど一両日中に回復する．

ｘ）ウェルシュ菌

　疫　学：　ウェルシュ菌 C.perfringens は，ヒトおよび動物の腸内や土壌および下水などに広く分布している．本菌はセレウス菌 B.cereus やボツリヌス菌 C. botulinum と同様に，土壌細菌である．医学的には C.novi や C.septicum とともにガス壊疽菌として知られている．本菌はヒトおよび動物の腸管内や土壌などに広く

分布しており，1940年代以降に食中毒細菌としてもとりあげられるようになった．1953年にHobbsらがロンドンで発生した本菌による集団食中毒事例を調査・報告し，世界的に注目されるようになった．わが国では発生件数は少ないが，"集団食中毒菌"ともいわれ，集団給食を原因とする大規模発生例がみられている．本菌食中毒は1件あたりの患者数が100人を超える例が多く，その原因食品は大別して2つに分けられる．第1は，獣鳥肉，魚介などのタンパク食品であり，これらの食品の本菌汚染率はかなり高く，また，特性として食品内部の嫌気度が高いことから本菌の増殖を招くものである．第2は，加熱調理した後，同一容器に大量に詰めこんで放置された食品である．このような食品に本菌が汚染しておれば，その芽胞の耐熱性が強いことから，他の菌が死滅したとしても，芽胞が生残し冷却中に内部の嫌気化により発芽し，純培養的に増殖することになる．

病原体と菌学： 本菌は大型のグラム陽性の偏性嫌気性桿菌であり，鞭毛をもたず，芽胞を菌体の中央部からやや偏在して形成し，ボツリヌス菌のような絶対嫌気性ではない（図2-10）．したがって，大量調理された食品の内部は微嫌気状況を作り，本菌の増殖をもたらすこともある．

●図2-10● ウェルシュ菌

本菌は産生する12種の毒素によりA～E型の5種に分類され，ヒトに食中毒を起こすのはA型である．Hobbsらは耐熱性芽胞形成菌が本食中毒の発生に関与するとし，1型～17型（Hobbs型菌）に分類している．

芽胞細胞は82℃で加熱ショックを受け，54.4℃以下の保存条件で発芽し，増殖する．通常の本菌芽胞は100℃で5分あるいは80℃，30分で死滅するが，食中毒の原因となる耐熱性菌の芽胞は100℃で1～4時間の加熱に耐える．本菌の発育温度は15～50℃（至適発育温度：43～45℃）と広範囲である．この至適発育温度は一般の食中毒細菌や腐敗細菌に比し高温であり，また分裂速度は10～12分とかなり速い．発育可能pHは5.5～9.0（至適pH：7.2）である．

本菌による食中毒における下痢症の発現は，食品中で増殖した菌を摂取し，本菌の小腸内での芽胞形成時に遊離されたエンテロトキシンによる．

> **加熱ショック**
> 細菌芽胞は致死温度以下の加熱条件では活性化し，発芽増殖しやすくなることをいう．

臨床症状： 本菌のエンテロトキシンは生体内毒素と呼ばれ，腸管内で形成される．その分子量は3万5000の単純タンパク質であり生物活性としては下痢作用，液体貯留活性，細胞毒性，血管透過性亢進，流涙および呼吸困難，神経・筋接合部の伝達阻害や，大量投与による致死作用や脳幹部呼吸中枢の障害などが知られている．腸管各部位のエンテロトキシンに対する感受性は回腸がもっとも高く，次に空腸，十二指腸であり，小腸後部ほど感受性が高い．

本菌食中毒の潜伏期は通常6～18時間，平均12時間であり，爆発的な発生を起こすことが多い．主な症状は腹痛と下痢であるが，他の食中毒に比して症状は軽い．下痢は本菌が1gあたり10^6個以上に増殖した食品を摂取し，小腸内でさらに増殖し，芽胞を形成する際にエンテロトキシンが遊出され，それが腸粘膜に作用し，腸管内への水分の分泌を亢進させることによって生じる．

予防: 本菌食中毒は獣肉，魚介類やその加工品が加熱調理された後，不適当な冷却や長時間の不適当な温度条件での放置，前日調理された食品を再加熱せずに提供したり，再加熱が不十分なことによって発生している．このことから，調理，再加熱調理時には内部まで十分に加熱する必要がある．本菌の感染菌量は 10^6 ～ 10^8 /ヒトとされており，加熱調理直後の食品の本菌生残菌数はこの菌量を大きく下回っていることから，感染することはない．したがって，食品中の生残菌を増殖させないことであり，そのために加熱調理食品は3～4時間以内に5℃以下に冷却して，その状態で保存する必要がある．また，前日調理食品は喫食前には十分加熱する必要がある．加熱食品といえども調理後は時間をおかずに喫食させる必要があり，またすぐに喫食しない場合には，低温保存等の適切で衛生的な取扱いを配慮する必要がある．また，いうまでもなく，他の細菌性食中毒の場合と同様に，食品や加工・調理環境の衛生保持，あるいは食品取扱者の衛生教育の徹底が必要とされる．

xi）ボツリヌス中毒

疫学: ボツリヌス中毒（botulism）は，腸詰（ソーセージ：ラテン語で botulus）中毒としてヨーロッパでは100年以上前から知られている．わが国の本食中毒の発生は1951年5月の北海道・岩内での自家製の"いずし"を喫食した14人が発病し，4人が死亡した事例が最初である．本菌は他の食中毒に比し致命率がきわめて高い．しかしながら，本菌毒素に対する多価抗毒素血清が開発され，診断が的確であれば，死亡に至る例はほとんどなくなっている．一般的な本中毒はボツリヌス菌 *C.botulinum* が嫌気的状態におかれた食品中で増殖する際に産生する毒素（botulinum toxin）を食品とともに摂取して発病する（食餌性ボツリヌス症：食物内毒素）．また，生後2週間～8か月の乳児が本菌に汚染された蜂蜜を経口摂取して，ボツリヌス芽胞が腸管内で発芽，増殖して産生された毒素により発症するいわゆる乳児ボツリヌス症（生体内毒素）も知られている．ボツリヌス菌食中毒は発生件数，患者数とも他の細菌性食中毒に比しはるかに少ない．発生原因施設は家庭が大半であり，原因食品の大半は複合調理食品である．また発生要因として，食品取扱いの欠陥が半数を示している．本菌は土壌および河川や湖沼，海岸の底質に広く自然界に分布していることから，食品原材料となる魚介類や農産物が汚染されることは避けがたい．本菌中毒はわが国では主として北海道や東北地方に発生し，風土病的であることが特徴であるが，他の地域でも散発的に発生がみられている．これら発生例の大半はE型毒素によるが，AおよびB型による発生事例も報告されている．諸外国では米国，フランス，中国およびドイツに多発しているほか，ロシア，カナダ，ノルウェー，デンマーク，スウェーデン，イギリスおよびその他数か国において発生している．米国や中国ではAおよびB型中毒が多く，ヨーロッパ諸国ではB型中毒が多い．

本中毒の原因食品はわが国と諸外国では大きな違いがみられる．ドイツではハム，ソーセージなどの食肉製品，ロシアやフランスでは魚肉，イギリスでは鶏肉，米国では野菜，果物，魚などの自家製缶詰が原因食品となっている．一方，わが国の発生例は大部分が魚の発酵食品である"いずし"や"きりこみ"である．

本菌の毒素型には食品との関連性がみられ，E型菌は主に魚介類に関係が深く，A型菌は野菜，果物および肉類と，またB型菌やF型菌は肉類と関係が深い．

病原体と菌学：　*Clostridium* 属の菌は Bergey's manual では 83 菌種が記載されている．この菌属には破傷風の原因菌である破傷風菌（*C.tetani*）や，食中毒を起こす *C.botulinum* や *C.perfringens* が知られている．本菌は偏性嫌気性のグラム陽性桿菌で，偏在性の卵円形の耐熱性芽胞を形成する（図 2-11）．菌体は数本の鞭毛を有し運動性がある．本菌の産生する毒素は免疫学的特徴により A〜G 型に分類されている．このうちヒトに中毒を起こすものは A, B, E および F 型の 4 種である．*C.botulinum* のうち，タンパク分解菌である A 型と B 型の最適発育温度は 37〜39℃，タンパク非分解の E 型が 28〜32℃ であり，毒素産生の下限温度は A 型と B 型が 10℃ であり，E 型は

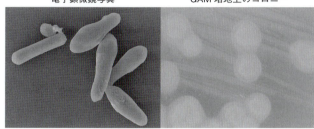

●図 2-11 ● ボツリヌス菌

3〜4℃ である．また，芽胞の熱抵抗性は A 型と B 型が 120℃，20 分で E 型が 80℃，30 分である．本菌毒素は熱にきわめて弱く，すべての毒素は 80℃・30 分で破壊される易熱性毒素である．このことから，喫食前に食品を十分加熱すれば，この毒素は破壊され，中毒の危険性はなくなる．ボツリヌス毒素の分子量は 35 万〜90 万程度の単純タンパクであり，種々の毒物のうち最も毒力が強いとされている．マウスの腹腔内注射による致死量は 10 pg である．ヒトの致死量は μg のオーダーと推定されている．

　食品とともに摂取される毒素は，ペプシンに耐性があるため，破壊されることなく胃を通過し，十二指腸に達し，pH 7 以下の十二指腸内でトリプシンにより活性化される．毒素はリンパ管内に吸収され，リンパ液中では速やかに毒素分子の解離が起こり，遊離した毒成分は血流を介してコリン作動神経のシナプスに運ばれ伝達物質のアセチルコリンの遊離を阻害して筋肉の麻痺を起こす．

症　状：　ボツリヌス中毒の潜伏時間は普通 12〜36 時間であるが，最短は 1 時間後，最長は 14 日という例がある．初発症状は悪心，嘔吐および下痢などの消化器症状を呈することが多い．その後，特異的神経症状が現れる．すなわち，倦怠感，頭痛およびめまいがみられ，さらに視力障害，複視，瞳孔散大，対光反射障害などが起こる．また，眼瞼下垂，顔面筋肉の麻痺のため無表情になる．咽喉頭筋麻痺を起こし発声困難，嚥下困難が起こり唾液分泌障害によって口腔粘膜，舌，喉が乾燥し嗄声がみられる．便秘，腹部膨満，歩行困難，握力低下もみられる．最終的に，呼吸筋，横隔膜麻痺のため呼吸困難となり窒息死に至る．早期に治療用抗毒素血清が投与されれば死亡することはない．現在は致命率は 1% 以下である．しかし 1984 年に発生した「辛子蓮根」事件は 31 人の患者のうち 9 人が死亡した（致命率：29%）．

予　防：　農産物，畜産物，水産食品にはボツリヌス菌の芽胞が存在すると考えるべきである．本菌食中毒発生予防のために保存食品は以下のようにすべきである：① 芽胞の完全殺菌（120℃・4 分または 100℃・360 分以上の加熱），② 物理的（pH 4.6 以下，水分活性 0.94 以下，温度 3.3℃ 以下），化学的方法（亜硝酸ナトリウムなどの抗菌剤の使用）による芽胞の発芽，菌の増殖阻止．③ 食品中で産生された毒素の喫食前の不活化（80℃，20 分または 100℃，数分の加熱）．

xii）ウイルス性食中毒

ウイルス性食中毒は，ウイルスに汚染された飲食物の摂取やヒトからヒトへの直接感染によって起こる．ウイルス性食中毒は主にノロウイルス（Norovirus）やA型肝炎ウイルス（HAV：Hepatitis A virus），E型肝炎ウイルス（HEV：Hepatitis E virus）が関与する．一般的症状は嘔吐と水溶性・非血性下痢が特徴である．下痢は1週間以内に治まり，予後は比較的良好な疾患である．好発年齢層は乳幼児であるが，成人層にも患者はみられる．

①ノロウイルスによる食中毒：ノロウイルスはカリシウイルス科に分類される直径約30 nmの小型の球形ウイルスである．1968年米国オハイオ州ノーウォークの小学校で起きた集団胃腸炎の患者糞便から検出され，1972年電子顕微鏡でその形態が明らかにされた．

ノロウイルスによる中毒は，わが国では冬季に集団食中毒として頻発しており，2010年には399件，1万3904人の患者が報告され，最近で微生物性食中毒のなかで発生件数，患者数ともにもっとも多い食中毒である．潜伏期間は1〜2日で激しい下痢と嘔吐を主症状とし，吐き気，腹痛，発熱，倦怠感を伴うが，2〜3日で回復する．

ノロウイルスの食品へ汚染経路は，主として調理従事者による場合と，環境汚染によるものとがある．ノロウイルスに感染しても発症に至らずにウイルスを排泄する場合があり，調理従事者が食材のウイルス汚染源となりうる．また，患者から糞便中に排泄されたノロウイルスは下水から河川さらに海水へ流入し汚染された水域で養殖・生育したカキなどの二枚貝に蓄積される．ノロウイルスに汚染された二枚貝の生や加熱不十分な調理による喫食は，ノロウイルス感染の拡大となる．ノロウイルスはヒトの生きた細胞内でしか増殖できないため，食中毒細菌のように食品中で増殖することはない．冬季のウイルス性食中毒予防のためには，カキなどの生食は避け，また常時，中心温度が85〜90℃で90秒以上の加熱調理を適切に行うことが重要である．調理従事者は健康管理の徹底と手指の洗浄，うがいの励行を行い，配膳に際しては使い棄て手袋とマスクの着用が効果的であり，二次汚染拡大を制御できる．

②A型肝炎（Hepatitis A）：A型肝炎は，A型肝炎ウイルス（HAV）感染による疾患であり，一過性の急性肝炎が主症状であり，治癒後には強い免疫が残される．HAVは糞便中に排泄され，飲食物を介して経口感染する．A型肝炎は開発途上国に多い疾患であり，先進国では上下水道などの整備により激減した．現在，日本では50歳以下での抗体陽性者はきわめて少ない．最近のA型肝炎の特徴として，罹患年齢の上昇による重症例が増加している．大規模な流行発生はみられないが，散発例はまだ多く，海外渡航者の感染例，施設内発生例，家族内感染例などがある．海外との人的交流，食料品の流通などを考えれば，A型肝炎の予防対策はますます重要になろう．日本でも不活化ワクチンが認可され，任意接種が可能である．

③E型肝炎（Hepatitis E）：E型肝炎ウイルス（HEV）によって引き起こされる経口伝播型急性肝炎である．E型肝炎は糞経口路によって伝播し，なかでも水系感染である場合が多い．1995年，ニューデリーで急性肝炎が大流行したが，これは糞便によって汚染された飲用上水が共通の感染源となっていた．この流行では，黄

疸性肝炎と診断された症例だけでも 2 万 9000 人に及んでいる．これに似た水系感染による大流行が中央アジア，中国，北アフリカ，メキシコなどでも報告されている．E 型肝炎の致死率は A 型肝炎の 10 倍といわれ，妊婦では実に 20% に達することもある．また，日本，欧州諸国，北米大陸において非 A，非 B 肝炎といえば C 型肝炎を意味するが，発展途上国では事情が異なり，大部分は E 型肝炎であるといわれる．主に発展途上国で常時散発的に発生している疾患であるが，日本をはじめとする先進国でも全く渡航歴のない E 型肝炎症例が報告されている．また，ブタや野生のイノシシ，シカなどから類似のウイルスが検出されるなど，人獣共通感染症の可能性が指摘されている．

3）微生物性食中毒対策

　日常の食生活の中で無菌の食品を喫食することは不可能であり，必ず微生物を食品とともに摂取している．これらの微生物の多くは非病原菌であるが，なかにはヒトに病原性を示すものもある．特に，食中毒微生物は食品と共存する環境に分布するので汚染する機会は非常に多く，発病するに至らない程度の菌を経口的に摂取していることが多い．食中毒を予防するためには，第 1 に適切な食品の衛生管理が必要であり，このことに関しては第 7 章（7.2，7.3 節）を参照されたい．第 2 に食べる側（宿主）の健康状態も重要である．食中毒細菌の最少感染菌量は，一般に 10^6 以上とされているが，これは喫食するヒト（宿主）の健康状態によって異なる．たとえば，腸炎ビブリオ食中毒の疫学的調査では，喫食時の体調とか空腹・満腹ということが 1 つの要因となると推定されている．感染症全般についていえることであるが，一般的抵抗力が重要な要因となるので，普段からの健康管理，特に夏季の健康管理は食中毒予防の上からも重要である．

2.5 ······ 自 然 毒 食 中 毒

　通常，動植物がもっている毒成分を自然毒と呼び，これは本来的にはある生物の正常な代謝過程で生産される二次代謝産物のうちのある種のものが他の生物，たとえばヒトなどに毒作用を有するといったように，その生物固有の毒成分を指している．これに加えて，ある生物（動物が多い）は環境とのかかわりのなかで生物連鎖によって二次的に有毒成分を形成することがあり，一般に毒がないと考えられている動物や植物を摂取することによって中毒を起こすことがあり，このような毒成分も自然毒として扱われている．

　動物性のものによる食中毒では件数，死者数からみてフグによるものが圧倒的に多く，また植物性自然毒によるものとしてはキノコによるものが件数，患者数ともに圧倒的に多いことを示している．死者の比率から見た場合，フグによる中毒死によるものがもっとも多い．

1）動物性自然毒による中毒

　動物性自然毒による食中毒では陸上動物による例はほとんどなく，すべてが水生動物によるといってよい．これまで，わが国で起こっている事例では上述したようにフグによるものがもっとも多く，そのほか二枚貝によるものや南方毒魚（シガテ

ラ毒魚）による中毒が知られている．

i）フグ毒中毒

フグの種類は日本近海で30種，朝鮮，台湾周辺に産するものを加えると36種くらいに達する．冬になるとフグ料理が思い出されるように，フグの産卵期である12月から翌年春にかけて特にフグは美味しくなる．同時に，この旬の時期にフグの毒力が強くなり，フグ中毒事例も多く発生している．一般に食用に供されるものはトラフグで，これは最も美味であり刺身に珍重されている．ショウサイフグやマフグなどは安価なので加工用にも多く使用されている．これらのフグに含まれる毒はおもに卵巣，肝などに分布しているが，そのほか皮や腸などにも存在する．日本近海産のフグの場合には筋肉にほとんど毒はみられないが，ベトナム，ボルネオ，フィリピン近海でとれるサバフグに似たドクサバフグは筋肉にも猛毒をもっており，これによる中毒死事件も報告されている．表2-6におもなフグの毒の所在を示した．

● 表2-6 ● フグの部位による毒性

	卵巣（まこ）	睾丸（しらこ）	肝（きも）	腸	皮	肉	血液
クサフグ	+++	+	+++	+++	++	+	
コモンフグ	+++	++	+++	++	++	+	
ヒガンフグ	+++	+	+++	++	++	−	−
マメフグ	+++	−	+++	++	++	−	
メフグ	+++	−	++	++	++	−	
ショウサイフグ	+++	−	+++	++	++	+	
アカメフグ	++	−	++	++	++	−	−
トラフグ	++	−	++	+	−	−	
シマフグ	+	−	++	++	−	−	
ゴマフグ	++	−	++	−	−	−	
カナフグ	−	−	++	−	−	−	
サバフグ	−	−	−	−	−	−	

+++：猛毒＝10g以下で致死　　　+：弱毒＝100g以下では死なず
++：強毒＝10g以下では死なず　　−：無毒＝1000g以下では死なず

フグ毒は田原博士（1909）によってトラフグの卵巣から初めて抽出され，テトロドトキシン（tetrodotoxin）と名づけられ，1964年に至って分子式 $C_{11}H_{17}O_8N_3$ が決定された．その性質は水に難溶であるが酸性では可溶で，熱（100℃，4時間），日光などに安定であるが，アルカリには不安定である．そして，動物に対する致死量は0.48 mg/kgとされた．毒性は分子構造と関連があり，分子中のラクトン環が毒性の原因で，これを開裂すると毒性は消失すると報告されている．

テトロドトキシンの生体に対する作用はクラーレと同様に末梢および中枢神経に対する麻痺であるが，吸収も排泄も速くて食後30分程度で発症することもあり，致死時間は8〜9時間以内でそれ以上経過したものは助かるとされている．この毒による中毒症状は，初徴として食後1〜2時間で口唇，指頭に知覚麻痺，ついでに歩行困難，言語障害を起こす．さらに呼吸中枢が冒されて呼吸困難となり，6〜7時間で呼吸麻痺を起こし，死を招く．

フグの毒力を調べるには，マウスを用いた生物学的検定法が用いられている．フグ臓器の水抽出液を体重20gのマウスの腹腔に投与して30分で殺す量を，1マウス単位（MU）としている．これによると，ヒトの致死量は1万MUとされている．メフグの卵巣，フサフグ，コモンフグの肝では1gあたり5000 MUのものがあり，この場合2g食べただけで致命的となる（表2-6参照）．

以上のような毒性があることから，近海産のフグについてはこれを食する場合，内臓や皮などを慎重に除去してよく洗浄しなければならない．また，フグ中毒事例の大半が家庭内で起こっており，素人料理は危険であるといっていい．営業の場合には各都道府県によっては条例でフグ調理師資格を規定している．

ii）二枚貝による中毒

　欧米では以前から貝類が時として毒化し，これによって食中毒が発生することが知られていた．わが国においても1948（昭和23）年から1962（37）年にかけて3例の発生例があったが，あまり問題視されていなかった．しかし，二枚貝の毒化が報告され，死亡例を含む多数の中毒事例が発生し食品衛生および漁業経済上重要な問題とされた．貝類の毒化の原因は，生物連鎖の結果として貝類に貝毒（麻痺性貝毒と下痢性貝毒）が蓄積することによるものである．

　① 麻痺性貝毒による中毒：　食用二枚貝が突然毒化し，それを食べることによってしびれ，麻痺などの症状を起こしたり，ときに死亡したりする事例が欧米では古くから知られており，症状にちなんでこの貝毒は麻痺性貝毒と呼ばれていた．わが国でも，原因プランクトンの発生や貝の毒化が報告された．これまでに知られている食中毒事例の原因食品は，アサリ，アカザラガイ，マガキ，ムラサキイガイであったが，ホタテガイ，シジミ，オオノガイなども原因となりうるとされた．

　中毒症状はフグ中毒と類似しており，通常食後30分以内に舌・口唇の灼熱感をもたらし，これは首から四肢末端へ広がり，さらに随意運動が困難となり，重症例では運動失調に陥る．麻痺が進行すると呼吸困難となり，死亡することがある．

　このような毒化の原因は，ある種のプランクトン（渦鞭毛類の *Gonyaulax* 属）を捕食することによって，毒が主に貝類の中腸腺に蓄積することによる．この場合，貝自体は何ら影響を受けないと考えられている．また，原因プランクトンの発生理由は明らかにされてはおらず，富栄養化の進んだ海域でも清浄な海域でもこの有毒赤潮が発生している．毒化期は海域や都市によって異なっているが，北海道，東北，中部地方，四国，中国地方に至る海域のいずれかで年間を通して貝が毒化している可能性があるとされている．また，貝が毒化する程度は種類によって異なり，ホタテガイが最も毒化されやすく，以下アカザライガイ，ムラサキイガイ，マガキの順であるといわれている．

　麻痺性貝毒として最初に構造が決定されたのはサキシトキシン（saxitoxin）であり，その後ネオサキシトキシン，ゴニオトキシンⅡおよびⅢなどの成分が知られている．特に，サキシトキシンはマウスに腹腔内投与した場合LD_{50}は$10\,\mu g/kg$であり，これはテトロドトキシンに匹敵するもので，ヒトの最小致死量は$0.5\,mg$とされている．

　貝毒の毒力検定は，マウスを用いて行われている．可検材料の水抽出物を腹腔内投与して体重$20\,g$のものが15分以内に死ぬ量を1 MUとしており，これをサキシトキシンに換算すると$1\,mg$が5500 MUに相当する．わが国では，可食部$1\,g$あたり4 MUを暫定規制値とし，特にホタテガイは中腸腺を含むむき身が$1\,g$あたり4 MUを超えた場合には出荷停止とし，以後これを下まわっても1週および2週後の検査でこの値を超えないことが確認されて，出荷が認められるようになる．さらに徹底を期すために中腸腺の除去は認定工場で行い，安全性を確認したうえで出荷が認められている．

　② 下痢性貝毒による中毒：　1976（昭和51）年6月，宮城県下でムラサキイガイを摂食することによって腹痛，下痢を主徴とし原因不明の食中毒が発生した．その後の検査によって貝の中腸腺のエーテル画分に毒性があることが明らかにされ，

水溶性の麻痺性貝毒と区別して脂溶性貝毒と仮称されて，1981（昭和56）年に下痢性貝毒と改称された．

　1976年以降確認された中毒事例は1978年までに20件，600名の患者の発生数であり，それ以降貝の毒化の減少と出荷地での検査体制の確立により中毒例はみられていない．それまでに報告された原因貝としてムラサキイガイ，ホタテガイ，アカザラガイがあげられている．

　貝の毒化は5月から8月にかけて起こり，特に6月下旬から7月上旬にかけて毒性がもっとも上昇する．この毒化の原因は，有毒プランクトン——渦鞭毛類の*Dinophysis*属——の毒が貝の中腸腺に蓄積されるためと考えられている．また，同一海域に生息する二枚貝でも種類によって毒化する程度が異なり，もっとも毒化しやすいのはムラサキイガイであり，さらにホタテガイ，アカザラガイ，マガキの順となる．いずれの貝も毒は中腸腺のみに検出される．貝毒の化学構造はまだ明らかにされていないが，ムラサキイガイおよびホタテガイの中腸腺には2成分の毒があり，主成分は分子量800程度の有機溶剤に可溶の環状化合物であり，副成分も類似のものと考えられている．

　下痢性貝毒の毒性検定は，アセトン抽出-Tween60懸濁液のマウス腹腔内投与によっている．体重16〜20gのマウスに腹腔内投与し，24時間以内に殺す毒量を1MUとしている．この毒力検査に基づいて可食部1gあたりの毒力が0.05MUを超えるものは流通販売を認めない措置を取っている．なお，ヒトの最小発症量は12MUと推定されている．

iii）その他の動物性自然毒による中毒

　シガテラ中毒：シガテラ（ciguatera）とは熱帯，亜熱帯海域の主としてサンゴ礁周辺に生息するさまざまな毒魚を総称するものであり，このような毒魚を食することによって起こる致命率の低い食中毒を総称して，シガテラ食中毒と呼んでいる．肝や筋肉に存在する特異的な脂溶性あるいは水溶性の物質が原因物質となり，共通する症状として口唇，四肢の麻痺などがあげられる（表2-7）．

　このほかバイガイやツブガイなどの巻貝を食することによってめまい，嘔吐，視力異常その他の症状を起こすことや，アワビの中腸腺を摂食することによって光線

●表 2-7 ● シガテラ中毒に関係する毒魚と毒の種類

有毒種	毒の種類, 性質	ヒトあるいは実験動物の主な症状	備考
フタツボシドクギョ，ウツボ，ヨダレハタ，バラハタ，ヒラマサ，サメなど多数の肉食魚	シガトキシン 脂溶性	下痢，嘔吐，関節痛，倦怠感，温度感覚の異常	もっとも中毒例が多い
フタツボシドクギョ，ウツボ，その他	シガテリン 水溶性	激しい嘔吐	ヒトの中毒症状不明
ボラ	不明	幻覚，元気喪失，ときに胃腸症状	
アイゴ	不明	瘙痒，頭痛，発熱	6月大雨の後に毒化
ニシンの種類，ドクダイ	不明	麻痺，呼吸困難	ヒトを短時間で死亡させる
オニカマス	脂溶性	口唇の麻痺，言語障害，歩行困難	下痢，嘔吐なし
バラムツ，アブラソコムツ	ワックス	下痢	
ソウシハギ，その他の多くの雑食性サンゴ礁魚	パトリキシン 水溶性	流涎，四肢の麻痺，運動失調	
アゴハタ，ヌノサラシ	グラミスチン 水溶性	嘔吐，死亡，その他不明	粘液毒で溶血性，魚毒性がある

過敏症を起こすことが報告されている．

2）植物性自然毒による中毒

　植物性自然毒による中毒事例は，わが国ではキノコによるものが圧倒的に多い．その他の植物による中毒は減少し，近年では有毒植物そのものの摂取による事故よりも，むしろ過誤による混入によって起こった中毒が知られているにすぎない．

ｉ）キノコによる中毒

　日本には数千種のキノコがあるといわれ，野山には無名で食毒不明のものが数多くみられる．古くから食毒となるキノコの鑑別法については，迷信が信じられ，毎年多くの人が繰り返し同じ毒キノコで中毒を起こしている．キノコ中毒を予防するためには素人判断では危険であり，不明のものについては長年の経験をもったヒトに鑑定を委ねるか，または食用にしないようにすべきである．

　今関（1978）は，日本における主要な毒キノコの毒性強度一覧表を作成し，それに基づいてキノコ狩りの指導，毒キノコの知識普及を行うべきであるといっている．これらの毒キノコは大別して，主に胃腸炎症状を起こすもの（タマゴテングダケ，ドクツルタケなど）と脳神経症状を起こすもの（テングタケ，ベニテングタケ，ワライタケなど）に分けられている．また，表2-8には，毒キノコ中毒症状と毒成分を要約して示した．

● 表2-8 ● 主な毒キノコによる中毒症状と毒成分

菌名	症状	毒成分
タマゴテングタケ シロタマゴテングタケ ドクツルタケ	6〜12時間の潜伏期，嘔吐，コレラ状の下痢，脱水症状，肝・腎臓障害，中枢神経障害，痙攣，意識不明，昏睡，死亡（死亡率50％以上）	phallotoxins（phalloidin） amatoxins（amanitin）
ニセクロハツ	不快，軽い嘔吐・下痢，瞳孔縮小，言語不明，（背筋硬直），心臓衰弱，意識不明，（3件，10人中4人死亡）	不明
コレラタケ（ドクアジロガサタケ）	コレラ症状，（3件，19人中3人死亡）	amatoxin類？
テングタケ・ベニテングタケ	嘔吐，下痢，視力障害，うわ言，興奮，瞳孔縮小〜散大，（痙攣），意識不明，昏睡（死亡はきわめてまれ）（毒成分複雑のため症状も複雑）	muscarine bufotenine muscimol ibotenic acid
ヤブシメジ	1〜数日の潜伏期間，手足の指先激痛，幹部赤腫，苦痛は筆舌に尽くしがたい（中毒はしばしば1か月以上続く）	不明
ツキヨタケ	激しい嘔吐，下痢，腹痛	illudin（lampterol）
ニガクリタケ	詳細不明，死者の全身に紫斑を生じた	不明
イッポンシメジ類		不明
マツシメジ類	嘔吐，下痢，腹痛嘔吐，下痢，腹痛	不明
アセタケ属	テングタケ中毒に似る，著しい発汗	muscarine
シブレタケ（ワライタケ？）	めまい，失平衡感覚，色彩豊かな幻覚，狂乱状態，失神	psilocybin psilocin serotonin
オオワライタケ	ワライタケ症状	不明
ハナホウキタケ（ホウキタケ？）	嘔吐，下痢	不明
シャグマアミガサタケ	嘔吐，下痢，黄疸症状，血便，死亡	helvellic acid（ヘルベル酸）
ヒトヨタケ，ホテイシメジ	酒とともに食べると，抗酒剤アンタビューズ服用後の飲酒の場合と同様の症状，心悸亢進，呼吸困難，虚脱	不明

ii）その他の植物性自然毒による中毒

① ジャガイモのソラニンによる中毒：　ジャガイモは発芽部位と緑色色部にソラニン（solanine：$C_{45}H_{73}NO_{15}$）というアルカロイドの配糖体を有し，これによる中毒が知られている．ソラニンはジャガイモに通常 0.04〜0.116 g/kg 含まれているが，発芽部位には 1 g/kg 以上含まれていることがある．ソラニン含量 0.2〜0.4 g/kg 以上のものを食べると，中毒のおそれがある．ソラニンは熱に比較的安定であるので，ジャガイモの調理にあたっては，発芽部位や病変部位は完全に摘出する必要がある．この中毒症状は，摂食後数時間で腹痛，胃腸障害，虚脱，めまい，ねむ気，軽度の意識障害などを起こす．

② 青酸配糖体による中毒：　青酸配糖体は加水分解によって青酸を生じ，これによって中毒を起こす．この物質は植物種子に含まれ，これまで中毒事例が知られているものとしてビルママメ（アオイマメ）や未熟な青ウメや杏仁によるものがあげられる．前者は，リナマリン（linamarin）（フォゼオルナチン（phaseolunatin）ともいう）やプルナシン（prunasin）という青酸配糖体が含まれている．

③ 毒草類のアルカロイドによる中毒：　最近では，この種の中毒は他の食用植物への収穫時の混入やアルカロイドを含む植物から集めた蜜がハチミツに入って起こった中毒が知られているにすぎない．主なものには，次のようなものがある．

> トリカブト，ヒエンソウ：アコニチン（aconitine）というジテルペンアルカロイドを有しており，嘔吐，四肢の麻痺，呼吸麻痺などをもたらす．近年トリカブトの花粉がハチミツの中にみられることから，これによる中毒と考えられた事故も報告されている．

> ハシリドコロ，チョウセンアサガオ：ヒヨスシアミン（hyoscyamine），スコポラミン（scopolamine）などのトロパンアルカロイドを含む．

> ドクムギ：麦畑に混生し，このデンプンにテムリン（temuline）というアルカロイドを含み，食用ムギに混入して中毒を起こすことがある．

> ドクゼリ：根茎にシクトキシン（cicutoxin）という呼吸障害を起こす有毒物質を含んでいる．

> 綿実：ゴシポール（gossypol）というフェノール化合物が含まれ，精製不十分な綿実油による中毒が米国で知られている．

2.6 化学性食中毒

　化学物質による食中毒事例における原因物質としては，赤身魚を原因食品とする事例が最も多く，これは主にヒスタミンによるものであり，その他に洗剤，農薬などによるものが散発的にみられている．いずれの例でも死亡例はみられていない．

1）ヒスタミン等腐敗アミンによるアレルギー様食中毒

　ヒスタミンなどのアミン類を摂取することによるいわゆるアレルギー様症状を起こすことがある．アミン類は食品に添加・混入した物質ではなく，*Morganella morganii* などの脱炭酸酵素を有する細菌がサンマ，ブリ，カツオ，サバなどの赤身魚中で増殖するときに，ヒスチジン→ヒスタミン，チロシン→チラミン，アルギニン→アグマチン，リジン→カダベリンのようにアミノ酸が分解されて生じるもの

である．したがって，ヒスタミン等による中毒は他の化学性食中毒とは原因形態が異なる．

　ほとんどの例で原因食品は，魚介料理や魚介加工品であり，原因となった魚介はマグロ類がもっとも多く，その他にサンマ，サバ，ブリ，イワシなどがあり，刺身，揚げ物，焼き物などの喫食によって食中毒を起こしている．その発症は大抵の例で食後1時間以内に起こり，吐気，嘔吐，腹痛，下痢，頭痛，顔面紅潮，発疹などである．

　予防対策：　本食中毒は，魚の水揚げから流通，調理に至るまでの温度管理などの衛生管理の不備によって発生している．冷凍魚介では，温度管理などの不備により冷凍前にすでにヒスタミンが生成されていたか，調理場で冷凍魚介を解凍・凍結を繰り返すことでヒスタミンが形成されたことが食中毒の原因となる．したがって，この型の食中毒を予防するためには，魚介の水揚げから調理に至るすべての段階における温度管理を含めた衛生管理が重要となる．

2）その他の化学物質

　洗剤，消毒薬，農薬，金属類やその化合物などが周知不徹底や勘違いによる誤用，安全意識の欠如，故意に飲食物あるいは容器に混入されたことによって少数であるが，中毒事件が起こっている．

3 食品による感染症・寄生虫症

3.1······経口感染症

1）コレラ

　コレラは，コレラ菌 *Vibrio cholerae* O1 と O139 によるもので，飲食物等を介して感染する．日本におけるコレラ患者の発生数は毎年 30 人程度で，多くの患者は東南アジアやインド，バングラデシュからの海外感染例である．しかし，時に海外渡航歴がない人にも患者が出ることがあり，冷凍魚介類を介して感染する事例（有田コレラ，池之端コレラ）がある．日本で検出される菌型はエルトール・小川型である．

　コレラは，下痢（米とぎ汁様下痢，ricewater stool）を主徴とし，これはコレラ菌が小腸内で産生するコレラトキシンによるものである．猛烈な下痢に伴い，脱水症状をもたらす．

2）細菌性赤痢

　細菌性赤痢は，赤痢菌が飲食物を介しての感染，接触感染によって起こる．赤痢菌は *Shigella dysenteriae*，*S.flexneri*，*S.boydii*，*S.sonnei* の 4 つの亜群に分けられる．熱帯や亜熱帯の発展途上国ではきわめてありふれた疾患で，流行地では小児の疾患としての面が強い．わが国でも国内で感染した患者に遭遇することが珍しくないが，海外旅行で感染した症例が多く，その 7〜8 割は青壮年である．特に旅行者数の多い東南アジアや南アジア諸国で感染する症例が大半を占めている．また，日本国内でも時に保育園，幼稚園，養護施設などでの集団発生例や家族内の感染がみられることがある．総患者数に占める症例数は *S.sonnei* によるものが多く，次いで *S.flexneri* によるものが多い．発展途上国では水系感染により患者が多発しているが，わが国でも水系感染が発生することがある．

　細菌性赤痢の症状は下痢，発熱，粘血便，下腹部痛，腹部不快感，悪心，嘔吐などである．典型例では倦怠感，発熱，水様下痢があり，続いて腹痛，しぶり腹，粘血便や膿粘血便となる．しかし，これらがすべてそろう症例はそれほど多いものではない．圧痛は左下腹部に認める場合が多い．下痢の性状は水様便から軟便までさまざまで，血液，膿や粘液の混入を認めることもあるが，それらを認めない症例も珍しくない．

　赤痢菌の主な感染源はヒトで，感染経路は患者や無症候性保菌者の糞便やそれに汚染された飲食物あるいは手指を介した経口感染である．感染源対策として患者や保菌者の治療が行われるが，感染経路対策が伝播の阻止に重要である．具体的には

患者, 保菌者の排泄物に接触した場合にはよく手を洗うことが必要である. また, そのようなものに接触するときには手袋を使用するようにする. 食品を扱う人には普段から手洗いの習慣を身につけさせ, 下痢を訴える人は食品の取扱いから除外する. 熱帯, 亜熱帯諸国を旅行する場合には生や加熱不十分な肉類や魚介類は摂取しないように, また生野菜も摂取しないようにすることである.

3）腸チフス・パラチフス

腸チフス, パラチフスともに発展途上国を中心に全世界的に蔓延しており, 死亡率は約10％で1年間の死亡者数は2万5000人程度と推定されている. わが国においても, 昭和20年代は細菌性赤痢とともに大流行がみられたが, 最近では年間報告数100以下となり, その過半数が輸入症例である. これらの病原体は, チフス菌 *Salmonella* Typhi とパラチフス A 菌 *Salmonella* Paratyphi A であり, 感染は汚染飲食物の経口摂取によって成立し, 高熱を発し, バラ疹, 肝・脾腫がみられたりすることがある. 下痢は必発ではないが, 下痢を伴う症例でもその多くは軽度であり, 回数も少ない. 経口感染症であるため生食（特に生ガキなど）を避けることが感染予防上重要である. しかし, 日本人が魚介類をはじめとした生食を好むこと, さらに今日のわが国の年間患者数が腸チフス, パラチフスを合計しても50例前後ときわめて少ないことを考えると, 日常生活での生食の回避は実際的ではない. だが, チフス性疾患は発展途上国への旅行での輸入感染症としての側面が指摘されるため, 発展途上国への海外旅行にあっては他の経口的に感染する疾患（旅行者下痢, ウイルス性肝炎など）の予防をも兼ねた生食および生水摂取の回避を指導する必要がある.

3.2······· 人獣共通感染症

病原体のなかにはヒトと動物のいずれに対しても病原性をもつものがある. このような病原体が脊椎動物とヒトの間で移行して, 両者に疾病をもたらすことがあり, これを人獣共通感染症という. 公衆衛生上は動物の病原体が人に感染するものが重視されており, 食品衛生上からは感染動物に由来する乳肉を摂取することによって健康障害をもたらす疾病が問題となる.

1）炭　　疽

この疾病は特に草食動物（ウシ, ウマ, ヒツジ）の急性熱性伝染病であり, 世界各地で発生がみられ, わが国においてもウシに散発的な発生がみられている. 病原体は *Bacillus anthracis* であり, この菌は芽胞を形成する大桿菌である. 芽胞は抵抗力が非常に強く, 土壌中では10年以上も生存することがあり, これが家畜の本症伝播上大きな役割を演じる. ヒトへの感染は創傷, 経気道, 経口の3つが知られている.

家畜が炭疽で斃死する場合, 敗血症を起こしているので斃死獣の肉が食品衛生上重要であるが, わが国では重大な問題を起こした例はない.

2）ブルセラ症

　原則的には，ウシ，ヤギ，ブタに流産を起こさせる *Brucella* 属の細菌による伝染性疾患である．ウシは *B.abortus*，ヤギは *B.melitensis*，ブタは *B.suis* によって起こり，二次的にはヒトやその他の動物に感染する．ヒトには3菌種とも感染し，同一の病気をもたらす．発熱が特徴的で，一定期間ごとに発熱を繰り返し，その熱型から波状熱の名称がある．

　ヒトのブルセラ感染は感染動物からの乳の飲用や感染動物との接触によって起こる．乳が感染に際して重要な役割を演じるので食品衛生上重要であるが，わが国では生乳飲用の習慣はないので乳からの感染はない．また，ウシの *B.abortus* の野外感染例は古くから知られているが，ヒトの野外感染症はない．*B.melitensis*，*B.suis* の野外感染例は家畜，ヒトともにない．ヒトへの感染例はすべて実験室感染のみである．

3）結　　核

　いうまでもなく，結核は結核菌の感染によって起こる慢性感染症である．結核はヒトだけでなくウシとくに乳牛，それに鳥類にも感染が起こる．ヒトの結核菌は *Mycobacterium tuberculosis*，ウシの菌は *M.bovis*，そして鳥類の菌は，*M.avium* である．動物の結核菌はヒトに感染し，逆にヒトの結核菌も動物に感染しうる．

　食品衛生上とくに重要視されるのはウシの結核であり，生乳を飲用することによってヒトが *M.bovis* の感染を受けることである．これは，特に乳房結核に罹患した牛の乳汁中へ排泄されたり，また感染牛のし尿などによって搾乳後の乳汁が汚染されるためである．外国ではこのような感染様式によってヒトが感染を受ける例が多く，特に子どもの腸結核はウシの *M.bovis* の感染によるといわれている．

4）トキソプラズマ症

　この病気は原虫性疾患であり，*Toxoplasma gondii* という原虫の感染によって起こる．わが国では動物としてブタ，イヌ，ネコに本症が観察されている．食品衛生上からは食肉動物であるブタが問題となる．ブタの場合，急性では発熱，呼吸困難が特徴で，慢性では発達不良や俗にいうヒネブタ，あるいは神経症状などがみられる．無症状感染ブタもかなり存在すると考えられており，だいたい数％と推定されている．

　ヒトでは，後天的に感染した場合は大部分が不顕性感染の経過をとるが，発症した場合はリンパ腺炎や脈絡網膜炎などの病型を示す．また，先天性では母親の胎内で感染を受け，妊娠時期によって死産，流産を起こしたり，先天的な脈絡網膜炎や脳水腫がみられる．妊娠後期に感染した場合，出産後さまざまな障害（精神発育障害や運動・視力障害）を起こす．

　先に述べたように，食品衛生上からは豚肉およびその製品が問題となるが，原虫は抵抗力が弱いので加熱，凍結することによって死滅する．また，生きた原虫を飲み込んでもたいていは不顕性感染の経過をとる．しかし，豚肉を調理する場合，念のため火をよく通し，また豚肉を取り扱った調理器具などはよく洗って他の食品への汚染を防止するようにしなければならない．ハムやソーセージ自体は，製造過程

で加熱するので心配ない.

5）その他の疾病

乳牛の乳腺炎の起因菌の1つである溶血性連鎖球菌（β-haemolytic streptococci）が乳汁中に排泄され，生乳を飲用することによって経口的に猩紅熱に罹患することがある.

野ウサギの剥皮，調理に伴って主に皮膚から，また時にその生肉を摂取することによって野兎病に罹患することが知られる．わが国では大原病ともいわれ，関東から東北地方の丘陵地帯に常在する．この病原体は *Francisella tularensis* というグラム陰性の小桿菌である.

3.3 食品から感染する寄生虫症

下等な動物がより高等な動物に宿り，自己に有利な生活を営む現象を寄生生活といい，寄生する動物を寄生動物または寄生虫（parasite），寄生されるものを宿主（host）という．通常，寄生虫とはヒトおよび動物の体に寄生する蠕虫類（吸虫類，条虫類，線虫類）を指している.

寄生虫はその生活史（発育環）のなかで宿主をとりかえるものと，そうでないものとがある．前者のように，生活史の途中で寄生を受ける宿主を中間宿主と呼び（中間宿主を2つとる場合，第一中間宿主，第二中間宿主と呼ぶ），寄生虫が最終的に寄生生活を営む宿主を終末宿主と呼ぶ．寄生虫のうち，消化器系統に寄生するものは，大部分が食物を通して人体に感染してさまざまな病害作用をもたらすことから，食品衛生上注意が必要とされる．感染経路を大別すると，植物性食品に由来するものと動物性食品に由来するものとがある．後者の場合，それぞれの食用動物が寄生虫の生活史のなかで中間宿主となり，ヒトが終末宿主となることが多いが，中

●表 3-1 ● 寄生虫と宿主との関係

	寄生虫名	第一中間宿主	第二中間宿主	所在
獣肉類から感染	無鉤条虫	ウシ，ときにヒツジ	―	体長7〜8 mのものもある
	旋毛虫	ブタ	―	筋肉に寄生すると痛みを感じる
	有鉤条虫	ブタ	―	
	トキソプラズマ（原虫）	豚肉，鶏肉……中間宿主はなく，同じ発育時に人畜共通に感染する		
	マンソン裂頭条虫	ケンミジンコ	ヘビ，カエル，ニワトリ	
魚介類から感染	肝吸虫（肝臓ジストマ）	マメタニシ	モロコ，タナゴ，フナ	幼虫で淡水魚のうろこなど
	肺吸虫（肺臓ジストマ）	カワニナ	モクズガニ，アメリカザリガニ	幼虫で淡水のカニ
	横川吸虫	カワニナ	アユ，フナ	幼虫で淡水魚のうろこ，筋肉など
	広節裂頭条虫	ケンミジンコ	サケ，マス，ベニマス	同上
	日本住血吸虫	ミヤイリガイ	―	
	アニサキス	オキアミなど		北洋系のサケ，マス，タラ，ニシン，サバ，アジなど
野菜類や水から感染	回虫	―	―	主に葉菜
	鞭虫	―	―	主に葉菜
	鉤虫	―	―	主に葉菜
	肝蛭（かんてつ）	―	―	水辺の野菜
	ランブル鞭毛虫			野菜，水
	クリプトスポリジウム			水

63

間宿主である動物を食べて，そこにあった幼虫が人体内でも幼虫のまま留まり，ヒトも中間宿主的な役割を演じるものもある．

いずれにしても，人体に寄生虫が感染した場合にはどのようなものでも共通した症状を示す．主なものは，① 栄養障害と貧血，② 機械的刺激による臓器の機能障害，③ 臓器の圧迫や虫体による腸管閉塞や狭窄，④ 中毒症状などである．食材から感染する寄生虫の概要を表3-1に示した．

1) 魚介類から感染する寄生虫

魚介類には淡水産のものと海産のものがあるが，わが国では従来から淡水産魚介類の生食によって寄生虫症に罹患する例が多く知られている．この場合，これらの魚介類はそれぞれの寄生虫の中間宿主となっている．また，海産魚介類の生食によって起こるものもいくつか知られている．それらは本来は海獣などの寄生虫であるが，ヒトにも感染して疾病をもたらす．

① **ウェステルマン肺吸虫**（*Paragonimus westermani*）: 吸虫類の寄生虫で，2種類の中間宿主を経て最終的にヒトに感染する．成虫は肺実質に寄生し，虫嚢を形成する．喀痰とともに虫卵が排泄され水中で発育し仔虫となり，第一中間宿主である海水産の巻貝の一種であるカワニナの体内に入り，その後第二中間宿主である淡水産カニ（モクズガニ，サワガニ，アメリカザリガニ）の肝，鰓，筋に被嚢幼虫の形で寄生している．ヒトへの感染はカニの生食や不完全加熱処理したものを摂取することによる．しかし，本感染症の流行地では生食などよりも，むしろ生きたカニをたたいてつぶし，カニ汁や団子などにして食べている．この際，被嚢幼虫がまな板や他の食品，食器，手指などに付着して体内移行し，最終的には肺に侵入して成虫となる．

② **肝吸虫**（*Clomprchis sinensis*）: 発育史のなかで2種類の中間宿主を必要とし，成虫はヒトなどの終末宿主の肝臓の胆管に寄生する．そこで産卵された虫卵は，消化管を経て糞便とともに排泄される．第一中間宿主はマメタニシであり，第二中間宿主はモロコ，タナゴ，フナ，コイなどの淡水魚である．被嚢幼虫はこれらの魚の筋肉や皮下組織に散在しており，ヒトへの感染はこの被嚢幼虫をもった魚の生食によることが多い．

③ **横川吸虫**（*Metagonimus yokogawai*）: ヒトの空腸上部に寄生し，糞便とともに虫卵が排泄される．これも中間宿主を2つとり，第一中間宿主は黒カワニナであり，第二中間宿主はアユやシラウオなどの淡水魚である．アユやシラウオのとれる地域だけではなく，大都市生活者にも本感染症がみられる．

④ **広節裂頭条虫**（*Diphyllobothrium latum*）: わが国では，条虫類のうち最も多くみられている．この虫体は非常に大きく，全長2〜10 mに及び，3000〜4000の片節からなり，頭部に吸溝をもっており，これによって宿主の小腸粘膜に吸着している．糞便とともに排泄された虫卵は水中で発育し，幼虫となって第一中間宿主であるケミジンコに捕食され，さらにこれが第二中間宿主であるマスに捕食されることによって，その筋肉中で感染幼虫になる．ヒトへの感染はこのようなマスの生食によって起こる．ヒトの腸管内に入った幼虫は速やかに発育し，約1か月で産卵するようになる．成熟した虫体は数個の片節が連なって切断され虫卵とともに排泄

されるが，頭部が残っていれば新しい片節が再生される．わが国では，マス，ニジマスなどの生食によって感染が起こっており，本寄生虫感染者はマスのとれる北海道，東北，北陸地方に集中している．

⑤ **大複殖門条虫**（*Diplogonoporus grandis*）：　広節裂頭条虫よりも大型の条虫であり，世界的にめずらしいものであるが，感染者の大部分は日本人である．本来クジラの寄生虫と考えられており，第二中間宿主である海産魚類の生食によりヒトが感染を受ける．魚類ではイワシ，アジが重視されている．

⑥ **アニサキス**（*Anisakis*）：　本来は，クジラやイルカなど海産哺乳類の胃に寄生する回虫の一種であるが，この仔虫がヒトの消化管特に，胃壁に感染して激烈な腹痛を起こす．この虫卵はクジラの糞便とともに海水に排出され，オキアミなどの甲殻類が第一中間宿主，これを食べる海産魚類が第二中間宿主となる．終末宿主はクジラ類で，魚体ごととりこまれ胃で成虫にまで発育する．ヒトの場合でもクジラと同様に感染している魚を摂取することにより感染するが，本体の宿主ではないので成虫まで発育しない．

ヒトの本仔虫感染症は海産魚介類の"さしみ"や"すし"などによる生食によって起こる．アニサキス仔虫が高度に寄生しているのは，タラ，スケソウダラ，ニシン，サバ，アジなどであり，またスミイカにも寄生が普通にみられている．魚体内では本仔虫は腹腔臓器表面にもっとも多く，その他腹部筋肉内にもみられるが，背部尾部筋肉にはほとんど寄生していない．

⑦ **有棘顎口虫**（*Gnathostoma spinigerm*）：　成虫は肉食動物（イヌ，ネコ）などの胃壁に寄生する線虫類であるが，ヒトにこの幼虫が感染して，皮下組織に腫瘤をつくる．

第一中間宿主はケミジンコ，第二中間宿主は淡水魚であるライギョ，ドジョウなどである．とくにライギョは本幼虫の保虫率が高く，"あらい"などで生食して感染する．

もともと中国や東南アジアに多くみられる疾患であるが，日本でもみられ，特に九州地方での流行が顕著である．

2）食肉から感染する寄生虫

食肉を介して感染する寄生虫は，わが国では無鉤条虫がよく知られているが，このほか有鉤条虫や旋毛虫（トリヒナ）なども重要である．これらの寄生虫はいずれもウシやブタの筋肉に幼虫が嚢胞（チスト，cyst）を形成しており，食肉を生食したり，加熱が十分でないものを食べた場合ヒトに感染する．

① **無鉤条虫**（*Taenia saginata*）：　わが国でも最も広くみられる大型条虫であり，成虫はヒトの小腸粘膜に頭部の4個の吸盤で吸着している．全長7～8mに及び，数百から数千個の片節からなっている．成熟した片節末端が糞便とともに排泄されるとその断端から含仔虫卵が遊出し，外界で仔虫は卵殻からでて牧草類に付着し，中間宿主であるウシ特に仔ウシ，まれにヒツジに摂取される．動物体内にとりこまれた仔虫は筋肉内で嚢虫となる．この嚢虫をもった肉をヒトが摂取すると，消化管内で脱嚢し，約2か月で成虫となる．嚢虫はウシの腰筋，臀筋，舌筋および心筋に好んで寄生している．

新しい食中毒寄生虫

ヒラメに寄生するクドア属粘液胞子虫（*Kudoa septempunctata*）および馬に寄生する住肉胞子虫（*Sarcocystis fayeri*）の2種の寄生虫が2011年6月17日に新たな食中毒病因物質として取り扱われることになった．

②**有鉤条虫**（*Taenia solium*）：　中間宿主はブタであり，わが国では沖縄，奄美大島以外にはその発生はみられないが，これらの地域からのブタの移動は注意しなければならない．

無鉤条虫と同様にブタの筋肉の特に舌筋，心筋，横隔膜，大腿筋などに嚢虫の形で寄生しており，このような豚肉を不完全な加熱調理で食することによってヒトに感染する．成虫は無鉤条虫よりやや小さく，全長2〜3mで800〜900の片節からなっており，頭部に26〜28個の鉤をもち，また4個の吸盤をもって腸管壁に吸着している．

③**旋毛虫**（*Trichinella spiralis*）：　線虫類に属する寄生虫であり，世界的に欧米を中心として蔓延していた．わが国では，これまで食肉用家畜およびそれに起因してのヒトの感染例は知られていないが，東北地方でクマ肉のさしみから集団感染があったことが報告されており，野生動物間には感染例がかなりあると考えられている．

旋毛虫はブタ，ヒトその他の哺乳動物の腸管に寄生する．腸管粘膜内に雌・雄の成虫が寄生し，そこで産出された仔虫は腸管から血管，リンパ管を経て全身の横紋筋に分布し，筋線維間に入ってそこで被嚢し発育が停止する．この嚢胞をもった肉を食べた動物やヒトの消化管内で，成虫に発育する．ヒトへの感染は，ほとんど感染ブタの肉を加熱不十分で摂取することによる．また，欧米では自家製ソーセージから感染する例もみられている．

3）野菜から感染する寄生虫

わが国では以前は畑作物の肥料として人糞を使用していたことから，ヒトと野菜類との間にある種の寄生虫の発育環がみられた．しかし，近年化学肥料などへの代替によりこのような循環関係が遮断されてきた．

この種の寄生虫として回虫（*Ascaris lumbricoides*），鉤虫（*Ancylostoma doudenale*），鞭虫，東洋毛様線虫などがあげられる．特に回虫は1960年には約130万人の虫卵保有者があり，その当時まで回虫症は一種の国民病とされていた．しかし，その後上述したようなことや公衆衛生の普及によって虫卵保有者数は現在では極端に減少している．他の寄生虫についても同様である．

4）寄生虫症の予防

過去においてわが国で重要視されていた回虫症，鉤虫症などは肥料の転換や公衆衛生の向上に伴い現在ではあまり問題にならなくなってきた．一方で食用動物を介して寄生虫症はむしろ漸増の気配さえみられる．このようなことから動物性食品からの感染を防止する必要がある．特にわが国では魚介類を生食する習慣があることから，淡水産，海産を問わず感染の機会がある．一般論としては魚介類の生食を可能な限り避けるようにすべきであり，常に十分に加熱調理されたものを食すべきであろう．ただ，寄生虫は凍結に弱く，幼虫といえども同様のことがいえるので，中間宿主となる魚介類も冷凍されたものであれば多くの場合幼虫は感染力を失う．また，食肉に関しても同様に十分に加熱調理されたものを食すべきであろう．

4 食品の変質

4.1 腐　敗

1）食品の変質

　食品の変質とは，保存中に微生物や酵素，また酸素，乾燥，光などの作用により可食性を失うことをいう（図4-1）．変質は腐敗，変敗，酸敗に大別される．
　①**腐　敗**：　広義には，微生物が原因となって食品が変質し，可食性を失った状態をいい，狭義には，タンパク質や窒素化合物が微生物の作用で分解され低分子の物質に変化することをいう．
　②**変　敗**：　食品中の炭水化物や脂質類が微生物や酸素，光，その他の作用で変質すること．特に油脂の場合，酸敗と呼ぶことが多い．
　これらに対して，糖質が分解され，アルコールや有機酸など有用な生成物がもたらされる場合を発酵と呼ぶ．

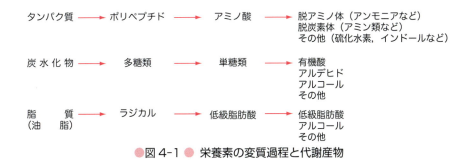

●図4-1● 栄養素の変質過程と代謝産物

2）食品の変質機序

　一般に食品は，食品自体のもつ酵素により自己消化が起こると，微生物による分解作用を受けやすくなる．ここでは，タンパク質の腐敗の機序について述べる．
　①**脱アミノ反応**：　アミノ酸からアミノ基（$-NH_2$）がとれて，アンモニアを生じる反応である．一般に，好気性菌や通性嫌気性菌が食品表面で増殖し，好気条件下で脱アミノ反応によりアンモニアと脂肪酸やケト酸などの有機酸を生成する（図4-2および4-3）．脱アミノ酸反応は食品が中性ないしアルカリ性のときに生じる．
　②**脱炭酸反応**：　アミノ酸からカルボキシル基（$-COOH$）が取れて，アミン類を生じる反応である．一般に，嫌気性菌や一部の通性嫌気性菌が食品内部で増殖し，嫌気条件下で脱炭酸反応により，アミン類と二酸化炭素を生成する（図4-2および

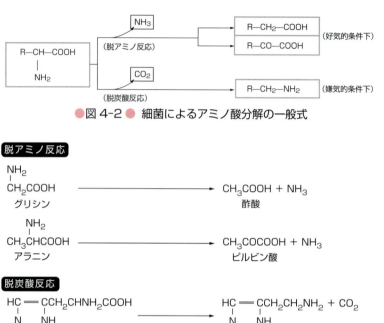

●図4-2● 細菌によるアミノ酸分解の一般式

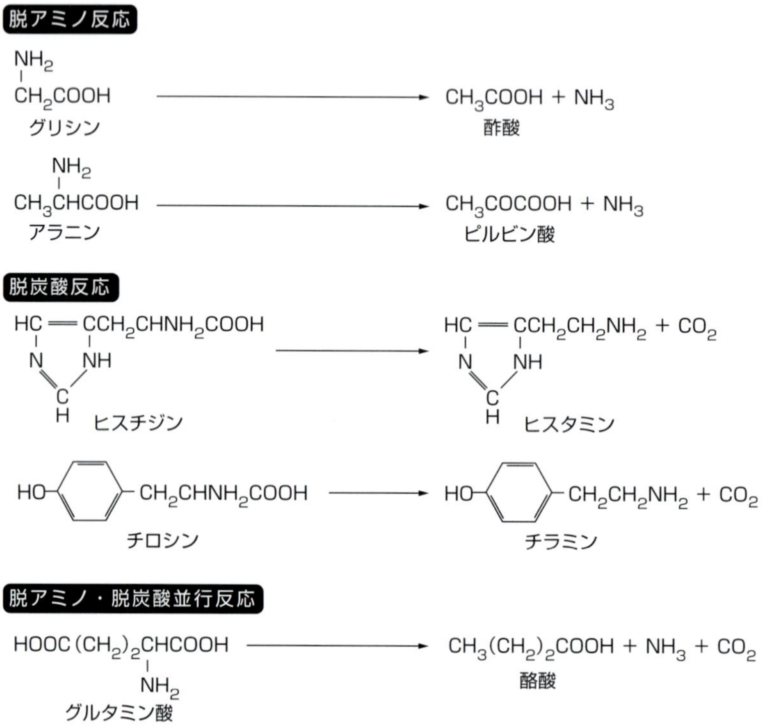

●図4-3● アミノ酸から生成される腐敗生成物

4-3).脱炭酸反応は，食品が酸性のときに生じる．特に魚の赤身部分に多いヒスチジンが脱炭酸されるとヒスタミンが産生され，アレルギー様食中毒を起こす場合がある．モルガン菌（*Morganella morganii*）がこの脱炭酸反応を強く引き起こすことで知られている．

③ **脱アミノ反応と脱炭酸作用の並行反応**： 上の2つの反応が並行して起こる場合で，アンモニアと二酸化炭素を生成するのと同時に，アンモニア，アルコール，脂肪酸，炭化水素などを生じる（図4-3）．

3）腐敗の促進因子

ⅰ）栄養素

微生物は栄養要求性により，独立栄養菌と従属栄養菌に分けられる．前者は無機物だけで増殖できる．つまり炭素源として二酸化炭素，さらに無機塩類を利用して生育する．後者は無機物のほかに有機物を必要とし，食品中の窒素化合物や炭水化物，無機塩類，さらにビタミンを栄養源として生育する．腐敗菌や食中毒を引き起こす菌は従属栄養菌に属する．

ⅱ）温　度

微生物の増殖の温度範囲は，菌種や菌株によっても変化する．増殖温度範囲での分類は明確な根拠はないが，次のような分類が便利なため昔から用いられている[4]．

●表4-1● 微生物の増殖と温度との関係[4]

	発育可能な温度（℃）	最適温度	種類
低温性菌	−10〜40	20〜35	シュードモナス，アクロモバクター，フラボバクテリウムなどの水中細菌
中温性菌	5〜50	25〜45	枯草菌，大腸菌，一般のカビ・酵母，病原微生物
高温性菌	25〜70	40〜60	バチルス・コアギュランス，クロストリジウム・サルモサッカロリティクム

低温性菌： 0℃，2週間で明確な増殖が認められる微生物．特に発育最適温度が20℃以下のものを好冷菌という．

中温性菌： 0℃以下，あるいは55℃以上の温度では増殖が認められない微生物．

高温性菌： 55℃以上の温度で増殖が認められる微生物．

これらの微生物の種類と温度との関係を表4-1に示す．

ⅲ）水分（水分活性）

食品中の水は，食品成分と結合した結合水と結合していない自由水があり，微生物が利用できるのは自由水である．この自由水の量を示す指標が水分活性（A_w：water activity）で，次のように定義される．

$$水分活性（A_w）= \frac{食品の蒸気圧（P）}{純水の蒸気圧（P_0）}$$

食品中の自由水が多いほど A_w は1.0に近づき，微生物は増殖しやすくなる（図4-8参照）．

ⅳ）酸素と酸化還元電位（E_h）

微生物は増殖時における酸素の要求性によって，大きく4つに大別される（図4-4）．

酸化還元電位の高低によって溶存酸素量の高低を判断することもできる．食品中の酸素濃度が高いと E_h が高く（+200 mV以上），好気性菌と通性嫌気性菌が増殖しやすくなる．一方，E_h が低いと（−200 mV以下），偏性嫌気性菌が増殖しやすくなる．

酸化還元電位
水中における酸化還元状態（物質の電子の放出しやすさ，あるいは受け取りやすさ）を表す数値．酸化状態でプラス，還元状態でマイナスとなる．

ⅴ）pH（水素イオン濃度）

微生物の増殖や代謝は周囲の pH の影響を強く受ける．大部分の細菌は中性ないし微アルカリ性が最適 pH であり，pH 4.5〜5.0で生育できなくなる．乳酸菌や酪

分　類	定義（代表的微生物）	高層培地（軟寒天）における発育態度
(1)　好気性菌	酸素がないと増殖不可（カビ，バチルス属など）	
(2)　通性嫌気性菌	酸素の有無にかかわらず増殖可（酵母，大腸菌，ブドウ球菌など）	
(3)　偏性嫌気性菌	酸素があると増殖不可（ボツリヌス菌，ウェルシュ菌など）	
(4)　微好気性菌	微量の酸素存在下でのみ増殖可（カンピロバクター，ピロリ菌など）	

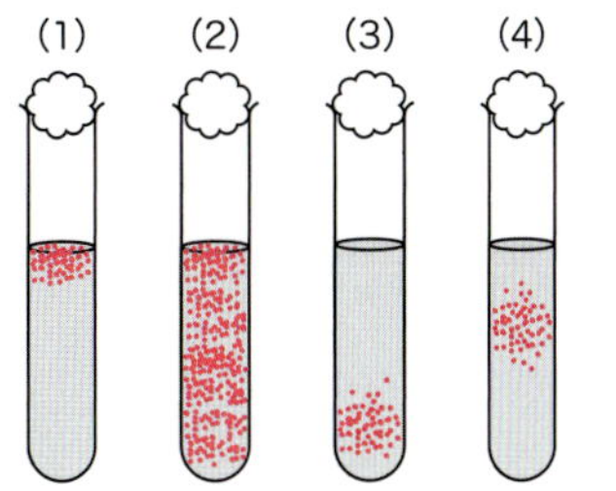

●図4-4● 微生物と酸素要求性

酸菌はpH 3.5ぐらいでも生育可能である．一方，酵母やカビの増殖に最適なpHは5.0～6.0で，さらに酸性条件下で増殖するものが多く，酸性食品の腐敗の原因になる．

4.2 油脂酸敗

1）油脂の変質の機序

油脂や油脂を多く含む食品は，空気にさらしておくと，色合いや臭気などが変化して品質が劣化する．この現象を油脂の変質または酸敗という．この酸敗が進行すると可食性を失うとともに，下痢や嘔吐など食中毒の症状を起こすこともある．

食品に含まれる油脂の主成分はトリグリセリドである．トリグリセリドは，グリセロールに3つの脂肪酸がエステル結合したものである．油脂は熱やリパーゼ（特に植物性油脂に含まれている）の作用により，二重結合をもつ不飽和脂肪酸（LH：オレイン酸，リノール酸，リノレン酸，アラキドン酸など）を生成する．これらの脂肪酸は，加熱，光，金属イオンなどの作用により，脱水素して反応性に富むフリーラジカル（L・：脂質ラジカル）を生成する．これは空気中の酸素と反応しパーオキシラジカル（LOO・：脂質過酸化ラジカル）となる．このLOO・は他のLHを攻撃して水素を引き抜き，別のL・を生成するとともに，自身はヒドロキシパーオキシド（LOOH：過酸化脂質）になる．水素を奪われて生成したL・は新たなフリーラジカルとなって，同じ反応を繰り返していく．この反応は酸素の存在下で連鎖的に進行するため，油脂の自動酸化（autoxidation）と呼ばれる（図4-5）．ここで生成した過酸化脂質（LOOH）は不安定なため，短鎖脂肪酸やアルデヒド，ケトン，アルコールなどの二次生成物を生じる．この反応が停止するのは，LOOLなどの重合体を生成したときである．

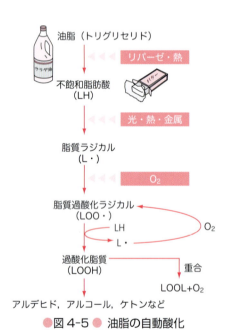

● 図4-5 ● 油脂の自動酸化

2）酸敗の防止

油脂を多く含む加工食品や冷凍魚，畜肉などの脂肪部分も長期保存の間に過酸化物が生成するので注意を払う必要がある．油脂の酸敗を防ぐ方法として，① 酸素を遮断：真空包装，不活性ガス置換，包装，脱酸素剤，② 光の遮断：暗所保存，不透明あるいは着色容器，光遮断包装，③ 金属の除去，キレートなど：キレート剤（クエン酸，リン酸など），④ 低温での保存，⑤ 酸化防止剤の使用：ラジカル捕獲，⑥ 加熱による酵素の不活性化がある．

4.3 トランス脂肪酸

脂肪酸には側鎖の炭素分子同士が，すべて単結合で連結した飽和脂肪酸と炭素同士の結合の一部が二重結合になっている不飽和脂肪酸の2種類がある．不飽和脂肪酸の二重結合部分は，炭素原子に結合した水素原子の配位によってシス型（*cis*型）とトランス型（*trans*型）に分類できる（図4-6）．コーデックス委員会はトランス

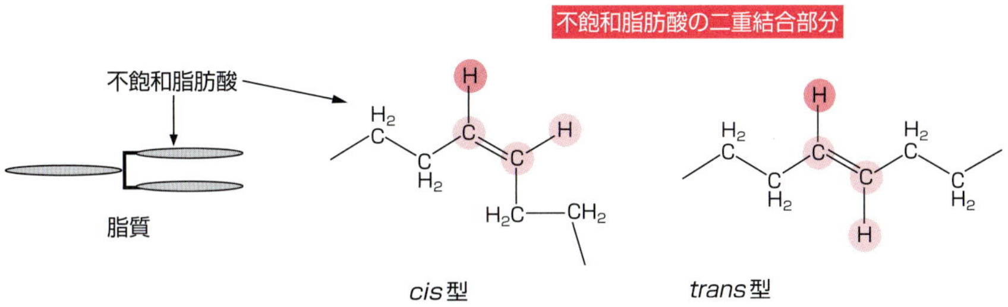

cis型　　　　　　　　trans型

●図 4-6 ● 不飽和脂肪酸の二重結合のシス型とトランス型

脂肪酸を「少なくとも 1 つ以上のメチレン基で隔てられたトランス型の非共役炭素-炭素二重結合を持つ単価不飽和脂肪酸及び多価不飽和脂肪酸のすべての幾何異性体」と定義づけている.

　一般的に天然の食物中に存在する不飽和脂肪酸の二重結合はシス型である. ところが, 常温で液体の植物油への水素添加によって製造されたマーガリン, ファットスプレッド, ショーニングなどの加工油脂の脂肪酸に, 一部の二重結合にトランス型を有するトランス脂肪酸が混入していることが見つかった. また, ウシやヒツジなどの反芻動物では, 胃の中の微生物の働きによってトランス脂肪酸が作られるため, 牛肉や羊肉, 牛乳や乳製品の中には微量のトランス脂肪酸が含まれることがわかっている. 近年, 科学的知見の充実により, トランス脂肪酸の摂取や, 飽和脂肪酸およびコレステロールの過剰摂取と心疾患のリスクとの関連がより明らかにされてきている. 特にトランス脂肪酸は LDL コレステロールを増加させ, HDL コレステロールを減らす作用が示されたことから, 諸外国においても栄養成分表示の一環としてトランス脂肪酸の含有量の表示義務化が進んでいる. わが国では消費者庁が, 食品事業者が情報開示を行う際のルールとなる指針を定め, 食品事業者に対して, トランス脂肪酸を含む脂質の情報開示を自主的に進めるよう要請している (消費者庁：2011 (平成 23) 年 2 月 21 日).

4.4 ・・・・・・ 食品の変質防止法

1) 冷蔵・冷凍・チルド法

　食品の低温保存は, 微生物の増殖を抑制し, 食品内で起こる化学反応や酵素反応も抑制する. 一般には氷結しない 0〜10℃での保存が冷蔵と呼ばれ, 微生物の増殖はかなり抑えられる. しかし, シュードモナス属やリステリアなど低温菌の増殖は抑制できないので, あくまでも短期の保存であり, その存在には注意する必要がある. チルドは 0℃付近, パーシャルフリージングは −3℃付近での貯蔵をいう (図 4-7).

　冷凍法は −15℃以下の凍結状態で保存する方法である. 冷凍食品の保存は一般的には −18℃で行われる. 食品の冷凍に際しては, 冷凍速度も重要で, 食品中の細胞破壊を最小限に抑えるために最大氷結晶生成温度帯 (−5〜−1℃) をできる限り早く通過させる (急速凍結) 必要がある. 凍結した場合, 微生物の増殖は起こらない. ただし, 多くの微生物は死滅するわけではない (腸炎ビブリオのように凍結で死滅しやすい菌もあるが). したがって解凍後は組織が損傷を受けているので, 生残し

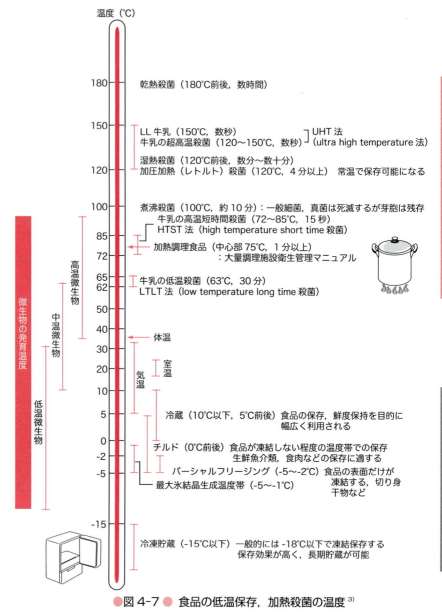

● 図 4-7 ● 食品の低温保存，加熱殺菌の温度[3]

た微生物による汚染を受けやすい．解凍後の食品の温度管理には注意を要する．また，寄生虫およびその幼虫などは，凍結により死滅する．

2) 加熱殺菌・滅菌法

加熱処理は食品中の微生物を殺菌したり，酵素を不活性化させたりして食品の変質防止法としてもっとも広く用いられている．100℃以上で行う高温殺菌と，これより低い温度で行う低温殺菌に大別される．加熱殺菌に際しては食品成分の劣化を最小限に止めるよう，温度と時間を考慮しながら加熱条件を決定する必要がある．微生物の耐熱性は，食品の種類によっても変化するので注意を要する．

図 4-7 に食品の加熱殺菌について示す．食品と対象となる微生物の種類により加熱温度と時間が異なる．一般の栄養型細菌は，60～70℃の湿熱条件下では数分でほ

ぼ死滅する．ところが，細菌の芽胞は耐熱性が高く，100℃の加熱でも死滅しない．例えば，びん詰，缶詰，真空包装食品などは，ボツリヌス菌の芽胞を完全に殺菌する必要があるため，高圧条件下で120℃，4分あるいはそれに相当する条件での加熱（レトルト殺菌）が必要である．ただし，pHが4.6未満の酸性飲料や食品では，ボツリヌス菌の増殖が阻止されるので，100℃以下の条件で殺菌が可能である．一般の食品の加熱殺菌においては，食品中心部の温度に留意すべきで，特に冷凍食品，厚みのあるハンバーグなどの調理では十分な注意が必要である．大量調理施設衛生管理マニュアルでは「中心部が75℃で1分間以上又はこれと同等以上まで加熱されていることを確認する」と明記されている．

牛乳は搾乳時にすでにある程度の細菌が含まれているため，市販の牛乳は殺菌が義務づけられている．120～150℃で数秒加熱する超高温瞬間殺菌法が，わが国ではよく用いられている．LL牛乳（long life milk）では140～150℃で数秒加熱し無菌充填される．これに対し，より高い品質を期待して，63℃で30分（果汁やビールなどでは75℃で15分程度）の低温殺菌されたものも流通している．欧米ではこの低温殺菌が主流であるが，この方法ですべての微生物を死滅させることはできない．

3）乾燥・脱水法

多くの微生物は一般に水分が低下すると発育が遅延する．この現象を利用して食品を保存しようとするのが乾燥・脱水法である．乾燥とは食品中の水分を気体にして除去する操作をいい，脱水とは液体のまま除去する操作をいう．食品の保存性は水分含量（%）ではなく，食品中の自由水の割合を示す水分活性（A_w）により決まる．図4-8に示すように，微生物の増殖に必要な水分活性は，大まかにではあるが，一般細菌では0.9以上，酵母では0.88以上，カビは0.8以上である．水分活性が0.65以下では，微生物はほとんど成育しない．食品の乾燥方法には自然乾燥，熱風乾燥，噴霧乾燥，凍結乾燥などがある．

4）紫外線・放射線

紫外線は波長260nm付近で最も強い殺菌作用を示す．殺菌メカニズムは細胞の核酸分子やタンパク質に化学変化を引き起こすためといわれている．市販の紫外線殺菌ランプは，主に253.7nmを主波長とする水銀ランプが使用されている．一般的に細菌には強く作用するが，カビ，酵母，芽胞には弱い．透過性が乏しいので，効果は照射された表面のみで発揮される．実験室，調理室，室内の空気の殺菌や調理器具，飲料水，食品包装材などで応用されている．

放射線はコバルト60（^{60}Co）などの放射性同位元素を用い，電子加速装置から得られたγ線，β線などを食品に照射して，殺菌，殺虫，発芽防止などを目的とする．その作用はDNAに作用し，細胞内成分をイオン化させるものである．

諸外国では，香辛料，乾燥野菜，冷凍魚介類，食肉加工品などへ放射線の食品照射が行われている．特に香辛料は加熱殺菌では風味が著しく損なわれるため，アメリカ合衆国，カナダ，オーストラリア，EU加盟国など多くの国で放射線照射が実施されている．わが国では，ジャガイモの発芽防止目的に，特定施設における^{60}Coのγ線の一度限りの照射が認められているだけである．

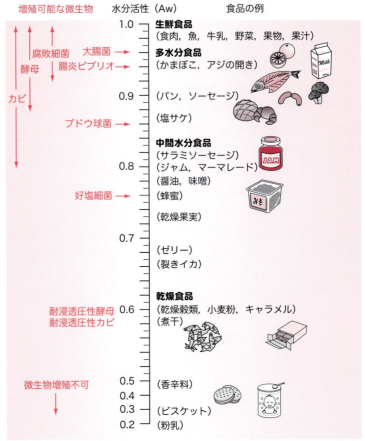

●図4-8● 食品の水分活性と微生物の増殖[5]

5) 浸透圧を利用する方法

　塩蔵・糖蔵は，食品に食塩や砂糖を加えることで保存性を高める方法である．塩辛や漬物（味噌漬け，ぬか漬けなど），ジャムやマーマレードなどである．これは加えた塩や砂糖によって微生物が利用できる自由水が減ること（つまり A_w が低下する）と，浸透圧が高まることによる．高濃度の食塩や砂糖の存在下では微生物は浸透圧が上昇し，菌体内の水分が外に出て，原形質分離を起こし死滅したり，また増殖が抑制されたりする．細菌の多くは5％程度の食塩濃度で増殖が抑制されるが，食中毒を引き起こす細菌には腸炎ビブリオのような好塩菌，黄色ブドウ球菌のような耐塩菌もいるので注意が必要である．食塩濃度20％では酵母が，30％程度ではカビの増殖が抑制される．近年消費者の嗜好の変化により，低塩，低糖が好まれる傾向にあり，冷蔵保存と併用しなければならないものが増えている．

6) 燻　　煙

　脱水・乾燥した魚介類，食肉類などを，ナラ，サクラ，クヌギなどの薪やおが屑を不完全燃焼させたときに生じる煙で燻す方法である．この煙中に含まれるフェノール類，ホルムアルデヒド，有機酸，ケトンなどの微量の化学物質が食品中に吸収される．燻煙は存在する微生物に対して抗菌作用を示し，さらに特有の香気とつやを与え，脂質の酸化を防ぎ，保存性を増す効果がある．

7）食品添加物

食品の保存目的の食品添加物としては，殺菌料，保存料，防かび剤，酸化防止剤などが用いられる（第6章参照）．

8）真空包装，脱酸素剤

食品をガス透過度の低い包装材を用いて，減圧下で密封する保存方法である．好気性微生物（偏性好気性菌やカビ）の増殖を防止することを目的とする．また，脂質などの酸化防止効果もある．食肉加工品，水産加工品，乳製品，惣菜，漬物などが真空包装されている．しかし，嫌気性微生物には効果がない．1984年，真空包装された食品による**ボツリヌス菌食中毒**が発生しており，不完全な殺菌・滅菌処理の真空包装食品では，ボツリヌス菌などの偏性嫌気性菌に特に注意する必要がある．

また，この場合，**脱酸素剤**を同封することが多い．脱酸素剤（酸化鉄など）は化学反応により包装内の酸素を除去するとともに，包装材を通して内部に酸素が入ってきても除去するので好気性微生物に対する効果はさらに大きくなる．

9）不活性ガス

窒素または炭酸ガスを容器内の空気と置換して密閉し，脂質の酸化を防ぐ．

10）酢　漬　け

酸性度の高い食品では食中毒や腐敗が発生しにくい．一般にpH 4.0以下になると多くの微生物の増殖が抑制される．pH 3.0以下になると増殖可能な微生物は乳酸菌，酢酸菌，カビ，酵母などの一部に限られる．また，加熱処理と併用した場合でも加熱殺菌の効果が高まるので，低温・短時間殺菌が可能で果実缶詰などに応用されている．

4.5 ‥‥‥‥ 鮮度・腐敗・酸敗の判定法

鮮度の判定は，ヒトの五感による判別手法，食品中に存在する一般細菌数（生菌数）を測定する微生物学的な手法，腐敗生成物を測定する化学的な手法に大別することができる．

1）官能検査

ヒトの五感（嗅覚，視覚，味覚，触覚，聴覚）によって新鮮度を判別する．例として，肉色では，きれいな鮮紅〜鮮赤色が褐変化し，灰色がかってきて光沢がなくなることや，缶詰の打缶検査（音の違いから判別）や，触ったときの感触や弾力性の変化などである．ただし，これらの判定には，個人差があり，客観的な基準がないことが欠点である．

2）一般細菌数（生菌数）

一般的に腐敗は細菌類の増殖の結果起こり，菌数が少なければ適切な取扱いがされていることを意味する．つまり，食品から検出される菌数の多少は食品の製造環境，輸送環境や保存状態を総合的に評価するのに使用することができる．しかし，

発酵食品などもともと細菌数が多いものもあり，食品によっては必ずしも鮮度，腐敗の指標にならないこともある．また，培養条件や使用培地によっては，食品中に存在しても検出できない細菌もある．一般に $10^7 \sim 10^8$/g に達した食品は，初期腐敗に入ったと見なされる．

3）K 値

K 値は魚介類や畜肉の鮮度を表す際に用いられる．特に魚肉の鮮度判定で用いられることが多い．魚の死後，筋肉中の ATP は時間の経過に伴って図 4-9 に示すように代謝・分解される．K 値は ATP を含む分解物の総量に対するイノシンとヒポキサンチンの割合（％）で表される．K 値は低いほど新鮮とされている（表 4-2）．

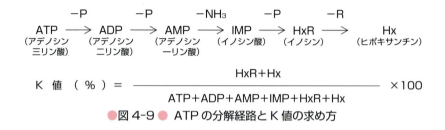

● 図 4-9 ● ATP の分解経路と K 値の求め方

● 表 4-2 ● K 値と魚肉の鮮度

	K 値（％）
死後直後の魚	0〜10
刺身およびすし種用	20 以下
市販の鮮魚	15〜35
調理加工用	20〜60
初期腐敗	60 以上

4）揮発性塩基窒素

食品の腐敗が進行しタンパク質が分解されると，揮発性のアンモニアやトリメチルアミンなどのアミン類が生成する．これらを揮発性塩基窒素（VBN：volatile basic nitrogen）と呼び，主に魚肉の鮮度判定に用いられる．通常，コンウェイ法によって VBN を定量する．ただし，尿素を多く含むサメ，エイなどは鮮度が良い場合でも，アンモニアが多く存在していることがあり，また，魚の部位によっても測定値が大きく異なるものもあるので，注意が必要である（表 4-3）．

● 表 4-3 ● 魚肉の鮮度と揮発性塩基窒素（VBN）

	VBN（mg%）
新鮮な魚肉	5〜10
通常の魚肉	15〜20
初期腐敗の魚肉	30〜40
腐敗した魚肉	50 以上

また，トリメチルアミンのみで判定するときは 4〜5 mg/100 g になると初期腐敗と判定される．

5）油脂の酸敗

4.2節で述べたように，油脂の酸敗は図4-5のように進行する．酸敗の原因は酸素であり，熱，金属，光などの因子により促進される．油脂の酸敗の判別には以下の指標が主に用いられている．また，油脂の酸敗による事故を防止するため，表4-4のように油脂および油脂性食品の規格基準が定められている．

●表4-4 ● 油脂および油脂性食品の規格基準

即席めん類	成分規格 保存基準	含有油脂の酸価が3以下または過酸化物価が30以下 直射日光を避けて保存
食用油	規格	未精製油　ごま油4.0以下，オリーブ油2.0以下 精製油　酸価0.2以下，精製オリーブ油0.6以下 サラダ油　酸価0.15以下
食用精製加工油脂	規格	酸価が0.3以下，過酸化物価が3.0以下
油揚げ菓子（油脂分が10%以上のもの）	指導要領	直射日光，高温多湿を避ける 〔酸価が3を超え，過酸化物価が30を超えるもの 酸価が5を超えるか，過酸化物価が50を超えるもの〕は販売できない

①酸価（AV：acid value）：油脂の酸化で生成した遊離脂肪酸を測定する．油脂1g中に含まれる遊離脂肪酸を中和するのに必要な水酸化カリウム（KOH）のミリグラム（mg）数で表す．加熱などで油脂が分解すると，遊離脂肪酸量が増えるため，油脂の酸化による劣化や精製度の指標となる．新鮮な油脂の酸価は1程度であり，酸化・劣化が進むと値は大きくなる．

②過酸化物価（POV：peroxide value）：油脂の酸化で生成した過酸化物の量を指標としている．油脂にヨウ化カリウムを加え，過酸化物と反応して遊離するヨウ素をチオ硫酸ナトリウムで滴定し求める．油脂1kg中の過酸化物により遊離したヨウ素のミリグラム当量（mEq/kg）数で表される．油脂類のPOVは一般に0.5〜4.0のものが多い．

他にもカルボニル価（COV：carbonyl value）やチオバルビツール酸価（TBA：thiobarbituric acid value）などがあり，ともに過酸化脂質の分解で生じたアルデヒドやケトンなどの量を測定することで求められる．

5 食品中の汚染物質

5.1 かび毒

1）食品のかび被害

　食品のカビ被害は，カビ発生による変質や外観不良，カビ毒汚染に代表される．これらの被害は，穀類，種実類，果物およびそれらを原料に使用した加工品に多く，主要な食品苦情の１つとなっている．カビの発育が肉眼で容易に識別可能であることから，苦情理由の半数以上は「カビ発生」であるが，「異臭」「異味」「変色」などの例もある．肉眼的，官能的にカビの発生が疑われるケースの多くは，流通，加工段階における不適切な管理による食品ないし食品原料中のカビの発育によるものである．洋菓子，菓子パンにおける事故例は日常的にみられる（表5-1）．

　食品全般でみると，カビの発育による食品事故には多種多様なカビが関与している．しかし，個々の食品についてみると，食品によってみられるカビに特徴があることがわかる（表5-2）．したがって，食の形態が変化すれば，食品にみられる汚

●表 5-1● 洋菓子，菓子パンにおけるカビ汚染事故例

	事故品	届出理由	原因カビ	事故原因
洋菓子	カステラ	購入直後に開封したところ，チョコレート色をした斑点状付着物を認めた	*Wallemia*（アズキイロカビ）*カステラなどの糖分の多い食品でよくみられる	製造環境の衛生管理の不備
	マドレーヌ	購入3日後に開封してクロカビを発見	*Cladosporium*（クロカビ）	包装ビニールのシール不足
	ストロベリーケーキ	購入したケーキのイチゴにカビが生えていた	*Botrytis*（ハイイロカビ）*イチゴ特有のカビで，栽培段階で付着している	イチゴの洗浄不十分
菓子パン	あんパン	購入1日後に白色・黒色の斑点状のカビ様異物を認めた．事故食品を喫食済み（症状なし）	*Wallemia*（アズキイロカビ）	商品の衛生管理と製品検査の不備
	蒸しパン	製造3日後に購入したいくつかの蒸しパンにカビ発生を認めた*その後の調査で同日製造された他の蒸しパンにもカビ発生	*Aspergillus*（コウジカビ），*Penicillium*（アオカビ）	製造環境の衛生管理の不備，製品の検査不備

●表 5-2● 食品とカビ

食品		主な汚染カビ
穀類		*Fusarium*（アカカビ），*Aspergillus*（コウジカビ），*Penicillium*（アオカビ），*Eurotium*（カワキコウジカビ）
穀類加工品		
糖類加工品		*Eurotium, Wallemia*（アズキイロカビ）
香辛料		*Aspergillus, Penicillium*
乳製品		*Aspergillus, Penicillium, Geotrichum*（ミルク腐敗カビ）
肉製品		*Mucorales*（ケカビ類），*Aureobasidium*（黒色酵母様菌），*Cladosporium*（クロカビ），*Phoma*（フォーマ），*Geotrichum*
魚肉練り製品		*Aureobasidium*
液体食品（ジュース，シロップ）		*Acremonium*（アクレモニウム）
野菜	全般	*Mucorales, Aureobasidium, Cladosporium, Fusarium, Phoma, Trichoderma*（ツチアオカビ）
	サツマイモ	*Ceratocystis*（黒斑病菌）
	ジャガイモ	*Phytophthora*（疫病菌）
	ナス	*Phomopsis*（褐紋病菌）
	キュウリ	*Cladosporium*（黒星病菌）
	トマト	*Cladosporium*（葉カビ病菌）
	ニンジン	*Alternaria*（黒斑病菌）
	オレンジ	*Penicillium*
	ウリ類	*Fusarium*（萎凋病菌）
果実	リンゴ	*Penicillium*
	イチゴ	*Botrytis*（ハイイロカビ）
	ブドウ	*Glomerella*（炭疽病菌）

染カビや事故例にも影響が及ぶと考えられる．たとえば，食の多様化や食品原料の輸入依存によって，わが国に存在しなかった種々のカビが日常的に諸外国から持ち込まれるようになった．これらのカビの中には，元来熱帯や亜熱帯地域に分布するカビもみられる．また，食品の保存期間を延長させるために保存料や乾燥剤など一般に使用されるようになった結果，好乾性カビや耐熱性カビによる汚染事故が増加しつつある．さらに，健康指向からノンカロリーや低糖，減塩食品などが市場に多く出回るようになり，今まであまり例のない食品でカビ汚染事故がみられるようになってきた．このように，食品の汚染カビは，時代と共に変遷しており，これらに対応するためには，食を巡る現状を把握し，防除法を講じる必要がある．

なお，ここで「カビ」とするのは，真菌のうち，糸状の細胞（菌糸）を伸ばして発育するものの総称であり，「カビ毒」は，カビの産生する二次代謝産物で，人畜に対して有害な作用を及ぼす低分子物質（カビ毒）を指すものとする．

2）かびによる食品汚染とかび毒の規制

カビ汚染に起因する食品苦情は非常に多い．しかし，地方自治体が公表する食中毒病因物質情報では，その大部分をウイルスと細菌が占めており，カビによる健康被害はほとんど報告がない．そのため，食品による健康被害の防止対策は，多くの場合食中毒細菌とウイルスが対象となっており，カビ汚染の防止という意識は低いのが現状である．だからといって，カビ汚染による健康リスクが低いとはいえない．カビによる食品苦情の多くは，肉眼的，官能的にカビの発育が疑われるケースであるが，食品原料がカビ毒に汚染されていた場合などは，外観からはカビの汚染を確認できなく，喫食してしまうおそれが高い．しかも，少量のカビ毒による健康被害は短期間には現れず，被害者が被害を受けた自覚を持つことすらできない．そこで，人の健康に及ぼす影響の重篤さから，食品原料のカビ毒汚染には注意が必要であり，法的にも規制されている．わが国で，食品への暫定残留基準値が定められているカビ毒は，総アフラトキシン，デオキシニバレノール（DON），パツリンの3種である（表5-3〜5-5）．

カビ毒の中でも最も毒性が強く，食品への汚染度も高いアフラトキシンは，現在70か国以上で規制されている．日本でも1971年にアフラトキシンB_1について全食品を対象に10 ppbの暫定的規制値が定められたが，2011年に全食品の総アフラ

●表5-3 ● アフラトキシンの規制

国	規制値範囲	規制値（ppb）	対象食品
日本	$B_1+B_2+G_1+G_2$	10	全食品
アメリカ	$B_1+B_2+G_1+G_2$	20	全食品
中国	B_1 B_1	10 20	米，食用油 トウモロコシ，ピーナッツ
カナダ	$B_1+B_2+G_1+G_2$	15	ナッツ
ドイツ	B_1 $B_1+B_2+G_1+G_2$	2 4	全食品
ブラジル	$B_1+B_2+G_1+G_2$	20	ピーナッツ，トウモロコシ
南アフリカ	$B_1+B_2+G_1+G_2$ B_1	5 10	全食品
オーストラリア	$B_1+B_2+G_1+G_2$ $B_1+B_2+G_1+G_2$	5 15	全食品 ピーナッツバター，ナッツ製品

5

食品中の汚染物質

79

● 表5-4 ● デオキシニバレノールの規制

国	規制値（ppb）		対象食品
日本	1100	R	小麦
アメリカ	1000	G	小麦製品
カナダ	2000	G	軟質小麦
	1200	G	小麦
EU	750	R	小麦粉
	500	R	穀物製品
スイス	1000	G	穀物製品等

R：推奨，G：ガイドライン．

● 表5-5 ● パツリンの規制

国	規制値（ppb）	対象食品
日本	50	リンゴジュース
アメリカ	50	リンゴジュース
イギリス	50	リンゴジュース
フランス	50	リンゴジュース（加工品）
スイス	50	果実ジュース
フィンランド	50	すべての果実
ロシア	50	瓶詰・缶詰・ポット詰果実，ベリー類，野菜
オーストラリア	50	果実ジュース

トキシンと変更され，10 ppbに規制された．また，小麦でデオキシニバレノール（2002年），リンゴジュースでパツリン（2003年）に対しても規制値が定められている．

3）かびとかび毒を巡る食品安全管理

　カビはもともと，環境中や食品原料に広く存在する．したがって，カビを発育させないための何らかの対策をとらない限りは，食品原料や食品中でのカビの発育は不可避であることを忘れてはならない．カビの発育を阻止するための新しい方法が次々と実用化され，食品の製造過程の衛生管理は格段に向上しているといえる．しかし，どのような対策をとっても，そのような条件に適応可能な新たな汚染カビが出現したり，製造工程の人為的なミスまで完全に防ぐのはなかなか難しい．反対に，科学的技術を盲信するあまり，カビが生物であることやカビ本来の性質を忘れて対応しているところに，汚染事故が起きる根本的要因があるものと思われる．カビによる汚染事故防止の基本は，食品の製造工程や流通の段階で，カビが発育しにくい環境を設定することであり，そのためにはカビの性質を十分に把握しておく必要がある．いかなる最新技術を用いる場合であっても，基本を忘れることなく，常に未知のカビや汚染に対応できる態勢を整えることが重要である．

4）か　び　毒

　カビ毒は，その名前のとおりカビがつくる毒素のことである．その中には，抗生物質のように医薬品として欠かせないものもある．しかし，このように役に立つものはカビ毒とはいわず，人や動物に健康被害を起こす毒素を指す．ただし，カビがすべてカビ毒を出すことはない．また，カビ毒に分類されているものが全部食品に汚染して安全性を脅かすものでもない．食品を汚染する頻度が高く，人や家畜に対して健康被害を起こした事例が存在するカビ毒は，非常に限られている．また，それらを産生するカビの種類も限られる．主に *Aspergillus* 属，*Penicillium* 属，*Fusarium* 属の3属である（図5-1）．

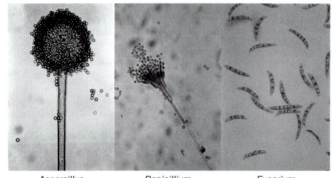

● 図5-1 ● カビ毒を産生する主なカビ

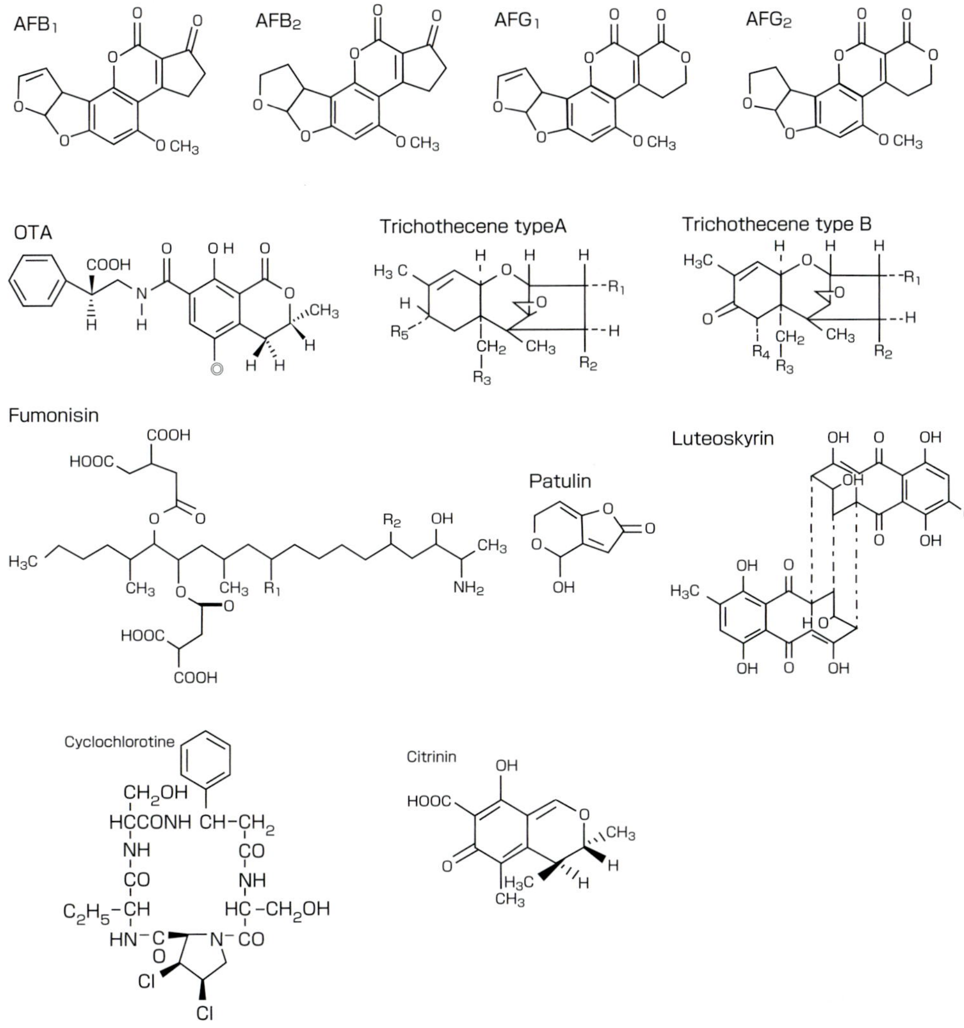

●図 5-2 ● 主なカビ毒

●表 5-6 ● 主なかび毒, 産生菌, 汚染食品および毒性

カビ毒	主な産生菌	主な汚染食品	毒性：ヒトでの発症事例
アフラトキシン （B₁, B₂, G₁, G₂）	*Aspergillus flavus* *A.parasiticus*	ナッツ類, トウモロコシ 米, 麦, ハトムギ, 綿実, 香辛料	アフラトキシコーシス 肝がん, 肝障害, 免疫毒性
アフラトキシン M₁	*A.nomius*	牛乳, チーズ	
オクラトキシン A	*A.ochraceus* *A.carbonarius* *Penicillium verrucosum*	トウモロコシ, 麦 ナッツ類, ワイン レーズン, ビール, 豚肉製品, コーヒー豆	腎障害, 腎がん, バルカン腎症 免疫毒性 催奇形性
トリコテセン系かび毒 デオキシニバレノール ニバレノール T-2, HT-2 フモニシン	*Fusarium graminearum* *F.culmorum* *F.sporotrichioides* *F.moniliforme* (=*F.verticillioides*)	麦, 米, トウモロコシ ハトムギ, 雑穀 トウモロコシ	消化器系障害赤かび中毒 免疫毒性, IgA 腎症 糖脂質代謝異常 神経管閉鎖障害 肝臓がん ブタ肺水腫
ゼアラレノン	*F.graminearum* *F.culmorum*	麦, ハトムギ トウモロコシ	エストロゲン作用
パツリン	*P.expansum* *A.clavatus*	リンゴ, リンゴ加工品 リンゴジュース	浮腫, 出血, 痙攣
ルテオスカイリン シクロクロロチン	*P.islandicum*	米	肝がん, 肝障害
シトリニン	*P.citrinum*	米, トウモロコシ	腎障害 （腎細管の壊死）

しかし，厄介なことに，カビ毒は低分子であり，熱に強い性質をもつことから，加工や調理によって除去することができない．

　食品衛生上，問題とされているカビ毒のうちわが国でも規制のある総アフラトキシン，トリコテセン系カビ毒のデオキシニバレノール，パツリン，そして規制はないがわが国で汚染報告のあるカビ毒としてオクラトキシンA，フモニシン，黄変米毒などを取り上げ，その毒性，ヒトや動物への健康被害について紹介する（図5-2，表5-6）．

ⅰ）アフラトキシン

　アフラトキシンは，*Aspergillus* 属が産生するカビ毒である．*Aspergillus* 属は高温多湿地域に生息し，土壌を介して多くの農作物，ピーナッツ，トウモロコシ，綿花，ブラジルナッツ，ピスタチオ，香辛料，乾燥ココナッツ，干しイチジクなどを汚染する．このカビに汚染された農作物は，カビのついたまま貯蔵，保存されると保存中の環境がカビの発育に適温だった場合，農作物を栄養として発育を始め，カビ毒をつくり始める．アフラトキシンの中には多くの化合物があり，食品での汚染事例が多いのはアフラトキシン B_1，B_2，G_1，G_2 である．そしてこれらのアフラトキシンが汚染している飼料を餌として食べた家畜，特に乳牛では，体内でアフラトキシン B_1 が代謝され，アフラトキシン M_1 ができる．これが牛乳に含まれてくるため，牛乳やその加工品であるミルク，チーズなどを汚染する．

　これらのアフラトキシンを大量に摂取すると食中毒（急性毒性）を起こす．この食中毒はアフラトキシコーシスと呼ばれており，主な症状は，肝障害であり，黄疸，急性腹水症，高血圧などの症状を呈す．ヒトでの食中毒事例もいくつか報告されている．インドでは1974年から1976年にかけて大規模なアフラトキシコーシスが発生し，397人のうち107人が死亡した．このときの原因食品であるトウモロコシにはアフラトキシン B_1 が6250〜15600 ng/g 含まれており，患者は1日あたり2〜6 mg のアフラトキシン B_1 を1か月ほど摂取していたと考えられている．また，2002年ケニアで起こったアフラトキシコーシスは，食中毒が発生した地域のトウモロコシの半分が，アフラトキシン B_1 を20 ng/g 以上含んでおり，3%から12%のトウモロコシには100 ng/g 以上含まれていたことがわかった．この事例では317人の罹患者のうち125人が死亡しており，過去最高の死亡者数と報告されている．

　一方，少量を長期間摂取した場合には，アフラトキシンの慢性毒性として原発性肝臓がんが起こる．アフラトキシンは天然物中最強の発がん物質であるといわれているが，アフラトキシン類似体の中で最も発がん性が高いのは B_1 である．ヒトにおける発がん性の報告や1989年に行われた大規模な調査に代表される疫学的研究により，アフラトキシンにより食物が汚染されているいくつかの特定地域の肝臓がんの発生率や肝臓がんに起因する死亡率は，アフラトキシン汚染濃度に比例していることが認められた．国際がん研究機構（IARC）が行っている分類では，ヒトに発がん性があるグループ1に分類されている．また，アフラトキシン G_1，および M_1 は，ともに実験動物で発がん性が実証されているがヒトでは十分な疫学的な証拠がないため，ヒトにおいても発がんの可能性はあるというグループ2に分類されている．

わが国では，2011（平成23）年にもっとも発がん性の高い総アフラトキシンの規制が変わり，あらゆる食品から 10 μg/kg 以上検出されてはならないことになった．一方，動物の飼料ではアフラトキシン B₁ に対して規制がある．乳用牛用・哺乳期子豚用・幼雛用・ブロイラー前期用の各配合飼料は 10 μg/kg，その他のウシ用・ブタ用・ニワトリ用・ウズラ用の各配合飼料では 20 μg/kg 以下となっている．

ii）オクラトキシン A

アフラトキシン産生菌の地理的分布が高温多湿地域に限られているが，オクラトキシン A 産生菌は，高温多湿地域から温帯の寒冷地まで非常に広い地域に生息している．そのため世界中の多くの地域でさまざまな農産物およびその加工品で検出されており，オクラトキシン A の汚染は，深刻な問題となってきている．特にヨーロッパ諸国（イギリス，ベルギー，ハンガリー，チェコ，ドイツ，ポーランド，スイス，ブルガリア，デンマーク，スウェーデンなど）に汚染事例が多く報告され，アメリカ，カナダ，日本，台湾，ベトナム，中国でも汚染事例は出ている．

オクラトキシン A はトウモロコシミールに培養した *Aspergillus ochraceus* から分離されたことからこの名前がついた．オクラトキシン A の構造からクロル体がとれたものがオクラトキシン B であり，その毒性はオクラトキシン A に比べると非常に低い．

オクラトキシン A の急性毒性はげっ歯類よりイヌ，ブタの方が感受性は高い．おもな標的臓器は腎臓で，腎毒性が認められている．オクラトキシン A は腸管からはゆっくりと吸収され，血液を経由して主に腎臓に分布するが，肝臓，筋肉，脂肪などにも低レベルが分布するといわれている．

わが国ではまだオクラトキシン A に対する基準値は設定されていないが，このカビ毒の汚染は起こっている．ヒトに対する健康被害をみると，バルカン諸国（旧ユーゴスラビア，ブルガリア，ルーマニア）の特定の地域で，バルカン腎症と呼ばれる腎障害が古くからみられる．当初は風土病と思われていたが，同地域で多発していたブタの腎障害の原因物質としてオクラトキシン A の可能性が出てきた．バルカン腎症患者とその血液中のオクラトキシン A 濃度との間には相関があることからもオクラトキシン A の原因を裏付ける証拠と考えられた．

オクラトキシン A が遺伝毒性を示すこと，マウスでは雄のみに腎臓がんが引き起こされ，ラットの腎では非常に低用量でがんが発症することが実証されている．このような結果から 1993 年 IARC はオクラトキシン A の発がん性を再評価し，グループ 2 B（ヒトに対して発がん危険性の可能性がある）に分類している．

iii）トリコテセン系かび毒

Fusarium 属のカビは，麦類の植物病原菌（麦の赤カビ病）の 1 つであるが，植物体に寄生して毒素を産生する．主なフザリウム毒素として，トリコテセン系カビ毒，ゼアラレノン，フモニシンなどがあり，ヒトや動物への健康被害が懸念されている．トリコテセン系カビ毒は基本骨格として，C12,13 にエポキシ環，C9,10 に二重結合を有する特徴的な 4 環構造（tetracyclic 12,13-epoxy-trichothec-9-one，トリコテセン環）を有している．その構造の違いにより，タイプ A から D までに分けられており，食品に汚染するトリコテセン系かび毒はタイプ A と B がほとんどである．タイプ A には T-2 トキシン，ネオソラニオール，ジアセトキシスシルベ

ノールなどが含まれ，タイプBはニバレノール，デオキシニバレノール，フザレノンXなどが含まれる．タイプBはタイプAより極性が高いため，腸管吸収率は低く，毒性はタイプAより低い．トリコテセン系かび毒に共通した毒性として，タンパク合成阻害，核酸合成阻害，免疫毒性がある．

トリコテセン系カビ毒のヒトにおける急性中毒としては，ATA症（食中毒性無白血球症，alimentary toxic aleukia）があげられる．この事例は，1940年代に旧ソビエト連邦シベリア，アムール地区で越冬した雑穀を摂食して起きた中毒である．原因は雑穀に着生していたカビ Fusarium sporotrichioides が産生するかび毒と考えられ，後にこのカビ毒はタイプAのT-2トキシンであることが動物実験で明らかになった．

わが国においても第2次世界大戦後（1946～63年），食料難から北海道，東京，高知，神奈川，静岡，鹿児島で赤カビ病に罹った小麦を原料につくられたうどんや米飯を食べ，多数の食中毒が発生し，赤カビ中毒症とも呼ばれている．それらの食材からタイプBのニバレノールやデオキシニバレノールなどが検出されている．諸外国での事例としては1960～91年の間に大規模な中毒事件が中国やインドで53件も記録されている．1991年に起こった中国での食中毒事例では13万人の中毒患者が発生し，多くの原因食品からデオキシニバレノールが検出されている．

トリコテセン系カビ毒の慢性毒性としては，顕著な発がん性はみられないものの，強い免疫毒性を表す．

トリコテセン系カビ毒を産生する Fusarium は，わが国の土壌に広く生息しており，小麦への汚染が深刻な問題となっている．WHOの一組織機関（JECFA）では2001年にデオキシニバレノールに関して毒性評価し，1日耐容摂取量が設定され，1μg/kg/日とし，厚生労働省は2003（平成14）年5月，実態調査を踏まえて小麦玄麦を対象にデオキシニバレノールの暫定基準値を 1.1 mg/kg と設定した．しかし，わが国では，デオキシニバレノールとニバレノールの複合汚染事例も多いことから，今後ニバレノール汚染も考慮して基準値を設定する必要がある．家畜の飼料に対しても3か月以上の牛用飼料は4 mg/kg，それ以外の飼料は1 mg/kgと規制値が定められている．

iv）フモニシン

フモニシンは Fusarium から産生される毒素で，主にトウモロコシおよびその加工品から検出される．ウマの白質脳症やブタの肺水腫の原因物質として注目されていたが，1988年に F. moniliforme 培養物からがんのプロモート活性物質としてフモニシン B_1，B_2 が発見された．最も毒性が強いのはフモニシン B_1 である．南アフリカおよび中国での食道がん多発地帯では，農産物が著しくこのカビに汚染されていることが報告されたことから，フモニシンと発がん性との関係が注目されるようになったがいまだ確証的な証拠はない．フモニシン B_1 の発がん性（肝臓がん）は実験動物では実証されているが，ヒトでの発がん性との因果関係を確証付ける疫学調査はまだ出されていない．

v）ゼアラレノン

ゼアラレノンは，トリコテセン系カビ毒やフモニシンを産生する Fusarium が産生するフザリウム毒素の1種であり，トリコテセン系カビ毒との共汚染事例が多く報

告されている．ゼアラレノンは，近年注目されている内分泌かく乱物質のひとつであり強いエストロゲン活性を有す．子宮の細胞内エストロゲン受容器と結合する力が強く，$17-\beta-$エストラジオールの1〜10%である．主にヒトに対してより，家畜に対する問題が大きく，生殖障害を起こし経済的喪失を招くことで恐れられている．

ヒトへの影響よりも家畜への影響の方が重要なことから，飼料中のゼアラレノンは1mg/kgで規制されている．

vi) パツリン

パツリンは *Penicillium patulum*（=*Penicillum griseofulvum*）が産生する抗生物質であることから名前がつけられた．その後急性毒性があることがわかり，カビ毒に分類された．*Penicillium*，*Aspergillus*，*Byssochlamys* などがパツリンを産生し，わが国で一番多い種はリンゴに寄生する *P.expansum* といわれている．

パツリンの急性毒性は，マウス，ラット，ハムスター，モルモット，イヌおよびニワトリなどに致死毒性を示す．大量投与すると胃，腸，肝臓，肺などに充血，出血，壊死などの病変がみられる．変異原性や催奇形性などは認められていない．発がん性に関しては，発がんの可能性は低いといわれている．

パツリンは，リンゴジュースやリンゴの加工品から検出されることから，乳幼児や子供への健康被害が懸念されていた．コーデックス委員会は以前からパツリンに対して基準値を設けることを推奨し，その値を50 µg/kgとした．それを受けてわが国でも2004年にリンゴジュース中のパツリンに50 µg/kgの基準値を設けた．

vii) 黄変米毒

第2次世界大戦後の食糧難の時代に，輸入米から黄色に変色した米が多数混在していたことがあった．この原因を調べたところ，*Penicillium* が産生する毒素が着色の原因であることを突き止め，市場に出回るのを阻止した事件があった．いわゆる黄変米事件と呼ばれている．このとき，黄変米から単離されたカビの1種に *Penicillium islandicum* があり，このカビからいくつかのカビ毒が発見された．そのうちルテオスカイリンとシクロクロロチンは，肝臓がんを引き起こす危険性のあるかび毒として注目された．ルテオスカイリンはアントラキノン系の二量体の化合物で，水には溶けず，鮮やかなオレンジ色をしている．シクロクロロチンは含塩素環状ペプチドでルテオスカイリンの10倍ほど肝毒性が高いと報告されている．

viii) シトリニン

シトリニンも黄変米カビの1種として分離された *Penicillium citrinum* から産生される毒素である．その後，*Aspergillus* にもこの毒素を産生する菌が存在することがわかった．1990年代に，醸造やベニコウジ色素の生産に用いられる *Monascus* もシトリニンを産生することがわかった．

シトリニンの毒性は，動物実験で腎障害，すなわち，尿細管に損傷を与え，腎の肥大，尿細管の変性，尿量の増加などの症状が出る．発がん性は認められていないが，Ames試験では，陽性を示している．シトリニンの細胞毒性は，ミトコンドリアに蓄積して電子伝達系を妨害すること，DNAの合成阻害，タンパク，RNA合成阻害を起こすことが報告されている．

シトリニンの汚染は，多くの場合オクラトキシンAとともに検出されることが多く，毒性も腎毒性と共通であることから相乗作用が懸念されている．

5.2 ····· 化 学 物 質

1）農　薬

　農薬とは，農作物の安定した供給，生産性の向上，品質管理のために用いられる化学物質である．わが国の農薬は，農薬の使用を許可する立場の農薬取締法と農薬の使用を制限する立場の食品衛生法から農薬行政の管理は行われている．また，残留基準のない農薬については，食品衛生法の改正に伴い，ポジティブリスト制度が2006（平成18）年5月に施行され，食品に残留する農薬は飼料添加物および動物

●表 5-7 ● 農薬の用途別分類制

種類	用途
殺虫剤	農作物を加害する有害な昆虫を防除する．
殺ダニ剤	農作物を加害する有害なダニを防除する．
殺線虫剤	根の表面や組織に寄生し加害する線虫類を防除する．
殺菌剤	植物病原菌（糸状菌や細菌）の農作物を加害する有害作用から守る．
除草剤	雑草類を防除する．
殺虫殺菌剤	殺虫成分と殺菌成分を混合して，害虫，病原菌を同時に防除する．
殺鼠剤	農作物を加害するネズミ類を駆除する．
植物成長調整剤	植物の生理機能を増進または抑制して，結実を増加させたり倒伏を軽減したりする．
忌避剤	鳥や獣が特定の臭いや　性フェロモンに引き寄せられる性質を利用して害虫を一定の場所に集める．
展着剤	薬剤が害虫の体や作物の表面によく付着するように添加する．

●表 5-8 ● 農薬の化学構造による分類

用途別分類	化学構造による分類	代表的農薬の有効成分
殺虫剤 殺ダニ剤 殺線虫剤	天然物	ピレトリン，マシン油，ナタネ油など
	有機合成化合物　有機塩素系	ベンゾエピンなど
	有機リン系	クロルピリホス，アセフェノート，フェニトロチオンなど
	カーバーメート系	ベンフラカルブ，メソミルなど
	ピレスロイド系	エトフェンプロックス，シクロプトリン，ビフェニトリンなど
	ネオニコチノイド系	イミダクロプリド，アセタミプリド，ニテンピラムなど
	ベンゾイルウレア系	フルフェノクスロン，テフルベンゾロンなど
	その他	クロルフェナピル，カルタップ，ブプロフェジンなど
	抗生物質	ミルベメクチン，エマメクチンなど
	生物農薬	BT剤など
殺菌剤	天然物	酢酸，マシン油，ナタネ油など
	無機化合物	次亜塩素酸塩，炭酸水素ナトリウムなど
	有機合成化合物　有機銅系	オキシン銅，ノニルフェノールスルホン酸銅など
	有機硫黄系	マンネブ，チウラムなど
	有機塩素系	フサライドなど
	ベンゾイミタゾール系	チオファネートメチル，ベノミルなど
	酸アミド系	メタラキシル，フルトラニル，メプロニルなど
	ジカルボキシイミド系	イプロジオン，プロシミドンなど
	アゾール系	トリフルミゾール，ビテルタノール，トリアジメホンなど
	ストロビルリン系	アゾキシストロビン，クレソキシムメチルなど
	アニリノピリミジン系	メパニピリム，シプロジニルなど
	ピロールニトリン系	フルジオキソニルなど
	その他	プロベナゾール，ジクロシメット，ジエトフェンカルブ，イソプロチオラン，オキソリニック酸など
	抗生物質	ストレプトマイシン，カスガマイシン，ポリオキシンなど
	生物農薬	アグロバクテリウム・ラジオバクターなど
除草剤	無機化合物	塩素酸塩，シアン酸塩など
	有機合成化合物　アミノ酸系	グリホサート，グルホシネート，ビアラホスなど
	ビピリジニウム系	パラコート，ジクワットなど
	スルホニルウレア系	ベンスルフロンメチル，ピラゾスルフロンエチルなど
	イミダゾリノン系	イマザキンなど
	ピリミジニルサリチル系	ピリミノバックメチルなど
	尿素系	ダイムロン，イソウロンなど
	酸アミド系	テニルクロール，メフェナセット，プレチラクロールなど
	カーバメート系	エスプロカルブ，ピリブチカルブ，フェンメディファムなど
	トリアジン系	アトラジン，シメトリン，メトリブジンなど
	ダイアジン系	ベンタゾン，ターバシル，レナシルなど
	フェノキシ酢酸系	トリクロピル，クロメプロップなど
	その他	トリフルラリン，ジチオピル，ブタミホスなど

86

用医薬品とともに，一律基準値（0.01 ppm）を超えてはならないとされた（7.4 節参照）．また，一部の農薬には，内分泌かく乱作用が疑われるものもある．

農薬は用途別に分類され（表5-7），農薬の化学構造からは表5-8 のように分類されている（第7章「残留農薬のポジティブリスト制度」参照）．

2）抗生物質・飼料添加物

家畜，家禽，養殖魚介類の疾病予防や治療のために動物用医薬品が使用されている．畜産動物の生産性向上から飼育形態の変化に対応して，飼料添加物の使用が増加しており，この中でも抗菌剤として抗生物質と合成抗菌剤が使用されている．微生物の生産する天然由来の物質を抗生物質，合成によって開発された物質を合成抗菌剤と大別している．畜産動物の肉，乳，養殖魚介類およびこれらを原料とする加工食品には，これらの抗菌剤が残留する可能性があり，残留による毒性，過敏症の発現，耐性菌の出現，河川・湖沼・海などへの環境汚染が懸念される．食品衛生法では，食品の規格基準の食品一般区分で成分規格において「食品は，抗生物質又は化学的合成品たる抗菌性物質を含有してはならない．」とされている．また，食品一般の保存基準では「食品を保存する場合：抗生物質を使用しないこと」と定められている．

動物用医薬品および飼料添加物として使用されている抗菌剤は，下記のとおりである．

- **抗生物質**：　ペニシリン系，セフェム（セファロスポリン）系，アミノグリコシド系，ホスホマイシン系，テトラサイクリン系，クロラムフェニコール系，マクロライド系，リンコマイシン系
- **合成抗菌剤**：　サルファ剤，キノロン剤

3）外因性内分泌かく乱化学物質

外因性内分泌かく乱化学物質問題は，身の回りに存在し我々の体内に取り込まれる可能性のある化学物質群に，ホルモン活性を有することがすでに知られている物質，あるいはホルモン活性を有するか否か検討されていないが，その可能性のある物質が存在することが指摘されることから始まっている．ホルモン活性を有する化学物質が生体の内分泌系の機能を変化させることにより，健全な生物個体やその子孫，あるいは集団の健康に有害な影響を及ぼす可能性が，一部の野生生物の研究や，基礎的な内分泌学，内分泌毒性学，生殖毒性学の研究から示された．この問題の把握や作用のメカニズムの解明のため関係省庁・研究機関と連携を図り，1998（平成10）年4月から「内分泌かく乱化学物質の健康影響に関する検討会」を設置し，現在に至るまでその検討を進めてきた（図5-3）．

しかし，試験対象物質の選定とそれを対象とする影響評価の進捗が十分でなかったため，化学物質の内分泌かく乱作用を含むリスク評価は実施されず，それを受けたリスク管理の対象とされる化学物質の特定には至っていない．2009（平成21）年度末現在における化学物質の内分泌かく乱作用に関連する報告の信頼性評価の対象物質は，次のとおりである．

エストロン*，*p*-ジクロロベンゼン*，*N,N*-ジメチルホルムアミド*，2,4,6-ト

環境ホルモン
正式には外因性内分泌かく乱化学物質という．内分泌かく乱物質などと省略することも多い．環境中にある物質が体内に取り込まれ，ホルモン作用を乱す（かく乱する）という意味で，環境ホルモンと通称される．

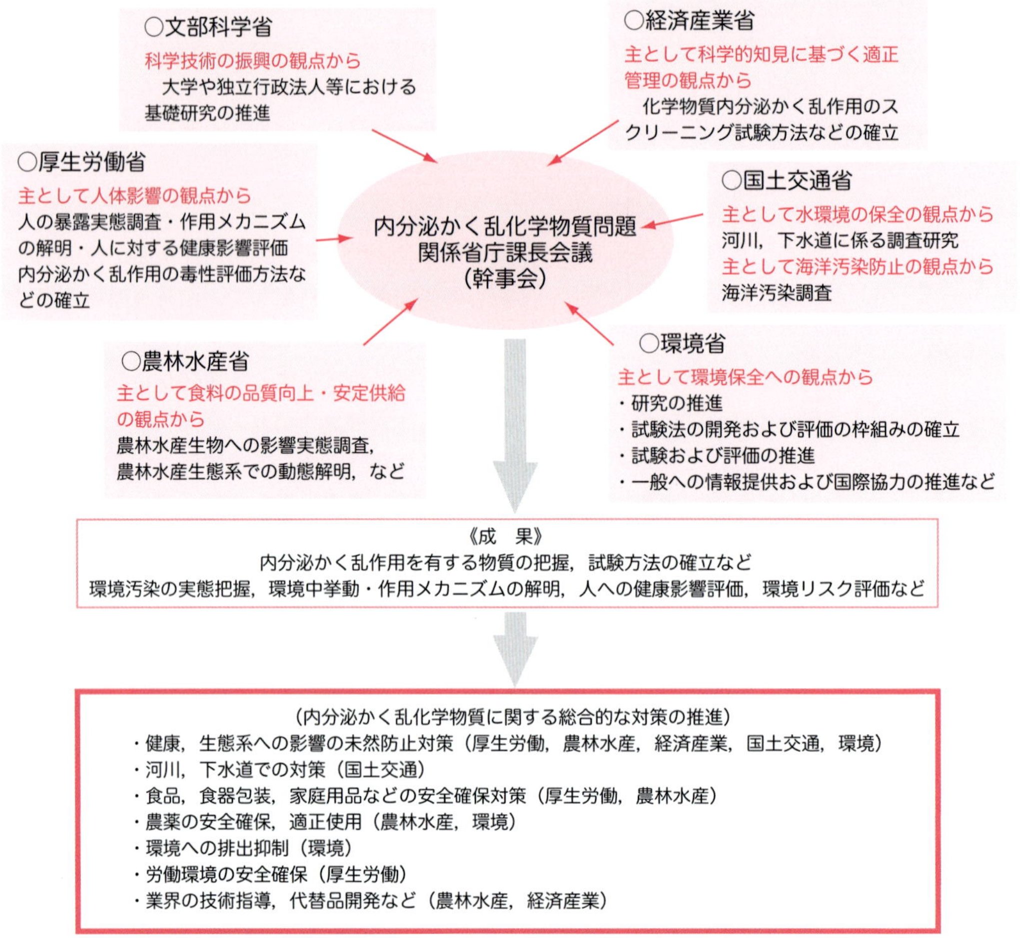

○文部科学省
科学技術の振興の観点から
　大学や独立行政法人等における
基礎研究の推進

○経済産業省
主として科学的知見に基づく適正
管理の観点から
　化学物質内分泌かく乱作用のス
クリーニング試験方法などの確立

○厚生労働省
主として人体影響の観点から
人の暴露実態調査・作用メカニズム
の解明・人に対する健康影響評価
内分泌かく乱作用の毒性評価方法な
どの確立

内分泌かく乱化学物質問題
関係省庁課長会議
（幹事会）

○国土交通省
主として水環境の保全の観点から
河川，下水道に係る調査研究
主として海洋汚染防止の観点から
海洋汚染調査

○農林水産省
主として食料の品質向上・安定供給
の観点から
農林水産生物への影響実態調査，
農林水産生態系での動態解明，など

○環境省
主として環境保全への観点から
・研究の推進
・試験法の開発および評価の枠組みの確立
・試験および評価の推進
・一般への情報提供および国際協力の推進など

《成　果》
内分泌かく乱作用を有する物質の把握，試験方法の確立など
環境汚染の実態把握，環境中挙動・作用メカニズムの解明，人への健康影響評価，環境リスク評価など

（内分泌かく乱化学物質に関する総合的な対策の推進）
・健康，生態系への影響の未然防止対策（厚生労働，農林水産，経済産業，国土交通，環境）
・河川，下水道での対策（国土交通）
・食品，食器包装，家庭用品などの安全確保対策（厚生労働，農林水産）
・農薬の安全確保，適正使用（農林水産，環境）
・環境への排出抑制（環境）
・労働環境の安全確保（厚生労働）
・業界の技術指導，代替品開発など（農林水産，経済産業）

●図 5-3 ● 内分泌かく乱化学物質問題の各省庁フロー

リブロモフェノール*，2,4-トルエンジアミン*，ヒドラジン*，フェンチオン*，
o-ジクロロベンゼン**，直鎖アルキルベンゼンスルホン酸及びその塩**，トリ
フルラリン**，アジピン酸，カルバリル（NAC），カルボフラン，シアナジン，
ジウロン，ジクロルボス，ジクロロブロモメタン，ダイアジノン，フェナントレ
ン，フェニトイン，フェニトロチオン，フェノバルビタール，1-ブタノール，
ペルフルオロオクタン酸，ベンジルアルコール，メタクリル酸メチルおよび
EPN

　　　*：内分泌かく乱作用に関する試験対象物質となり得る物質
　　**：現時点では試験対象物質としない物質
　　無印：得られた報告の信頼性評価を実施中の物質

4）ポリ塩化ビフェニル（PCB）

　ポリ塩化ビフェニル（PCB：polychlorinated biphenyl）は，ビフェニル骨格に1
〜10の塩素が置換された化合物の総称であり，209種類の異性体や同族体がある
（図5-4）．この物質は，不燃性，絶縁性，油溶性，熱や化学薬品に対して非常に安
定であり，トランス，コンデンサーなどの絶縁油，熱媒体，印刷用インクなどに広

く使用されていた．これらを使用した製品の廃棄により環境汚染が進み，食物連鎖による生物濃縮の結果，ヒトにも汚染が蓄積されるようになった．1968（昭和43）年には，西日本各地でPCBに汚染された食用米ぬか油による中毒が発生し，食品公害事故の1つである．原因は，食用米ぬか油の脱臭工程で熱媒体として使用したPCBが製品中に混入したものであり，福岡県と長崎県を中心に15府県で1万4000人を超え，認定患者は発生から37年間の累計で約1900人となる（カネミ油症事件）．原因は当初混入したPCBとされ，血中のPCB濃度を中心とした診断基準により患者の認定がされてきたが，近年の研究でPCBが加熱酸化されるなどして異性体になったダイオキシン類との複合汚染であることが判明し，2004年には，ダイオキシン類のひとつであるPCDF（ポリ塩化ジベンゾフラン）の血中濃度が診断基準に加えられる形で23年ぶりに見直された．この事件を契機に，PCBの毒性が社会問題化し，PCBの製造中止・回収が指示された．約39万台のPCB使用高圧トランス・コンデンサなどのPCB製品のうち廃棄物となったものが，事業者により長期にわたって保管されてきた．PCB処理特別措置法2002（平成14）年では，国が処理基本計画を定め，それに即したPCB処理計画を都道府県および政令市などが定め，また事業者は法施行日から15年後に当たる2016（平成28）年7月14日までに処分する責務が定められた．

5）ダイオキシン類

有機塩素化合物の一種であるポリ塩化ジベンゾ-p-ジオキシン（PCDD：polychlorinated dibenzo-para-dioxin）を略して，「ダイオキシン」と呼ぶ．1999（平成11）年にダイオキシン類対策特別措置法が定められ，PCDD，ポリ塩化ジベンゾフラン（PCDF：polychlorinated dibenzofuran），コプラナ-ポリ塩化ビフェニル（Co-PCB）をあわせて「ダイオキシン類」と定義された（図5-4）．いずれも平面構造を持つ芳香族有機塩素化合物で，置換した塩素の数や位置により多数の構造異性体が存在し，塩素と有機物（ベンゼン環）存在下で，銅を触媒にして生成する．特に250〜400℃の比較的低温で，有機塩素を含むプラスチックを不完全燃焼すると発生しやすい．動物実験における急性毒性試験は，種差により毒性発現が異なる．長期にわたる動物を用いた試験では，体重減少，皮膚症状，肝臓機能障害，肝や肺の発がん性，催奇形性，生殖器系への影響，胸腺の萎縮，内分泌かく乱作用などのさまざまな影響がみられる．

PCDD，PCDFおよびCo-PCBの3種類の化合物は類似の物理化学的性質と生物学的作用をもつことが知られているが，特に2,3,7,8-四塩化ジオキシン（2,3,7,8-TCDD：tetrachlorodibenzo-para-dioxin）がもっとも毒性が強いといわれる．こ

TEQ
毒性の強さを加味したダイオキシン量の単位．ダイオキシンでは，各異性体の量にそれぞれの毒性等価係数を乗じた値の総和として表すのが一般的．異性体の量当たりの毒性が等価になるように換算された値は，その数量から毒性影響を評価することができる．このようにして換算された数値には，重さの単位にTEQを付けて単純な物理量ではないことを明示することになっている．

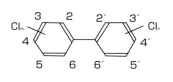 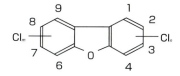

● 図 5-4 ● ダイオキシン類の化学構造

の 2, 3, 7, 8-TCDD の毒性の強さを 1 としたときに，個々の同族体の毒性の強さを係数で表したのが毒性等価係数（TEF：toxic equivalency factor）である．多数の同族体の混合物として存在するダイオキシン類の量は，各同族体の量に毒性等価係数を乗じた値の合計として表され，それを毒性等量（TEQ：toxic equivalent）と呼ぶ．PCDD は，ベトナム戦争で枯れ葉剤として使われた 2, 4, 5-T（2, 4, 5-トリクロロフェノキシ酢酸）や除草剤・防腐剤として使われるペンタクロロフェノール（PCP：pentachlorophenol）に不純物として含まれて問題となった．また，ごみ焼却施設からは PCDD と PCDF が発生する．なお，Co-PCB はポリ塩化ビフェニル（PCB）の異性体の一部で，PCB には不純物として PCDF も含まれる．ダイオキシン類の環境基準値は，大気 0.6 pg-TEQ/m³，水質 1 pg-TEQ/L，水底の底質150 pg-TEQ/g，土壌 1000 pg-TEQ/g と設定された.

日本人が平均的な食生活を送った場合，食品からのダイオキシン類の 1 日摂取量が，2009（平成 21）年度には体重 1 kg あたり平均約 0.84 ± 0.34 pg-TEQ にのぼったと推定する調査結果がまとまった．ダイオキシン類対策特別措置法に定められている耐容 1 日摂取量（TDI：tolerable daily intake）である 4 pg-TEQ/kg/日より低かった.

重さの単位

いずれも 1/1000 倍
mg（ミリグラム）
→μg（マイクログラム）
→ng（ナノグラム）
→pg（ピコグラム）

TDI

人が一生涯にわたりその量を取り込んでも健康に対する有害な影響が現れないと判断される，1 日あたり，体重 1 kg あたりの量.
4 pg-TEQ/kg/日 などのように表される.

5.3 有害元素・放射性物質

1）ヒ 素

比較的少量のヒ素に経気道・経口的に長期間曝露されることによって起こる慢性中毒で，その症状は，皮膚障害，粘膜障害，末梢神経障害，肝障害，呼吸器障害，皮膚がん・肺がんなどである．1955（昭和 30）年，西日本（岡山，大阪，広島，兵庫など）を中心に，乳児に皮膚の色素沈着，食欲不振，貧血，発熱などで約 1 万2000 人の患者と 133 人の死者を出した．原因は，調製粉乳の製造工程で乳質安定剤として用いられたリン酸二ナトリウムの中に不純物として亜ヒ酸が混入していたことが原因であった（ヒ素ミルク事件）．ヒ素の毒性は，化学形態により異なり，無機 3 価ヒ素（三酸化二ヒ素，亜ヒ酸）がもっとも強く，次に無機 5 価ヒ素（ヒ酸），有機ヒ素（メチルアルソン酸，ジメチルアルシン酸，アルセノベタイン）の順になる.

食品からのヒ素の摂取は，主に海藻類，魚介類であり，海水中の無機ヒ素を体内に取り込む．魚類や甲殻類は，無機ヒ素が代謝されてアルセノベタインなどになり，毒性に問題はない．しかし，ヒジキは有機ヒ素化合物のほかに 5 価の無機ヒ素が含まれており，JECFA ではヒ素の暫定耐容週間摂取量を無機ヒ素に限定して 15 μg/kg/週と設定している.

2）カドミウム

カドミウムは，鉱物中や土壌中などに天然に存在する重金属で，鉛・銅・亜鉛などの金属とともに存在する．自然環境中のカドミウムが農畜水産物に蓄積し，それらを食品として摂取することで，カドミウムの一部が体内に吸収され，主に腎臓に蓄積する．カドミウム濃度の高い食品を長年にわたり摂取すると，近位尿細管の再吸収機能障害により腎機能障害を引き起こす可能性があり，鉄欠乏の状態では，カ

● 表 5-9 ● 食品中のカドミウムの規格基準

食品	基準値
米（玄米および精米）	0.4 mg/kg 未満
清涼飲料水（ミネラルウォータ類を含む）	0.003 mg/L
粉末清涼飲料水	検出してはならない

ドミウム吸収が増加する報告がある．カドミウム中毒としてイタイイタイ病があるが，これは，高濃度のカドミウムの長期にわたる摂取に加えて，さまざまな要因（妊娠，授乳，老化，栄養不足など）が誘因となって生じたものと考えられる．

　米などの作物に含まれるカドミウムは，作物を栽培している間に，水田などの土壌に含まれているカドミウムが吸収され蓄積されたものであり，カドミウムは海水や海の底質中にも含まれており，貝類，イカやタコなどの軟体動物や，エビやカニなどの甲殻類の内臓に蓄積されやすいことがわかっている．

　食品安全委員会が決めたカドミウムの耐容週間摂取量は，7 µg/kg/週となっており，① 米中のカドミウムの規格基準を改正（1.0 mg/kg → 0.4 mg/kg，表 5-9 参照），② 消費者に対し，バランスのよい食生活を心がけることの重要性について情報提供を行うこと，③ 米をはじめその他の農作物について，低減対策を推進するよう関係者に要請すること，④ 農水産物中のカドミウムの実態把握に努めるよう関係者に要請することとした．また，水道水質基準は，2010（平成 22）年 4 月からカドミウムおよびその化合物としてカドミウムの量に関して 0.01 mg/L 以下から 0.003 mg/L 以下へと改正された．

3）水　　銀

　1956（昭和 31）年に熊本県水俣湾周辺の住民に手足の感覚障害，運動失調，求心性視野狭窄などを主症状とする中毒性の中枢神経系疾患が発生することが報告された（水俣病）．チッソ水俣工場のアセトアルデヒド製造工程で使っていた無機水銀の触媒から生じた微量のメチル水銀が工業排水として水俣湾に排出され，生物濃縮を経て魚介類中にメチル水銀が蓄積し，それを大量に食べることによって発生した．メチル水銀中毒の母親から胎盤を経由してメチル水銀が胎児へ移行し，言語知能発育障害，嚥下障害，運動機能障害を示す子どももみられた．これを先天性水俣病という．また，1964（昭和 39）年頃から新潟県阿賀野川下流域でも同様の症状を示す患者が発生し，第 2 水俣病または新潟水俣病と呼ばれている．公害健康被害補償法の認定患者はこれまでに 2282 人（2018 年 3 月末現在の累計）に及んでいるが，2009（平成 21）年には議員立法により「水俣病被害者の救済及び水俣病問題の解決に関する特別措置法」で従来の公害被害者救済法に基づく水俣病救済者に加えて未認定被害者らに対する新たな救済を行うこととなった．

　日本では，魚介類（クジラ，イルカを含む）が健康な食生活を営む上で重要な食材であり，多くの魚介類は，特定の地域に関わりなく，微量の水銀を含有している．これに対応するために厚生省（現在の厚生労働省）は 1973（昭和 48）年に，魚介類の水銀の暫定的規制値を総水銀 0.4 ppm およびメチル水銀 0.3 ppm と定めた．ただし，マグロ類，内水面水域の河川産の魚介類（湖沼産を除く）および深海性魚介類には適用しないとなっていた．一部の魚介類については，自然界の食物連鎖を通じて，他の魚介類と比較して，水銀濃度が高くなるものが見受けられることから，近年，魚介類を通じた水銀摂取が胎児に影響を与える可能性を懸念する報告がされた．

●表5-10　妊婦が注意すべき魚介類の種類とその摂食量（筋肉）の目安

摂食量（筋肉）の目安	魚介類
1回約80gとして妊婦は2か月に1回まで（1週間あたり10g程度）	バンドウイルカ
1回約80gとして妊婦は2週間に1回まで（1週間あたり40g程度）	コビレゴンドウ
1回約80gとして妊婦は週に1回まで（1週間あたり80g程度）	キンメダイ，メカジキ，クロマグロ，メバチ（メバチマグロ），エッチュウバイガイ，ツチクジラ，マッコウクジラ
1回約80gとして妊婦は週に2回まで（1週間あたり160g程度）	キダイ，マカジキ，ユメカサゴ，ミナミマグロ，ヨシキリザメ，イシイルカ，クロムツ

（参考1）マグロの中でも，キハダ，ビンナガ，メジマグロ（クロマグロの幼魚），ツナ缶は通常の摂食で差し支えないので，バランスよく摂食すること．
（参考2）魚介類の消費形態ごとの一般的な重量は，寿司，刺身1貫または1切れあたり15g程度，刺身1人前あたり80g程度，切り身1切れあたり80g程度．

胎児への影響を最小限にするため，妊娠中は魚介類の摂取についての「妊婦への魚介類の摂食と水銀に関する注意事項」がまとめられた．胎児の保護を第一に食品安全委員会の評価を踏まえ，魚介類の調査結果等からの試算を基に，妊婦が注意する魚介類と摂食量の目安を作成した（表5-10）．

4）鉛

　鉛は鉛蓄電池の電極板，鉛管，放射線遮蔽材，活字，ハンダ，鉛ライニング，真鍮，青銅などに利用され，また無機鉛化合物は顔料，塗料，ゴムの耐熱増強剤，塩化ビニル安定剤，農薬などに広く用いられる．蒼白色の軟らかい空気中で容易に酸化される金属である．無機化合物は2価または4価（2価のほうが安定）として存在し，またアルキル鉛などの有機鉛化合物がある．肺または経口から吸収された鉛化合物は血液中に移行し，骨に多く沈着する．中毒は血色素合成の異常と貧血，食欲不振などの消化器症状，中枢神経や末梢神経への影響，腎障害を示す．米国では，小児が鉛塗料片を食べて中毒（鉛脳症）を起こす事例が多数発生して問題となった．

　2008（平成20）年には，食品，添加物などの規格基準の一部改正され，①ガラス製，陶磁器製またはホウロウ引きの器具または容器について，国際標準化機関（ISO）の規格を参考に，カドミウム及び鉛の溶出規格の強化を図り，②器具または容器包装の製造または修理に用いられる金属製原材料一般の規格についても，すでに流通している製品の現状などを参考に，鉛の含有量に関する規格値を引き下げた（資料：器具・容器包装の規格参照）．また，水道水質基準は，2003（平成15）年4月から鉛およびその化合物として鉛の量に関して0.05 mg/L以下から0.01 mg/L以下へと改正された．

5）放射性物質（セシウム，ヨウ素）

　放射線を放出する能力を放射能といい，放射線を出して崩壊する元素を放射性物質という．食品衛生で関連する放射性物質は，飲食物の放射能汚染と放射線を利用した照射食品があるが，前者の放射能汚染について述べる．放射性物質は，放射能を有する鉱物や宇宙線などの天然放射性物質と工業や医療で使用されている人工放射性物質がある．食品の放射能汚染は，核実験（マーシャル群島ビキニ環礁）や原子力発電所の事故により問題となっている．1986（昭和61）年4月の旧ソ連（現在ウクライナ）のチェルノブイリ原子力発電所爆発事故で，ヨウ素131（半減期8日，甲状腺障害を起こす），セシウム134（半減期2年），セシウム137（半減期30年，カリウムに似た類似の性質をもち，全身の筋肉内に分布し生殖腺障害を起こす）の放射能汚染となる主要三核種（^{131}I，^{137}Cs，^{134}Cs）が大気中に放出され，ヨーロッパ各地を汚染した．この事故を契機に，わが国では，輸入食品の放射能暫定限

Bq（ベクレル）
放射線を出す能力の強さを表す単位．食品や土壌の検査データでよく使用される．

度をセシウム134，セシウム137（^{134}Cs，^{137}Cs）の合計量が370 Bq/kg以下と規定し，この値を超える輸入食品は輸入させない措置をとっている．

2011（平成23）年3月11日に，東日本大震災に伴い東京電力福島第一原子力発電所において爆発事故が発生し，周辺環境から通常よりも高い放射能が放出され，国内原子力関連施設の最大事故となった．厚生労働省は，当面の間，原子力安全委員会により示された「飲食物摂取制限に関する指標」を暫定規制値とした（表5-11）．この暫定規制値は，緊急を要するために食品健康影響評価を受けずに定めたものであることから，厚生労働大臣は，2011（平成23）年3月20日，食品安全基本法第24条第3項に基づき，食品安全委員会に食品健康影響評価を要請した．食品健康影響評価として食品安全委員会が検討した範囲においては，放射線による影響が見いだされているのは，通常の一般生活において受ける放射線量を除いた生涯における累積の実効線量として，おおよそ100 mSv（ミリシーベルト）以上と判断した（図5-5）．さらに，

● 表5-11 ● 食品中の放射性物質の暫定規制値

核種	原子力施設等の防災対策に係る指針における摂取制限に関する指標値（Bq/kg）	
放射性ヨウ素（混合核種の代表核種：^{131}I）	飲料水 牛乳・乳製品	300
	野菜類（根菜，芋類を除く） 魚介類	2000
放射性セシウム	飲料水 牛乳・乳製品	200
	野菜類 穀類 肉・卵・魚・その他	500
ウラン	乳幼児用食品 飲料水 牛乳・乳製品	20
	野菜類 穀類 肉・卵・魚・その他	100
プルトニウムおよび超ウラン元素のアルファ核種（^{238}Pu，^{239}Pu，^{240}Pu，^{242}Pu，^{241}Am，^{242}Cm，^{243}Cm，^{244}Cm放射能濃度の合計）	乳幼児用食品 飲料水 牛乳・乳製品	1
	野菜類 穀物 肉・卵・魚・その他	10

○ 食品健康影響評価として，生涯における追加（※1）の累積の実効線量がおおよそ100 mSv以上で放射線による健康影響の可能性（※2）
※1）自然放射線（日本平均約1.5 mSv/年）や，医療被ばくなど通常の一般生活において受ける放射線量を除いた分
※2）健康影響が見いだされる値についての疫学データは錯綜していたが，食品分野のリスク分析の考え方（科学的知見の確実性や，健康影響が出る可能性のある指標のうち最も厳しいものの重視等）に基づいておおよそ100 mSvと判断したもの

○ そのうち，小児の期間については，感受性が成人より高い可能性（甲状腺がんや白血病）（※3）
※3）被ばく線量の推定等に不確実な点があるが，チェルノブイリ原発事故の際，周辺住民の小児について，白血病のリスクが増加した，被ばく時の年齢が低いほど甲状腺がんのリスクが高い等の疫病データ有り

○ 100 mSv未満の健康影響について言及することは現在得られている知見からは困難

⇒ 今後のリスク管理（食品の規制値の設定等）は，評価結果が生涯における追加の累積線量で示されていることを考慮し，食品からの放射性物質の検出状況，日本人の食品摂取の実態等を踏まえて行うべき

主な疫学データによる放射線の健康影響

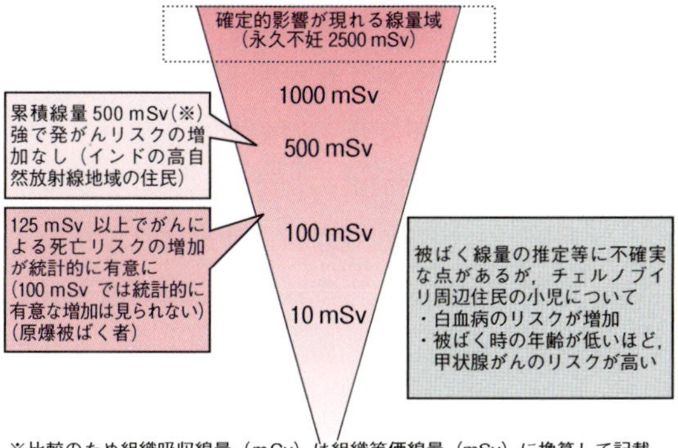

確定的影響が現れる線量域（永久不妊 2500 mSv）

累積線量500 mSv（※）強で発がんリスクの増加なし（インドの高自然放射線地域の住民）

125 mSv以上でがんによる死亡リスクの増加が統計的に有意（100 mSvでは統計的に有意な増加は見られない）（原爆被␣く者）

1000 mSv
500 mSv
100 mSv
10 mSv

被ばく線量の推定等に不確実な点があるが，チェルノブイリ周辺住民の小児について・白血病のリスクが増加・被ばく時の年齢が低いほど，甲状腺がんのリスクが高い

※比較のため組織吸収線量（mGy）は組織等価線量（mSv）に換算して記載

「放射性物質に関する緊急とりまとめ」（3月29日）と「食品中に含まれる放射性物質の食品健康影響評価」（10月27日）との比較

	緊急とりまとめ（3月29日）	評価（10月27日）
期間	緊急時（年間線量）	緊急時・平常時を通じた生涯の追加の累積線量
対象核種・線量	ヨウ素（甲状腺等価線量）50 mSv（実効線量2 mSv相当）セシウム（実効線量5 mSv）	食品健康影響評価として，放射性物質合計の実効線量でおおよそ100 mSv以上（※）
主要な論拠	国際機関（ICRP等）の緊急時対応に関する見解	放射線による健康影響の疫学データ（食品由来限定の疫学データが極めて少なかったため，外部被ばくも含めてデータも使用）

※ ウランは放射線による健康影響より，化学物質（重金属）としての毒性の方がより低用量で現れることから，他の核種とは別に，耐容一日摂取量を0.2 μg/kg体重/日と設定

● 図5-5 ● 「食品中に含まれる放射性物質の食品健康影響評価」の概要（引用：食品安全委員会ホームページ）

> **mSv（ミリシーベルト）**
> 放射線による人体への影響を表す単位．体の組織・臓器ごとの影響を表す「等価線量」と，全身の影響を表す「実効線量」の2つの場合がある．「Sv（シーベルト）」の1000分の1が「mSv（ミリシーベルト）」

放射性セシウム暫定規制値における食品区分については，全食品を5つの食品区分（飲料水，牛乳・乳製品，野菜類，穀類，肉・卵・魚・その他）に分け，各食品区分に1 mSvずつを割り当て，年代別の摂取量と感受性を考慮し暫定規制値を設定していたが，その後，食品の新たな基準値について，特別な配慮が必要と考えられる「飲料水」「乳児用食品」「牛乳」は区分を設け，それ以外を「一般食品」とし，全体で4区分となった．この放射性セシウムの新基準値は，平成24年4月1日施行された（表5-12）．

● 表5-12 ● 食品中の放射性物質の暫定規制値と現行基準値（厚生労働省）

(1) 放射性セシウムの暫定規制値[1]

食品群	規制値 (Bq(ベクレル)/kg)
飲料水	200
牛乳・乳製品	200
野菜類	
穀類	500
肉・卵・魚・その他	

1) 放射性ストロンチウムを含めて規制値を設定

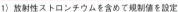

(2) 放射性セシウムの現行基準値[2]

食品群	基準値 (Bq(ベクレル)/kg)
飲料水	10
牛乳	50
一般食品	100
乳児用食品	50

2) 放射性ストロンチウム，プルトニウム等を含めて基準値を設定

5.4 食品成分の変化により生ずる有害物質

1）発がん物質

食品の中には植物の構成成分，加熱や調理過程などで生成される物質，食品添加物や農薬，動物用医薬品，かび毒，容器類からの溶出物，土壌や飲料水中の成分など種々の物質が含まれており，これらすべての中に発がん物質が存在している可能性を否定できない．食品中の遺伝毒性発がん物質としてもっとも注目されているものは，魚肉類の焼き焦げに含まれるヘテロサイクリックアミン（PhIP，IQ，MeIQx，Trp-P-1，Glu-P-1 など10種類）である（表5-13）．ジャガイモなどアスパラギンと炭水化物を多く含む食品をフライなど高温で加熱調理した場合には，アクリルアミドが生成される．これらはいずれも加熱調理過程で食品中の成分が反応して生成するため，完全に避けることは困難であるが，発がん性分類（表5-14）からもわかるように必要以上に長時間，高温で加熱しないなど調理方法の工夫などで軽減させることが必要である．

2）ヒスタミン

ヒスタミンは，食物からの摂取と生体内で合成される場合がある．ヒスタミンを多く含む食品を摂取後，数時間以内で顔面紅潮，蕁麻疹，頭痛などを呈するがアレルギー体質でないヒトも発症することから食物アレルギーとは区別し，アレルギー様食中毒（分類は化学性食中毒）と呼んでいる．青魚（サバ，サンマ，イワシ，アジなど）には，必須アミノ酸であるヒスチジンが多く含まれ，脱炭酸酵素を有する微生物（細菌）によってヒスタミンが産生される．赤身魚とその加工品（みりん干し，干物）については，適切な冷蔵，冷凍の保存や迅速な低温流通が重要である．

● 表5-13 ● 食品に由来する発がん物質

	発がん物質	代表的食品	発がん部位
微生物の産生物質	アフラトキシン ステリグマトキシン ギロミトリン	ピーナツ 米 シャグマアミガサタケ	肝臓 肝臓 肺, 肝臓
植物由来	サイカシン プタキロサイド ペタシテニン シンフィチン	ソテツ ワラビ フキノトウ コンフリー	肝臓, 腎臓, 大腸 膀胱 肝臓 肝臓
調理加熱の過程	IQ（2-アミノ-3-メチルイミダゾ（4,5,F）キノリン） MeIQ（2-アミノ-3,4-ジメチルイミダゾ（4,5,F）キノリン） MeIQx（2-アミノ-3,8-ジメチルイミダゾ（4,5,F）キノキサリン） Trp-P-1（3-アミノ-1,4-ジメチル-5Hビリド（4,3-b）インドール） アクリルアミド	焼き魚 焼き魚 焼き魚 ᴸ-トリプトファン 揚げ物	肝臓 肝臓 肝臓 肝臓 腎臓
生体内や食品中	ジメチルニトロソアミン ジエチルニトロソアミン	｝野菜（亜硝酸塩）， ｝魚卵（第二級アミン）	肝臓 肝臓, 食道
環境汚染	放射線物質	野菜, 牛乳	白血病

● 表5-14 ● 国際がん研究機関（IARC:International Agency for Research on Cancer）による発がん性分類

分類	評価内容	例
1	人に対して発がん性がある	アフラトキシン B₁, ベンゾ（a）ピレン, 2, 3, 7, 8-TCDD, ヒ素
2A	人に対しておそらく発がん性がある	アクリルアミド, 硝酸塩と亜硝酸塩, ジメチルニトロソアミン, IQ（2-アミノ-3-メチルイミダゾ（4, 5, F）キノリン）
2B	人に対して発がん性を示す可能性がある	サイカシン, MeIQx（2-アミノ-3, 8-ジメチルイミダゾ（4, 5, F）キノキサリン）, Trp-P-1（3-アミノ-1, 4-ジメチル-5Hビリド（4.3-b）インドール）, PhIP（2-アミノ-1-メチル-6-フェニルイミダゾ（4, 5-b）ピリジン）
3	人に対する発がん性については分類できない	プロキロサイド, ペタシテニン
4	人に対しておそらく発がん性がない	カプラクタム

3）フェオホルバイド

　海藻（クロロフィル）を食している春のアワビの内臓（中腸腺），クロレラ加工品を食して光過敏症を発生することがある．フェオホルバイドはクロロフィルの分解産物であり，酸性条件において，Mg が脱離し，クロロフィラーゼによりフェオホルバイドあるいはピロフェオホルバイドなどに分解される．フェオホルバイドが光により活性化された酸素が細胞膜を構成している脂肪酸（アラキドン酸）などを酸化して過酸化脂質をつくり，この過酸化脂質が生体膜の組織細胞の破壊その他の各種の障害を誘発し，毛細管の透過性を高めて，皮膚の瘙痒感を生じる．クロレラ食品（加工品など）は，既存フェオホルバイド 60 mg / 100 g 未満，総フェオホルバイド 80 mg / 100 g 未満という安全・衛生基準を定めている．

5.5 ・・・・・・ 混 入 異 物

1）異物の定義と分類

　異物とは，食品として認識されていないものであって，原料，製造，保管，流通の各段階で不都合な環境や取扱いにより製品中に侵入あるいは混入した有形外来物であり，直接または間接的に健康上の危害を引き起こすものである．

　食品中の異物は，食品衛生法第6条「不衛生食品等の販売等の禁止」の中で，「不潔，異物の混入または添加その他の事由により，人の健康を損なうおそれのあるものは販売してはならない．」とされている．主な異物を分類すると表5-15のようになる．

●表 5-15 ● 食品異物の分類

区分	種類
動物性異物	節足動物（昆虫，ダニ，クモなど）の成虫・幼虫・さなぎ・卵・身体またはその一部・毛・排泄物，哺乳類動物や鳥類の毛・排泄物，ネズミや大型昆虫のかじり跡・足跡，寄生虫の卵
植物性異物	穀類中の雑草などの種子，不可食性植物や破片（木片・わらくず・もみがら），食物繊維加工品の断片（紙片），かびなど
鉱物性異物	天然鉱物片（小石・土砂），動物由来鉱物片（貝殻），鉱物性加工品片（ガラス・金属（ボルト・画鋲・ナット・ホチキス））
化学物質異物	各種添加物，有機・無機化合物，塩化ビニル・プラスチックの製品破片・化学繊維の断片
その他	布切れ，塗料片，ゴム，包材片

2）衛生動物・衛生害虫

衛生動物とは，ヒトに衛生上の害を与える動物をいい，ネズミが代表である．衛生害虫とは，病原体（ウイルス，細菌，寄生虫）を運んでヒトに病気を感染させる虫（媒介虫，ベクター）と，体の表面に病原体を付着して運ぶキャリアー（ハエ，ゴキブリ）と，体の中に病原体を増やしヒトに感染させやすくするもの（カ，ダニ）がある．食品衛生上問題となる衛生動物・衛生害虫の習性を調べ，その防除を図ることが重要な課題である．ネズミの防除には，生息しにくい環境条件を整える．下水口や通気口などのネズミの通り道に金網を張り食品は防鼠容器に収納する．殺鼠剤には遅効性の血液凝固阻止作用のあるクマリン系出血毒（ワルファリン剤）が多く用いられ，また忌避剤なども利用する．ゴキブリは，殺虫剤（フェニトロチオン，DDVP），粘着トラップを用いて駆除する．貯蔵食品類の害虫であるコナダニ類は，ヒトに皮疹を生じたり，アレルギー性疾患を引き起こしたり，食品の変質の原因ともなるので，貯蔵食品の保存温度，湿度，包装，清掃などの因子が防除方法のポイントとなる．

6 食品添加物

6.1 食品添加物のメリットとデメリット

1）食品添加物とは

われわれは，昔から食べ物を塩漬けや燻製にすることにより貯蔵し，味を良くし，植物の実や葉や花を利用して色や香りを付けるなど食べ物に手を加えていた．これが食品添加物の始まりである．1955（昭和30）年以降，日本人の食生活も大きく変わり，欧米化することにより加工食品の製造・貯蔵に多くの食品添加物が利用されるようになった．1947（昭和22）年制定の「食品衛生法」ではじめて食品添加物という名称が定義された．ポジティブリスト方式による規制で，1995（平成7）年に大幅に食品衛生法が改正され天然添加物も規制されるようになった．

食品添加物とは，①食品の製造や加工のために必要なもの，②食品の風味や色合いや外観を良くする，③食品を形づくったりし，独自の食感を持たせ，嗜好性を向上する，④食品の保存性を向上し，食中毒を予防する，⑤食品の品質を改良する，⑥食品の栄養成分を強化するなどの食品加工における必要不可欠なものである．

日本では，食品衛生法第4条第2項に食品添加物は，「この法律で添加物とは，

> **食品添加物**
> 食品衛生法では，食品に限定した法律であるため，条文上では「添加物」とされている．われわれの生活の中では，飼料添加物などいろいろな添加物があるため「食品添加物」という．

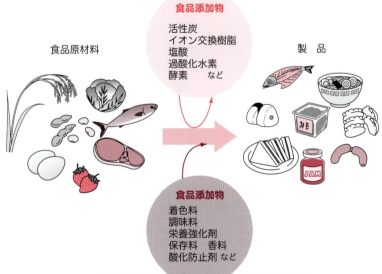

●図6-1● 食品添加物の定義

食品の製造の過程において又は食品の加工若しくは保存の目的で，食品に添加，混和，浸潤その他の方法によって使用する物をいう．」と定義されている．また，第3項には，「この法律で天然香料とは，動植物から得られた物又はその混合物で，食品の着香の目的で使用される添加物をいう．」とされ，食品の製造・加工・保存などのために食品に使用される物質は，化学的合成物も天然物のいずれも最終製品である食品中に残存するかしないかにかかわらず，食品添加物といえる（図6-1）．さらに，食品添加物の安全性と有効性を確認して厚生労働大臣が指定した「指定添加物」，長年使用されてきた天然添加物として品目が決められている「既存添加物」，動植物から得られたものあるいは混合物で天然香料基原物質リストに収載されている「天然香料」や一般的には食品であるが添加物として使用される場合の「一般飲食物添加物」に分類されている（図6-2）．

● 図 6-2 ● 食品添加物の種類と数

2）食品添加物のメリットとデメリット

食品添加物は，食品と共に体内に入ってくるものであり，有用性と同時に安全性について確認しなければならない．また，食品添加物を評価するには，その効果は客観的と主観的に評価される．メリットは，① 食品の製造や加工に必要なもの，② 食品の栄養価を維持・強化させるもの，③ 食品の腐敗，変質，その他の化学変化を防止するもの，④ 食品に味や香りなどをつけて美化するもの，⑤ 食品の品質を改良等するもの，⑥ 資源を有効に利用するためのもの，⑦ 食品の製造を合理化するものである．

デメリットは，食品添加物を使用するにあたり，安全性の問題である．食品添加物を使用してもっとも注意すべきことは，食品添加物は食品の一成分として一生食べ続ける可能性もあることから，ヒトに対する毒性を考えることである．さらに，これらの食品添加物の相乗毒性については研究が不十分である．また，製造，流通，保管，販売等における衛生管理が食品添加物の使用によって，おろそかになる場合が考えられる．いずれにせよ食品添加物の使用は，必要最小限に，安全性を十分に考慮しなければならない．

6.2 安全性評価

1）食品添加物の指定制度

食品添加物の指定は，食品衛生法第10条において「人の健康を損なうおそれのない場合として厚生労働大臣が薬事・食品衛生審議会の意見を聴いて定める場合を除いては，添加物（天然香料及び一般に食品として飲食に供されている物であって

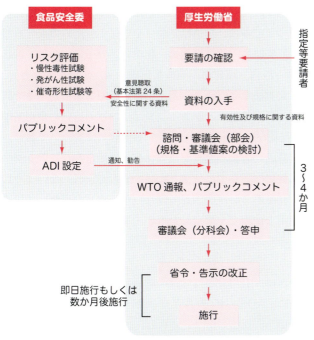

● 図6-3 ● 食品添加物の指定等の流れ
（引用：厚生労働省ホームページ）

添加物として使用されるものを除く．）並びにこれを含む製剤及び食品は，これを販売し，又は販売の用に供するために，製造し，輸入し，加工し，使用し，貯蔵し，若しくは陳列してはならない．」と規定されている．さらに，食品添加物の規格および使用基準については，食品衛生法第11条で「厚生労働大臣は，公衆衛生の見地から，薬事・食品衛生審議会の意見を聴いて，販売の用に供する食品若しくは添加物の製造，加工，使用，調理若しくは保存の方法につき基準を定め，又は販売の用に供する食品若しくは添加物の成分につき規格を定めることができる．」，第2項で「前項の規定により基準又は規格が定められたときは，その基準に合わない方法により食品若しくは添加物を製造し，加工し，使用し，調理し，若しくは保存し，その基準に合わない方法による食品若しくは添加物を販売し，若しくは輸入し，又はその規格に合わない食品若しくは添加物を製造し，輸入し，加工し，使用し，調理し，保存し，若しくは販売してはならない．」と制定されている．

　この食品添加物指定の基本的な考え方は，①国際的に安全性評価が終了し，安全性について問題のないこと，②国際的に広く使用されていること，③使用が，消費者にとって何らかの利益を与えること，④科学的な検討が可能な資料が整っていること，⑤原則として化学分析などの試験検査により食品に添加した添加物が確認できること，⑥粗悪な食品をごまかす目的で使用するもの，添加することで食品の栄養価を低下させるもの，病気の治療や医療効果を目的として使用するもの，添加物を使用しなくても比較的安価に食品を製造加工できる場合などには指定しないことである．食品添加物の指定は，事業者（指定等要請者）からの要請を受けて，図6-3のような手続きで行われる．

2）食品添加物の規格と基準

　食品衛生法第11条（前述）で，「添加物の製造，加工，使用，調理若しくは保存の方法につき基準を定め，添加物の成分につき規格を定めることができる．」と規定されており，これに基づいて，食品添加物の成分規格や使用基準などが定められている．さらに，食品衛生法第21条には，食品添加物公定書に食品添加物の規格と基準を収載することが義務付けられている．1955（昭和30）年に起きた調製粉乳によるヒ素中毒事件を契機に1957（昭和32）年に食品衛生法の改正が行われ，食品添加物の成分規格等に関する規定が定められた．この規定により1960（昭和35）年に食品添加物公定書の第1版が刊行され，概ね5年ごとに改訂されている．

FAO/WHOの食品添加物専門委員会
（JECFA：The Joint FAO/WHO Expert Committee on Food Additives）
FAOとWHOが合同で運営する専門家の会合であり，添加物，汚染物質，動物用医薬品などのリスク評価を行い，FAO，WHO，それらの加盟国およびコーデックス委員会に対して科学的な助言を行う機関．

優良試験所規範
（GLP：Good Laboratory Practice）
化学物質に対する各種安全性試験成績の信頼性を確保するために，試験所が備えるべき試験設備，機器，試験施設の組織および人員，操作の手順等に関する基準を定めたもの．

2018（平成30）年2月には第9版が公示された．食品添加物公定書は，食品添加物の安全性と品質の維持に不可欠である．規格は，品質を確保するための成分規格であり，添加物の名称，別名，英語名，化学構造式，化学名，分子量，含量，性状，確認試験，純度試験（示性値，溶状，塩化物，硫酸塩，重金属，鉛，ヒ素など），乾燥減量，水分，強熱残分，定量法などがある．基準には，添加物の指定基準や製造基準，保存基準，使用基準，表示基準などがある．食品添加物の指定や使用基準の設定は，「食品添加物の指定及び使用基準改正に関する指針」に基づいており，使用できる食品の種類や使用目的，方法，濃度が添加物ごとに規定されている．つまり，食品添加物を効果的に使用，不必要に使用しない，過剰に摂取しないように食品添加物ごとに添加できる食品あるいは添加してはならない食品の種類，使用濃度，残存濃度，使用目的，使用方法などを規定したものである．

3）食品添加物の安全性試験

　添加物として使用するか否かは，有用性と安全性の関係にある．食品添加物の安全性は，1957（昭和32）年にFAO/WHOの食品添加物専門委員会（JECFA：The Joint FAO/WHO Expert Committee on Food Additives）が「化学物質を食品添加物として使用するときの安全性確認法」に定め，毒性試験に関する基本的な原則を提唱した．1974（昭和49）年に「食品添加物の安全性評価に関する基準」が示された．現在，食品添加物の安全性の実証または確認は，リスク評価という観点から食品安全委員会において安全性評価が行われ，リスク管理の観点から薬事・食品衛生審議会においても安全性について検討されている（図6-3）．食品安全委員会は，食品安全基本法第21条第1項に規定する基本的事項（2004（平成16）年1月16日閣議決定）において，食品健康影響評価に関するガイドラインの作成に努めることとなった．そこで，2010（平成22）年5月（2017（平成29）年7月改正）に「添加物に関する食品健康影響評価指針」を作成した．

　添加物（国際汎用香料を除く）の評価における安全性にかかわる知見は，表6-1および表6-2に示すように①体内動態試験，②毒性，③ヒトにおける知見，④1日摂取量の推計などの項目に関する評価が必要となる．毒性に関する試験は表6-3に示したが，具体的な試験の実施方法については，原則として国際的に認められた経済協力開発機

● 表6-1 ●　添加物の評価に必要な資料一覧

	項目	指定	基準改正
評価対象添加物の概要	1 名称および用途	○	○
	2 起源または発見の経緯	○	△
	3 諸外国における使用状況	○	△
	4 国際機関などにおける評価	○	△
	5 物理化学的性質	○	△
	6 使用基準案	○	○
	7 その他	△	△
安全性にかかわる知見	1 体内動態試験	○	△
	2 毒性		
	（1）亜急性毒性試験および慢性毒性試験	○	△
	（2）発がん性試験	○	△
	（3）1年間反復投与毒性／発がん性併合試験	○	△
	（4）生殖毒性試験	○	△
	（5）出生前発生毒性試験	○	△
	（6）遺伝毒性試験	○	△
	（7）アレルゲン性試験	○	△
	（8）一般薬理試験	○	△
	（9）その他の試験	△	△
	3 ヒトにおける知見	○	△
	4 1日摂取量の推計など	○	○

（国際汎用香料の場合を除く）
（注1）食品安全委員会による食品健康影響評価の行われた添加物の使用基準改正にあたっては，「基準改正」の資料を提出すること．一方，食品安全委員会による食品健康影響評価のなされていない添加物については，原則として添加物の指定のための評価に必要とされる資料を提出する．
（注2）○印は添付すべき資料．△印は新たな知見がある場合など必要な場合に添付すべき資料を示す．
（注3）慢性毒性／発がん性併合試験をげっ歯類1種について実施した場合には，慢性毒性試験および発がん性試験のげっ歯類1種についての試験を省略することができる．

● 表6-2 ●　酵素の評価に必要な毒性に関する資料一覧
（平成8年厚生省ガイドラインの表2の事項について検討の上，酵素が消化管内で分解して食品常在成分になることが科学的に明らかである場合）

項目	指定	基準改正
（1）90日間反復投与毒性試験 げっ歯類	○	△
（2）遺伝毒性試験	○	△
（3）アレルゲン性試験	○	△

● 表 6-3 ● 毒性試験

一般毒性試験	28 日反復投与毒性試験 90 日反復投与毒性試験 (亜急性毒性試験)	マウス，ラット，イヌなどを用いて行われる．実験動物を種々の濃度の食品添加物を添加した飼料で 28 日あるいは 90 日間飼育し，中毒症状を観察する．
	1 年間反復投与毒性試験 (慢性毒性試験)	実験動物を種々の濃度の食品添加物を添加した飼料で 1 年間飼育し，① 一般状態，体重，摂餌量，② 血液検査，③ 尿検査，④ 眼科学的検査，⑤ その他の機能検査，⑥ 剖検および病理組織学的検査などが行われる．
特殊毒性試験	繁殖試験 (生殖毒性試験)	あらかじめ一定期間食品添加物を投与した実験動物の雌雄を交配させ，生殖能力や妊娠，哺育など繁殖に及ぼす影響を調べ，さらに次世代にわたる繁殖への影響を調べる．
	催奇形性試験 (出生前発生毒性試験)	食品添加物を添加した飼料で飼育された実験動物の出産直後の胎児について奇形の有無を調べる．
	発がん性試験	1 年間反復投与毒性試験と同様の方法で行われ，一般症状や死亡率を観察するとともに，腫瘍の発生の有無について観察する．発がん性試験を行うためには多くの実験動物と長い期間を要するため，これに先立ち変異原性試験などの短期スクリーニング法によって発がん性を予測することが一般に行われている．
	抗原性試験 (アレルゲン性試験)	実験動物の皮膚などに食品添加物を塗布し，血中の抗体産生の有無を調べ，アレルギーとの関連を調べる．
	変異原性試験 (遺伝毒性試験)	細胞の遺伝子（DNA）や染色体への影響を調べる試験で，発がん性試験に比べ安価で，しかも短期間で実施できることから発がん性物質のスクリーニングに利用される．
その他	体内動態試験	食品添加物が体内に入って吸収（absorption）されてから，各種組織に分布（distribution）し，代謝（metabolism）され，尿および糞便中に排泄（excretion）されるまでの挙動を調べる．通常，これら四つの過程の頭文字から ADME（アドメ）と呼ばれている．
	一般薬理試験	食品添加物を投与した実験動物の血圧，体温などさまざまな薬理学的な作用を観察し，食品添加物の毒性や副作用を調べる．

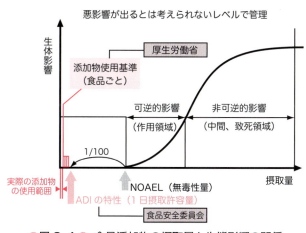

● 図 6-4 ● 食品添加物の摂取量と生態影響の関係

構（OECD）等のテストガイドラインに準拠するものであり，優良試験所規範（GLP：Good Laboratory Practice）対応試験施設などにおいて信頼性が保証された試験結果が得られることとしている．

食品添加物の安全性評価は，ヒトが一生涯にわたって摂取しても何の影響も出ない量である 1 日摂取許容量（ADI：acceptable daily intake）と摂取量との比較によって行われる．ヒトによる食品添加物の毒性試験が不可能であることから，実験動物を用いて反復投与毒性試験，発がん性試験，繁殖試験などの毒性試験が行われる．この動物実験から有害な影響が現れない最大量として，最大無毒性量（NOAEL：no-observed adverse effect level）が算出される．実験動物とヒトとの種差を考慮し，1/10 量，ヒトの個人差（老若・健康・男女など）を考慮し，1/10 量，通常，安全係数として動物実験から得られた NOAEL の 1/100 量をヒトの ADI とする．ADI は，体重 1 kg あたりの 1 日許容摂取量（mg）で表される（図 6-4）．

ADI（mg/kg/日）＝最大無毒性量（mg/kg/日）×安全係数（1/100）

ヒトの健康への影響がわかっている場合には，安全係数を 10 とする場合がある．JECFA では安全性評価が終了したものについて ADI を設定している．

6.3 食品衛生法による分類と表示

食品衛生法上の分類は，6.1 節の 1）項にも記述したように 4 種類ある．「指定添加物」は，化学的合成品や天然添加物など製造方法の違いに係わらず食品衛生法第

消費者安全法
消費者の消費生活における被害を防止し、その安全を確保するため、内閣総理大臣による基本方針の策定について定めるとともに、都道府県および市町村による消費生活相談などの事務の実施および消費生活センターの設置、消費者事故等に関する情報の集約など、消費者被害の発生または拡大の防止のための措置その他の措置を講ずることにより、関係法律による措置と相まって、消費者が安心して安全で豊かな消費生活を営むことができる社会の実現に寄与することを目的とする法律である。

10条に基づき、厚生労働大臣が安全性と有効性を確認して指定した添加物でなければ、使用することができず、食品衛生法施行規則別表第1「指定添加物リスト」に収載されている。「既存添加物」は、長年使用されていた実績があるものとして厚生労働大臣が認めたものを「既存添加物名簿」に収載し、引き続き使用することを認めている。品名や基原、製法、本質などは、「既存添加物名簿収載品目リスト」に収載されている。安全に問題のあるもの、使用実態のないものについては、名簿から消除されることがある「天然香料」は、リンゴや緑茶、乳などの動植物から得られる着香を目的とした添加物である。一般に使用量が微量であり、長年の食経験で健康被害がないとして使用が認められているものであり、「天然香料基原物質リスト」に基原物質が収載されている。「一般飲食物食品添加物」は、食品衛生法第10条では、「一般に食品として飲食に供されているもので添加物として使用されるもの」と定義され、「一般飲食物添加物品目リスト」に収載され、すべての食品が対象となる。使用目的別分類は、添加物をその役割や効果の違いによって分類したものであり、「食品の製造や加工のために必要なもの」「食品の風味や外観を良くするためのもの」「食品の保存性を良くし食中毒を防止するもの」および「食品の栄

● 表6-4 ● 食品添加物の表示

用途	表示基準	指定添加物*	既存添加物
甘味料	物質名と用途名の併記が必要	スクラロース、アスパルテーム、サッカリンナトリウム	L-アラビノース、カンゾウ抽出物、ステビア抽出物
着色料		食用赤色2号、β-カロチン	カラメル色素、クチナシ青色色素
保存料		ソルビン酸カリウム、安息香酸ナトリウム	しらこタンパク抽出物、ε-ポリリシン
増粘剤, 安定剤, ゲル化剤, 糊料, 増粘安定剤		カルボキシメチルセルロースナトリウム、アルギン酸ナトリウム	アラビアガム、ペクチン
酸化防止剤		エリソルビン酸ナトリウム、ジブチルヒドロキシトルエン	ミックストコフェロール、没食子酸
発色剤		亜硝酸ナトリウム、硝酸カリウム	
漂白剤		亜硫酸ナトリウム、ピロ亜硫酸ナトリウム	
防かび剤, 防ばい剤		オルトフェニルフェノールナトリウム、イマザリル、チアベンダゾール	
イーストフード	一括名の表記が必要	塩化アンモニウム、塩化マグネシウム	
酵素			α-アミラーゼ、エステラーゼ
ガムベース		酢酸ビニル樹脂、エステルガム	タルク、マッサランドチョコレート
光沢剤			シェラック
香料		エチルバニリン、L-メントール	
酸味料		クエン酸、氷酢酸	フィチン酸
チューインガム		プロピレングリコール、D-ソルビトール	
調味料		L-グルタミン酸ナトリウム、5'-イノシン酸二ナトリウム	ベタイン
豆腐用凝固剤		グルコノデルタラクトン、硫酸カルシウム	粗製海水塩化マグネシウム
苦味料			カフェイン
乳化剤		グリセリン脂肪酸エステル、ショ糖脂肪酸エステル	植物レシチン、卵黄レシチン
pH調整剤		アジピン酸、クエン酸、リン酸二水素カリウム、リン酸水素二ナトリウム、	
膨張剤		炭酸水素ナトリウム、炭酸ナトリウム	
栄養強化剤	表示免除	L-アスコルビン酸、L-リシン塩基塩	ミックストコフェロール
加工助剤		イオン交換樹脂、水酸化ナトリウム	
キャリーオーバー		内容:原料中には含まれるが、使用した食品には微量で効果でないもの⇒せんべいに使用した食品には微量で効果でないものしょうゆに含まれる保存料	
個包装食品		表示面積が狭く（30 cm²以下）、表示が困難なため	
バラ売り食品		包装されていないので、表示が困難なため	
製造用剤	物質名のみ**	カゼインナトリウム、イオン交換樹脂	ヘキサン、ヘプタン、粉末セルロース

*同一添加でも多くの用途があり、用途によって表示基準が異なる。
**最終食品の完成前に除去されている場合には表示免除となる。

102

JAS 法
(JAS：Japanese Agricultural Standard)

日本農林規格：農林水産省は，農林関係食品の品質安定化と取引の公正化を図る目的から「農林物資の規格化及び品質表示の適正化に関する法律」を定めた．

キャリーオーバー

食品原材料中に含まれていた食品添加物が最終食品まで持ち越された場合，最終食品中では微量で効果も認められないときには，キャリーオーバーとして免除される．（例）しょう油せんべいに入っているしょう油に保存料として添加されている安息香酸．

養成分を強化するもの」と分類される．

食品衛生法で添加物すべてに表示が義務づけられたのは，1988（昭和63）年であり，1991（平成3）年に表示が完全に施行された．さらに，2009（平成21）年に消費者庁が設立され，消費者安全法により取り締まりが行われている．容器包装に入れられた加工食品では，原則として使用したすべての添加物名を，容器包装の見やすい場所に記載する必要がある（JAS法では，一括表示の原材料欄に，食品添加物以外の原材料と食品添加物に区分し，重量の割合の多い順に使用したすべての原材料を記載する）．表示方法については，必要なことを，できるだけわかりやすく表示するために，さまざまな工夫がなされており，食品衛生法第19条第1項の規定に基づく表示の基準に関する内閣府令（平成23年9月22日内閣府令第51号）が改正された．栄養強化の目的で使用されるもの，加工助剤およびキャリーオーバーについては，表示が免除されている（ただし，栄養強化目的で使用した添加物であっても，JAS法に基づく個別の品質表示基準で表示義務のあるものについては，表示が必要である）．

食品添加物は，原則として物質名を表示することになっているが，添加物の化学名では馴染みがなく，逆にわかりにくくなる場合もある．たとえば，ビタミンCの化学物質名は「L-アスコルビン酸」であるが，一般には，「アスコルビン酸」や「V.C」と書いたほうがわかりやすい．そこで，添加物の品名（名称および別名），簡略名および類別名を定め，添加物を表示する場合は，これらの名前を使用することとし，食品衛生法施行規則「別表第1」「既存添加物名簿」および「食品衛生法に基づく添加物の表示等について」に記載されている．

一部の添加物，保存料や甘味料など8種類（甘味料，着色料，保存料，発色剤，増粘剤（安定剤，ゲル化剤，糊料），酸化防止剤，漂白剤，防かび剤（防黴剤））の用途に使われるものは，消費者の選択に役立つ情報として，その用途名を併せて表示することになっている．この場合は，「保存料（ソルビン酸K）」，「甘味料（ステビア）」のように，用途名と物質名を表示している（表6-4）．

添加物表示は個々の物質名を表示するのが原則だが，14種類（イーストフード，ガムベース，香料，酸味料，調味料，豆腐用凝固剤，乳化剤，かんすい，pH調整剤，酵素，膨張剤，苦味料，光沢剤，軟化剤）の用途で使用する場合には，使用の目的を表す「一括名」で表示することが認められている．たとえば，微量の物質を

●表6-5● 現行法令に基づく表示

【アレルゲンの個別表記の例】	【アレルゲンの一括表記の例】
名称：調理パン	名称：調理パン
原材料名：パン（小麦を含む），卵サラダ，ハム（豚肉を含む），マヨネーズ（大豆・卵を含む），レタス，半固形状ドレッシング（ごまを含む）	原材料名：パン，卵サラダ，ハム，マヨネーズ，レタス，半固形状ドレッシング（一部に小麦・卵・大豆・豚肉・ごまを含む）
添加物：調味料（アミノ酸等），増粘剤（キサンタンガム），pH調整剤，乳化剤，リン酸塩（Na），酢酸（Na），グリシン，イーストフード，酸化防止剤（V.C），香辛料抽出物（大豆を含む），発色剤（亜硝酸Na），カロチノイド色素	添加物：調味料（アミノ酸等），増粘剤（キサンタンガム），pH調整剤，乳化剤，リン酸塩（Na），酢酸（Na），グリシン，イーストフード，酸化防止剤（V.C），香辛料抽出物，発色剤（亜硝酸Na），カロチノイド色素（一部に大豆を含む）
内容量：2個	内容量：2個
消費期限：15.4.2	消費期限：15.4.2
保存方法：10℃以下	保存方法：10℃以下
販売者：株式会社 ABC フーズ 　　　　東京都千代田区…●-●-●	販売者：株式会社 ABC フーズ 　　　　東京都千代田区…●-●-●
製造所：XYZ 株式会社（茨城工場） 　　　　茨城県…▲-▲	製造所：XYZ 株式会社（茨城工場） 　　　　茨城県…▲-▲

調合して作られる食品用香料や食品の製造または加工の工程で使用される調味料は，使用した物質すべてを表示するよりも「香料」，「調味料（アミノ酸等）」と表示した方がわかりやすくなる（表6-5）．

6.4 主な食品添加物の種類と用途

1) 甘　味　料

　甘味料とは，食品に甘みを与える目的に使用される食品添加物であり，砂糖に比較して，安価で甘味度が高い．発酵防止，味質の改善，虫歯予防，ダイエット（カロリー摂取量を抑える）や糖尿病患者に対する甘味料として使用されている．甘味料は，人工甘味料（化学合成品）と天然由来甘味料に分類する方法，糖質系と非糖質系に分類する方法がある．サッカリンおよびサッカリンナトリウムは，甘味度（ショ糖の甘さを100とした場合の相対的な甘さの数値）50000の人工甘味料であり，水に溶けにくいのでチューインガムのみに許可され，唾液に徐々に溶けるために甘味が砂糖に比較して持続する．サッカリンナトリウムは，高濃度では苦味を感じるが水溶性なので用途が広く漬物，魚介加工品，清涼飲料水，しょう油などに許可され，日本薬局方にも収載されている．pH 3.8以下では不安定であり，有機酸が存在する水溶液中で加熱すると分解が促進され苦味を呈する．他の甘味料と併用されることから，食品ごとに使用基準が定められている．アスパルテームは，甘味度18000の人工甘味料であり，アスパラギン酸とフェニルアラニンのジペプチドのメチルエステルで爽やかな甘味があり，卓上甘味料，嗜好飲料，菓子，漬物，乳飲料などに使用する．フェニルケトン尿症の人はフェニルアラニンを分解できないためその摂取量を制限する必要があり，表示上は「L-フェニルアラニン化合物」である旨を併記するよう定められている．カンゾウ抽出物（カンゾウエキス，グリチルリチン，リコリス抽出物）は，甘味度25000の天然由来甘味料であり，用途も広範囲に使用されるが，ナトリウム塩として精製して得られるグリチルリチン酸二ナトリウムには，使用基準があり，しょう油およびみそにしか使えない．

2) 着　色　料

　着色料とは，食品を美化し魅力を増すために着色の目的で使用され，化学合成によって作られたもの（合成着色料）と天然物から得られたもの（天然着色料）がある．合成着色料は，水溶性の酸性タール色素12種類（食用赤色2号，食用赤色3号，食用赤色40号，食用赤色102号，食用赤色104号，食用赤色105号，食用赤色106号，食用黄色4号，食用黄色5号，食用緑色3号，食用青色1号および食用青色2号）の指定添加物とそのアルミニウムレーキ8種類が許可されている．着色料を使用した食品は，物質名のほかに用途名として着色料と表示する必要がある．カステラ，きなこ（うぐいす粉を除く），魚肉漬物，鯨肉漬物，こんぶ類，しょう油，食肉，食肉漬物，スポンジケーキ，鮮魚介類（鯨肉を含む），茶，のり類，マーマレード，豆類，みそ，めん類（ワンタンを含む）野菜およびわかめ類に使用してはならない．酸性タール色素以外にも，β-カロチン，三二酸化鉄，水溶性アトナー，クロロフィル，銅クロロフィル，銅クロロフィリンナトリウムなどがある．

天然着色料は，花，果実，野菜類などの原料から色素を抽出して得られるが，こんぶ類，茶，のり類，野菜類，わかめ類，食肉，鮮魚介類の食品に使用してはならない．化学構造から分類すると，カロチノイド系（リコピン類，カロチン類，クリプトキサンチン類），アントシアン系（花青素），フラボノイド系（フラボン類，イソフラボン類，フラボノール類，フラバノン類，アントシアン類，カテキン類（フラバノール類）に分類），アザフィロン系（紅麹色素，紅麹黄色色素），アントラキノン系（カルミン酸色素）などに大別される．アカネ色素（アリザリン，ベリトリン酸）は，食品安全委員会からの食品健康影響評価で「腎臓以外の臓器の所見等について，今後とも情報収集が必要であるが，遺伝毒性および腎臓への発がん性が認められており，アカネ色素について ADI を設定できない」と回答され，2004（平成16）年7月に既存添加物名簿から消除された．

3）保　存　料

　保存料とは，食品の腐敗や変敗の原因となる微生物の増殖を抑制（静菌作用）し，保存性を向上し，殺菌料とは異なり，殺菌効果はほとんどない．指定添加物の中で水に溶けにくい合成保存料であるパラオキシ安息香酸エステル類（イソブチル，イソプロピル，エチル，ブチル，プロピル）は非解離型であるため pH には左右されず，しょう油，酢，清涼飲料水などに使用される．それ以外の合成保存料である安息香酸とそのナトリウム塩は，清涼飲料水，マーガリン，しょう油に，ソルビン酸とそのカリウム塩は，魚肉練り製品，食肉製品，あん，ジャムなどに，デヒドロ酢酸ナトリウムはチーズ，バター，マーガリンに，プロピオン酸とそのナトリウムやカルシウム塩はチーズ，パンなどに使用されている．これらは酸型であるため，pH が酸性になるほど抗菌力が強い．既存添加物である天然保存料のしらこタンパク抽出物は，塩基性タンパク質（プロタミン，ヒストン）で水溶性，耐熱性に優れており，耐熱性芽胞菌に対して増殖抑制効果があるが，酵母やかびには効果がなく，水産練り製品，総菜に使用されている．ε-ポリリシンは，L-リジンのポリペプチドであり，抗菌スペクトルが広く，細菌や酵母には増殖抑制効果があるが，かびには効果が弱い．

4）増粘剤，安定剤，ゲル化剤または糊料

　増粘剤とは，水に分散または溶解する高分子化合物であり，食品の安定化，ゲル化，粘ちょう性，結着性を目的として使用する．指定添加物のうち使用基準があるものはアルギン酸プロピレングリコールエステル，カルボキシメチルセルロースナトリウム，ポリアクリル酸ナトリウム，デンプングリコール酸ナトリウムなどで，使用基準がないものはアルギン酸アンモニウム，アルギン酸カリウム，ヒドロキシプロピルセルロースなどである．既存添加物には，アラビアガム，カラギナン，グァーガム，ペクチンなどがある．ゼラチン，デンプン，卵白などは増粘安定作用を示すが，食品とみなされている．

5）酸化防止剤

　酸化防止剤とは，油脂の酸化や食品の褐変を防止し，食品の品質を向上させる目

的として使用される．油脂の酸化防止には，油溶性のブチルヒドロキシアニソール（BHA），ジブチルヒドロキシトルエン（BHT），dl-α-トコフェロールなどを食用油脂，バター，魚介乾燥品に使用される．水溶性のエリソルビン酸は，色素の変色防止，色調保持として魚肉製品，野菜や果実の缶詰などに使用される．それ以外の水溶性酸化防止剤として，L-アスコルビン酸，L-アスコルビン酸のエステル類や塩類，亜硫酸塩類，二酸化硫黄，キレート剤であるEDTAのナトリウム塩がある．天然系では，没食子酸（没食子酸プロピル）があり油脂やバターに使用される．

6）発 色 剤

　発色剤とは，それ自体には色を持っていないが，食品中に存在する不安定な有色物質と結合して，その色を固定化し安定，鮮明にする．指定添加物として，亜硝酸ナトリウム，硝酸カリウム，硝酸ナトリウムの3種類が指定されている．食肉のタンパク質であるヘモグロビンやミオグロビンは不安定で酸化され，褐色に変色する．これらの発色剤と反応すると，ニトロソヘモグロビンやニトロソミオグロビンを生成して，赤色を固定し褐変することを防ぐことができる．また，これら発色剤には，ボツリヌス菌や他の食中毒菌の繁殖防止作用もある．亜硝酸ナトリウムは，ハム，ソーセージ，鯨肉ベーコンなどの食肉製品とすじこ，たらこなどに使用する．硝酸カリウムおよび硝酸ナトリウムは，硝酸還元菌により亜硝酸塩に還元されて発色し，ハム，ソーセージ，鯨肉ベーコンなどの食肉製品に使用される．亜硝酸ナトリウム自身には発がん性はないが，過剰摂取で急性毒性としてメトヘモグロビン血症や血圧低下作用がある．また，食品中の二級アミンと亜硝酸ナトリウムが酸性下で反応して，強力な発がん性物質であるN-ニトロソアミンを生成する可能性が危惧されている．

7）漂 白 剤

　漂白剤とは，食品中の天然色素や褐変物質などの有機物質を酸化または還元して脱色し，薄い色や無色にする．酸化漂白剤の亜塩素酸ナトリウムと還元漂白剤の二酸化硫黄，亜硫酸ナトリウム，次亜硫酸ナトリウム，ピロ亜硫酸ナトリウム，ピロ亜硫酸カリウムの6種類が指定添加物として使用基準が定められている．還元漂白剤は，酸化漂白剤より漂白力が弱く，食品中で分解したあと空気中での酸化作用により再着色することがある．物質名のほかに用途名を併記する必要があるが，使用後洗浄などの工程で除去される場合には加工助剤とみなし，表示が免除される．

8）防 か び 剤

　防かび剤とは，柑橘類（グレープフルーツ，レモン，オレンジ類）やバナナの運搬，保存中のカビの発生を防ぐために使用される．イマザリル，オルトフェニルフェノール（OPP）とそのナトリウム塩，ジフェニル，チアベンダゾール（TBZ）の5種類が指定添加物として使用基準が定められている．ばら売りのものでも物質名のほか用途名を併記することとしている．防かび剤は，1種類ですべてのカビを防止できないので，3〜4種類併用されることが多い．また，欧米では，ポストハーベスト農薬として使用されている場合がある．

9）殺　菌　料

　殺菌料とは，食品中の腐敗微生物を殺すために食品に添加し，食品製造用機器や包装の殺菌に使用する．保存料の静菌作用に比べ作用が強いことからも，「最終食品の完成前に分解除去しなければならない．」と定められている．いずれも指定添加物であるが，食品への残留がほとんどないことから，食品への表示は免除されている．過酸化水素，次亜塩素酸ナトリウム，亜塩素酸ナトリウム，次亜塩素酸水，高度サラシ粉がある．

10）調　味　料

　調味料とは，味の付与や味質の向上・改善するために使用し，アミノ酸系（L-グルタミン酸ナトリウムなど），核酸系（5′-イノシン酸ナトリウムなど），有機酸系（クエン酸ナトリウムなど），無機塩類（塩化カリウムなど）の4つに大別される．

7 食品衛生管理

7.1 · · · · · · HACCP（Hazard Analysis Critical Control Point）の概念

HACCP
「エイチ・エー・シー・シー・ピー」「ハサップ」または「ハシップ」と呼ばれている．その原形は，1960年代に米国の宇宙開発計画における宇宙食の開発にあたって高度の安全性を保証するシステムとして策定された．

総合衛生管理製造過程
「製造又は加工の方法及びその衛生管理の方法について食品衛生上の危害の発生を防止するための措置が総合的に講じられた製造又は加工の工程をいう.」

申請・承認制度
食品の種類，製造または加工の施設ごとに，営業者がその施設設備，製造加工方法，製造量などに応じた衛生管理手法を自ら策定し，文書化して申請し，厚生労働大臣が承認する個別承認制度.

HACCP とは，食品の危害分析（HA：hazard analysis）と重要管理点（CCP：critical control point）を組み合わせた，国際的にも認められている衛生管理手法である．わが国では，HACCP システムが，「総合衛生管理製造過程」として食品衛生法上の申請・承認制度として採用されている．

すべての食品等事業者を対象とした HACCP システムによる衛生管理の制度化が検討されている．現在，承認の対象食品は製造基準のある乳，乳製品，清涼飲料水，食肉製品，魚肉練り製品および容器包装詰め加圧加熱食品（いわゆるレトルト食品）の6種類が食品衛生法施行令で定めている．これら以外の食品を対象に，一部の地方自治体では HACCP システムの導入を推進するための認証制度が定められている．

従来の衛生管理手法では，主として最終製品の試験検査に重点をおき安全性を保証していた．これに対して，HACCP システムは，食品の危害を予測し，危害を管理することができる工程を重要管理点として特定し，重点的に管理することにより，工程全般を通じて危害の発生を防止し，製品の安全確保を図るという方法である．具体的には，営業者が自ら① 食品の製造・加工のすべての工程で発生する可能性のある微生物などの危害を調査・分析（HA）し，② 危害分析の結果，明らかにされた危害の発生を防止するために，特に重点的に管理すべき工程を CCP として設定し，③ CCP において守るべき基準（管理基準）を設定し，④ これが確実に守られていることを常時モニタニングし，⑤ CCP の管理状態が不適切な場合，すみやかに改善措置をとり，⑥ これら衛生管理の実施状況などを継続的に確認，評価（検証）し，⑦ これら管理内容をすべて記録する，システムである．

HACCP システムは，すべての工程における危害の発生を防止し，結果として最終製品全体の安全を保証することになる．

1）HACCP の7原則

HACCP システムは，次の7つの原則を基本に運用されている．

原則1：危害分析（HA）の実施

危害分析とは，食品の原材料の搬入，製造・加工，搬出，流通，最終消費に至るあらゆる段階において発生する可能性のあるすべての食品衛生上の危害を対象とし，危害の原因となる物質および危害の発生する可能性のある工程を明らかにしたうえで，それらの発生要因および防止措置を特定する．

原則2：重要管理点（CCP）の設定

CCPとは，危害分析で明らかにされた危害の発生を防止するために，特に重点的に管理すべき場所，工程または措置であり，常時モニタリングが必要なものである．CCPが適切に管理されない場合は，危害の発生する可能性がある．

原則3：重要管理点ごとの管理基準の設定

管理基準とは，明らかにされた危害要因がCCPにおいて適切に制御されているか否かを判定するために，科学的根拠にもとづき設定された基準である．基本的には，温度，時間，pH，色調など計測機器を用いて常時または相当の頻度で測定できる指標による基準とすることが必要である．

原則4：重要管理点における管理基準に対応するモニタリング方法の設定

モニタリングの目的は，CCPにおいて危害の発生を防止するための措置が確実に実施されているかを確認することにある．モニタリング方法は，各CCPにおいて管理基準を満たしていることをリアルタイムに確認できるものでなければならない．また，モニタリングは，連続的または相当の頻度で行うことが必要である．

原則5：管理基準から逸脱した場合の改善措置方法の設定

改善措置とは，モニタリングで管理基準の逸脱が明らかになり，CCPが適切に管理されていないことが認められたときに対処する措置である．改善措置方法は，管理基準の逸脱時に製造された製品の適切な処分法や逸脱した原因を迅速かつ的確に排除して管理状態を正常に戻すことができる具体的な方法（機械器具の修理，調整，メンテナンスおよび取り替えなど）である．

原則6：検証方法の設定

検証とは，HACCPによる衛生管理の実施計画が適切に機能していることを，計画の作成時および実施後に継続的に確認，評価することである．検証には，製品などの試験検査，記録の点検，CCPにおけるモニタリングに用いる計測機器の校正，苦情または回収の原因の解析，実施計画の定期的な見直しなどがある．これらの実施状況は，正確に記録されなければならない．なお，検証には，内部検証（営業者自身が行う）と外部検証（第三者機関が行う）がある．外部検証の定期的な実施は，より客観的なHACCPシステムの見直しができる．

原則7：システム実施に関するすべての記録の文書化とその保管規定の設定

原則1〜6および実施にかかわるすべての情報やデータについては，書式，記載方法および保管方法などを設定する．記録すべき事項には，CCPにおけるモニタリング，改善措置，一般的な衛生管理および検証に関する事項などがある．この記録は，計画が適切であることの検証などに有効に活用できるだけでなく，食品衛生監視員による監視の際などの有効な情報となる．

HACCPシステムは，以上の7原則から成り立つ食品の安全管理システムであるが，その前提として，施設設備の保守点検などの一般的な衛生管理事項（一般衛生管理事項）を確実に実施することが必要である．

2）大量調理施設とHACCPシステム

「大量調理施設衛生管理マニュアル」は，厚生労働省から通知された「大規模食中毒対策について」（1997（平成9）年3月24日衛食第85号）の別添として示さ

大量調理施設衛生管理マニュアル

腸管出血性大腸菌O157による大規模食中毒の発生を未然に防止するために厚生労働省より通知されたが，ノロウイルスによる食中毒対策を中心とした改正（2008（平成20）年6月18日付食安発第0618005号）が行われた．同一メニューを1回300食以上または1日750食以上提供する調理施設に適用する．

れている．

　本マニュアルには，大量調理施設における食中毒を防止するために，HACCP システムの概念に基づいた調理過程における重要管理事項が示されている．重要管理事項については，点検・記録を行うとともに，必要な改善措置をとる．これを守るためには，衛生知識の普及啓発に努める必要がある．

　主な重要管理事項は，次のとおりである．

① 原材料受入れおよび下処理段階における管理を徹底すること．

② 加熱調理食品については，中心部まで十分加熱し，食中毒の原因となる細菌やウイルスを死滅させること．

③ 加熱調理後の食品および非加熱調理食品の二次汚染防止を徹底すること．

④ 食中毒菌が付着した場合に菌の増殖を防ぐため，原材料および調理後の食品の温度管理を徹底すること．

⑤ その他として，施設設備の構造，施設設備の管理，検食の保存，調理従事者などの衛生管理など．

> **加熱調理食品の加熱温度管理**
> 中心部が 75℃・1 分間以上（ノロウイルス汚染の可能性がある食品は 85℃・1 分間以上）またはこれと同等以上まで加熱されていることを確認するとともに，温度・時間の記録を行う．

7.2　食品等事業者における一般衛生管理事項

　HACCP システムの導入には，その前提として，施設設備・機械器具の洗浄・消毒，保守点検などの一般衛生管理事項を確実に実施することが必要である．一般衛生管理事項の内容には，施設・設備・機械などのハード面と従事者の健康管理・使用水の管理などのソフト面の項目があり，「施設基準」「管理運営基準」および「衛生規範」に記載されている事項は，一般衛生管理事項に該当する．

　FAO/WHO 合同食品規格委員会（コーデックス委員会）は，食品衛生管理の基本原則として「食品衛生の一般的原則」を作成した．この内容などを参考に，厚生労働省は「食品等事業者が実施すべき管理運営基準に関する指針（ガイドライン）」を作成した．地方自治体は，この指針を踏まえて管理運営基準の条例化を図っている．

　主な一般衛生管理事項は，「食品等事業者が実施すべき管理運営基準に関する指針（ガイドライン）」（巻末資料参照）に記されており，その概要は次のようになっている．

① 農林水産物の採取における衛生管理，② 食品取扱施設等における衛生管理，③ 食品取扱設備等の衛生管理，④ 使用水等の管理，⑤ そ族及び昆虫対策，⑥ 廃棄物および排水の取扱い，⑦ 食品衛生責任者の設置，⑧ 危害分析・重要管理点方式を用いて衛生管理を実施する班の編成，⑨ 製品説明書及び製造工程一覧図の作成，⑩ 食品等の取扱い，⑪ 管理運営要領の作成，⑫ 記録の作成及び保存，⑬ 回収・廃棄，⑭ 検食の実施，⑮ 情報の提供，⑯ 食品取扱施設等における食品取扱者等の衛

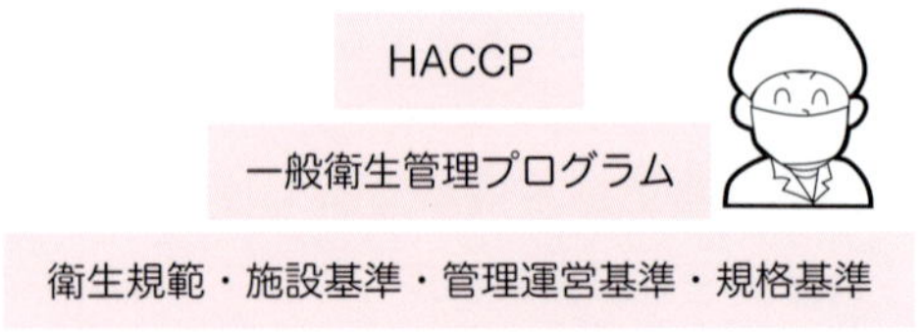

> **一般衛生管理プログラム**
> PP（prerequisite programs）の略で前提条件プログラムの意で，HACCP システム導入にあたって前提条件として整備しておくべき実施要件．

HACCP

一般衛生管理プログラム

衛生規範・施設基準・管理運営基準・規格基準

● 図 7-1 ● HACCP と一般的衛生管理プログラムの関係

生管理，⑰食品取扱施設等における食品取扱者等に対する教育訓練，⑱運搬，⑲販売などの管理運営基準が定められている．

1）施設・設備の衛生管理

施設・設備は，食品の製造が衛生的に行われ，かつ，作業が能率的に行われるように，設計・配置し，十分な広さがある構造設備とする．特に，汚染作業区域，準清潔作業区域，清潔作業区域は，それぞれ隔壁などにより完全に区画する．また，便所，更衣・休憩所は，衛生上支障のない適当な場所に設置し，目的に応じた十分な構造設備を有する．

①床面は，耐水性と堅牢性を備えた材料を使用し，平滑で清掃が容易に行える構造とする．特に，水などを使用する部分にあっては，不浸透性の材料を使用し，適当な勾配を有し，排水溝を設けるなど排水が容易に行える構造とする．

②内壁は，表面が平滑で，内壁と床面の境界は丸み（半径5cm以上のアール）をもたせ，清掃や洗浄が容易に行われる構造とする．

③天井は，すき間がなく，平滑で清掃がしやすく，各種の配管，照明器具などが露出せず，結露，かびの発生がしにくい構造とする．

④窓および出入り口には，ほこり，ネズミ，昆虫などの侵入を防止する網戸などを設け，排水口には，鉄格子，トラップなどを設ける．

⑤採光には，窓や照明設備を有し，作業面が照度100 lx以上を得られるようにする．

⑥換気には，十分な能力を有する換気装置を設け，汚染作業区域の空気が非汚染作業区域に流入しないように設置する．必要に応じ，適切な温度および湿度の管理を行う．

⑦手洗い，洗浄設備は，使用に便利な位置に，従事者数に応じた流水受水槽式で，手洗いに十分な大きさを有する構造とする．原材料，食品，機械器具などを洗浄するための給水・給湯設備を有する洗浄設備は，相互汚染しないように設置する．

2）施設・設備，機械・器具の衛生管理

日常点検を含む衛生管理は，計画的に実施し，施設・設備，機械・器具の適切な清掃，洗浄および消毒の方法を定め，必要に応じ手順書を作成する．

①施設およびその周辺は，定期的に清掃し，製造，加工，処理，保管などを行う場所には不必要な物品などを置かない．

②洗浄設備は，常に清潔に保つ．機械・器具は，適切な洗浄，消毒，乾燥を行い，所定の場所に衛生的に保管する．

③便所は，常に清潔にし，定期的に洗浄，消毒を行う．手洗設備は，手指の洗浄・消毒・乾燥が適切にできるよう維持し，適切な石けん，爪ブラシ，ペーパータオル，消毒剤を備え，常に使用できる状態にしておく．

3）ネズミ・昆虫の防除

①施設やその周辺は，ネズミ・昆虫の繁殖場所を排除し，網戸，トラップなどの設置により，ネズミ・昆虫の施設内への侵入を防止する．

汚染作業区域
製造場のうち，検収場，原材料の保管場および下処理場．

非汚染作業区域
製造場のうち，加工場，加熱処理場，放冷・調製場，包装場および製品の保管場．

準清潔作業区域
製造場のうち，加工場および加熱処理場．

清潔作業区域
放冷・調製場，包装場，製品の保管場．

7

食品衛生管理

111

②年2回以上，ネズミ・昆虫の駆除作業を実施し，実施記録を1年間保管する．ネズミ・昆虫の発生を認めたときには，食品に影響を及ぼさないように直ちに駆除する．

4）使用水の衛生管理

①飲用適の水を使用し，水道水以外の井戸水，自家用水道などを使用する場合は，水質検査を行い，成績書を1年間以上保存する．また，殺菌装置などが正常に作動していることを定期的に確認し，記録する．

②貯水槽は，定期的に清掃し，清潔を保つ．

5）排水および廃棄物の衛生管理

①廃棄物の保管・廃棄の方法については，手順書を作成する．

②廃棄物の容器は，汚液や汚臭がもれないように常に清潔にしておく．廃棄物は，作業に支障のない限り，食品の取扱いや保管の区域に保管しない．

③廃棄物および排水の処理は，適切に行う．

6）従事者の衛生管理

①従事者には，健康診断，必要に応じて検便を受けさせる．下痢，皮膚の外傷のうち感染が疑われる者，一類・二類・三類感染症の患者などは，食品に直接接触する作業に従事させない．

②食品取扱者は，衛生的な作業着，帽子，マスクを着用し，専用の履物を用い，指輪などの装飾品を食品取扱施設内に持ち込まない．

7）従事者の衛生教育

従事者に対しては，食品などの衛生的な取扱方法や汚染防止法など食品衛生上必要な事項に関する衛生教育を実施する．教育訓練の効果については，定期的に評価し，必要に応じてそのプログラムを修正する．

8）食品等の衛生的取扱い

①原材料の受入検査（品質，鮮度，品温，異物混入，表示など）を適正に行う．原材料・製品は，自主検査を行い，規格基準などへの適合性を確認し，その結果を記録するように努める．

②食品は，製造，保管などの各工程において時間・温度の管理に十分配慮して衛生的に取り扱う．

9）製品の回収プログラム

①問題となった製品が迅速かつ適切に回収できるように，責任体制，回収方法，報告などの手順を定める．

②回収製品は，通常製品と明確に区別して保管し，適切に廃棄その他必要な措置をとる．

| 7.3 | 家庭における衛生管理 |

われわれの食生活の基盤は各家庭にある．家庭内の食事は，家族の健康を育むうえで重要である．しかしながら，多くの営業施設の場合と同様に食品衛生の原則が守られないと，家族の健康，時には生命の危険性をもたらすことになる．2017（平成29）年度の食中毒統計によると，家庭内で発生した食中毒事件数は100件あり，これは全食中毒事件の9.9%強に相当するものである．この数字は届出されたものだけであり，表面にでない食中毒事例は相当数に上るとも考えられる．

1）厨房内の安全確保原則

家庭を含む厨房内でできる衛生管理の第1歩は微生物管理である．厨房内における微生物管理は次の3点に要約される．

1）厨房等食品取扱箇所における微生物汚染の拡散防止
　①生食品と調理済み食品とが接触しないように離しておく：2次汚染の防止
　②食品取扱者の個人衛生
　③厨房内環境の清掃・清潔管理
2）食品にすでに存在する細菌の増殖・伝播の防止
　①清潔な冷蔵庫などでの食品の冷蔵保存
　②常温環境に長時間放置しない：調理の済んだ食品は2時間以内に喫食または冷蔵保存
　③迅速に効果的に冷却する
3）すべての細菌を殺菌するような十分な加熱調理
　①注意深く十分に加熱調理する
　②高温に保存するか，迅速に冷却して低温保存する
　③再汚染を避ける

2）個人衛生

食品取扱者は，自分が調理した食品を家族あるいは他人が食べるという注意と配慮をせねばならない．そのために，食品取扱者自身が保有している細菌等を食品に付着させないように，個人衛生を徹底せねばならない．個人衛生の基本的な方法は次のようである．

1）手指の管理
　①手洗い：用便後，調理前・途中・終了後，生材料の取扱い後は，温水，洗剤等を用いて完全な手洗いを励行する
　②爪：短く清潔にする
　③切り傷など：使い捨ての手袋等を着用する
　④指：味見などに際してはなめない
　⑤普段からの手指の養生：ヒビ，傷，手荒れなどは細菌の棲みかになる
2）良い習慣の涵養：作業中に鼻，毛髪，顔面などを触らない，また食品の近くで咳，くしゃみをしない，また身体の清潔保持に努める
3）毛髪：布，ネット，帽子などで完全に覆う

4）着衣：常に清潔な衣服，エプロンなどを着用する

5）普段からの健康管理

3）家庭で行う HACCP

食品工場で行う HACCP は，こと細かく危害分析し，重要管理点を定め厳重な衛生管理を行っている．家庭で作られる料理も考え方の基本は同じである．厚生労働省では HACCP の考え方から，家庭でできる食中毒予防ポイントを次のように提示している．

ポイント1：食品の購入

生鮮食品は新鮮な物を，表示のある食品は消費期限を確認して購入する．生鮮食品のように低温管理の必要なものは最後に購入し，購入した食品は肉汁等が漏れないようにビニール袋などに分けて包み，できるだけ早く持ち帰る．

ポイント2：家庭での保存

持ち帰った低温保存すべき食品は直ぐに 10℃以下の清潔な冷蔵庫または−15℃以下になっている冷凍庫に保存する．冷蔵庫，冷凍庫への詰めすぎに注意し 7 割程度とする．肉や魚は，ビニール袋や容器に入れ，庫内の他の食品に肉汁がかからないように注意する．肉，魚，卵等を扱う場合は，当然，それらの取扱い前後に十分に手洗いを行う．

ポイント3：下準備

台所は清潔に整理整頓し，タオルや布巾は清潔なものに取り換え，生ものを扱ったり，途中で動物に触ったり，トイレに行ったりした後，おむつを交換したり，鼻をかんだりした後は石鹸で手を洗う．生の肉や魚がサラダのように生で食べる食品に接触しないように注意し，肉や魚に使用した包丁やまな板は熱湯消毒してから他の食品に使用する（できれば，包丁やまな板はそれぞれ専用のものを別々にそろえる）．冷凍品は冷蔵庫内か電子レンジあるいは流水中で使用する分だけ解凍する．包丁，食器，まな板，布巾，タワシ，スポンジなどは洗剤と流水でよく洗い，漂白剤に 1 晩浸けておくか熱湯消毒する．

ポイント4：加熱調理

加熱は中心温度が 75℃で 1 分以上になるよう十分に行う．途中でやめた場合は冷蔵庫に入れる．電子レンジを用いる場合は蓋を用い，加熱温度−時間に注意する．

ポイント5：食事（供食）

盛りつけは清潔な手と器具で清潔な食器に盛り付け，温かく食べる料理は 65℃以上，冷たい料理は 10℃以下にし，室温には長く放置しない．食事前には手を洗う．

ポイント6：残菜

残った食品は，小分けして冷蔵庫に保存し，再び食べる場合には十分に加熱して喫食する．怪しいと感じたら廃棄する．

7.4 残留農薬のポジティブリスト制度

農薬とは，「農作物を害する菌，線虫，だに，昆虫，ねずみその他の動植物又はウイルスの防除に用いられる殺菌剤，殺虫剤，その他の薬剤（殺そ剤，除草剤等）および農作物等の生理機能の増進又は抑制に用いられる成長促進剤，発芽抑制剤そ

の他の薬剤」と農薬取締法で定義されている．農薬は，主に生育中の農作物に散布（プレハーベスト農薬）されるが，収穫後保存・輸送時に倉庫内・船倉内で散布（ポストハーベスト農薬）されることもあり，食糧中にそれら農薬が残留することがある（5.2節の1)「農薬」参照．

1) 農薬の登録制度と安全性評価

農薬取締法では，農薬登録制度を設けており，農薬の製造者または輸入者は農林水産大臣の登録を受けなければ，農薬を製造もしくは加工，輸入してはならないことになっている．農薬の品質の適正化とその安全・適正な使用確保のため，農薬の薬効，毒性，作物・土壌に対する残留性などについて総合的に検査し，合格すれば農林水産大臣は当該農薬を登録することになる．

一方，農薬登録申請を受理した農林水産省から連絡を受けた厚生労働省は，食品衛生法に基づく資料提供を農林水産省に要請し，農林水産省から人畜に関する毒性等の試験成績が提出される．厚生労働省は，内閣府食品安全委員会に食品健康影響評価を依頼する．食品安全委員会は，その農薬を一生涯にわたり毎日摂取したとしても危害を起こさないとみなせる体重1 kgあたりの1日許容摂取量（ADI：acceptable daily intake）を決定する．ADIは，登録申請時に提出されたマウスやラットを用いた長期毒性試験の結果から，影響が認められなかった投与量として無毒性量（NOAEL：no observed adverse effect level）を求め，この値に不確実係数（安全係数，通常は1/100）を乗じて算出する．ADIは体重1 kgあたりの許容摂取量であるので，これに日本人の平均体重を乗じることによって1人あたりの摂取許容量が求められる．

ADIに基づいて，厚生労働省において登録申請時に提出された作物残留性試験結果から得られた残留量を基に基準値が設定される．基準値と食品摂取量から曝露量を算出し，ADIから求められた国民平均の摂取許容量より少ないことを確認する．曝露量評価は国民平均に加え，幼少児（1～6歳），妊婦，高齢者（65歳以上）についても行われる．また，残留量は気象条件など種々の外的要因によって変動する可能性があることから，基準値はある程度の安全率を見込んで設定されている．また，残留基準の設定にあたっては，外国の基準値や国際基準等も考慮されている（残留基準が設定されている農薬については巻末資料を参照のこと）．

2) ポジティブリスト制度

従前は，食品衛生法の規制では，残留基準が設定されていない農薬など（飼料添加物及び動物用医薬品を含む）は，食品中に残留が認められても販売禁止などの措置を行うことが困難であった（ネガティブリスト制度）．しかし，国外で使用されている農薬は，わが国では登録，使用されていない多数の農薬があり，このような農薬を使用した農産物から農薬残留が確認された場合でも規制できず輸入されていた．これによって，消費者が不安感を有していたことから1995（平成7）年にポジティブリスト制度の導入が検討されるようになり，「食品に残留する農薬等について，一定量を超えて農薬等が残留する食品の販売等を原則禁止する．」というポジティブリスト制度を導入するために，食品衛生法が平成15年に改正され3年以内

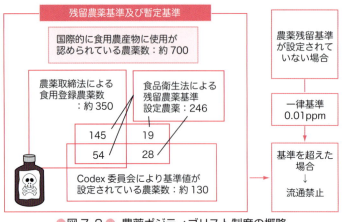
● 図 7-2 ● 農薬ポジティブリスト制度の概略

に施行することが定められ，2006（平成 18）年 5 月からポジティブリスト制度が施行されるようになった．

この制度の概念を図 7-2 に示した．ポジティブリスト制度では，残留農薬基準，暫定基準，一律基準の 3 つの基準が設けられている．残留基準のあるものはそのまま使用され，基準値がない農薬でも国際基準（コーデックス基準，アメリカ・カナダ・EU などの基準）などがあるものは，それを参考に暫定基準とされた．それ以外のものについては原則的に一律基準（0.01 ppm）が適用される．一律基準とは，食品衛生法において「人の健康を損なうおそれのない量」を意味し，「許容摂取量」や「曝露量」についての国際的評価機関でのデータ，わが国の国民の食品摂取量等を基に検討されたもので，この基準は EU 諸国でも用いられている．

ある農薬について過去のネガティブリスト制度と現行のポジティブリスト制度とを比較すると図 7-3 のようになる．

ポジティブリスト制度は，輸入品だけでなく国産品にも適用され，国内外で使用されている農薬すべてに残留基準または一律基準が設定され，食品中に基準値を超える残留が認められた場合には販売禁止等の措置がとられる．

ネガティブリスト制度	
作物	残留基準
トマト	1 ppm
キュウリ	2 ppm
キャベツ	0.5 ppm
レタス	
ホウレンソウ	基準値なし
ハクサイ	

→規制対象外

ポジティブリスト制度	
作物	残留基準
トマト	1 ppm
キュウリ	2 ppm
キャベツ	0.5 ppm
レタス	一律基準
ホウレンソウ	一律基準
ハクサイ	一律基準

←残留基準
→ 0.01ppm

● 図 7-3 ● 制度比較

7.5 国際標準化機構（ISO）

1）ISO の概要

ISO とは，国際標準化機構（International Organization for Standardization）の略称で，国際的に適用される標準（国際標準）や規格（国際規格）を制定する民間の非政府組織であり，また，同機構が策定する標準規格の総称である．

特徴は，「物」の規格だけではなく，「組織の品質活動や環境活動を管理するための仕組み（マネジメントシステム）」についても規格が制定され，消費者（顧客）の要求を満足させるためのものである．

> **ISO**
> 「アイエスオー」「アイソ」「イソ」などと呼ばれている．

> **標準**
> 「製品でいう品質，性能，安全性，寸法，試験方法などに関する共通の取り決め」．

マネジメントシステム

目標を達成するために組織を適切に指導・管理する「仕組み」のこと.

代表的な標準規格には，品質マネジメントシステムである ISO 9000 シリーズ，環境マネジメントシステムである ISO 14000 シリーズ，食品安全マネジメントシステムである ISO 22000 シリーズなどがある.

ISO 9000 シリーズでは，経営者自身が品質についての「方針」を定め，品質に関する各人の「責任と権限」を明確にし，品質を実現するための業務プロセスを「文書化」して，それを仕組みとして継続的に「実行」したことを「記録」により「証明」し，消費者の要求する品質を確保できるシステムをいつでも「開示」できるようにすることが食品企業（食品工場）に要求される.

この条件を満たした食品企業は，公益財団法人日本適合性認定協会（JAB）から認定を受けた民間の審査登録機関に申請し，適合すればそこに登録され，認証を取得できる.

2）ISO 22000

フードチェーンに直接的または間接的に関与するすべての組織

作物生産者，飼料生産者，一次食品生産者，食品製造業者，二次食品製造業者，卸売業者，小売業者，食品サービス業者およびケータリング業者.

ISO 22000 は，ISO 9001 がもつ経営的手法と HACCP による食品安全確保のための技術的手法をとりいれた食品に特化したシステムで，食品安全マネジメントシステム（FSMS）とよばれる.

農場から食卓（from farm to table）までのフードチェーンに直接的または間接的に関与するすべての組織（企業）に適用可能であり，この規格の要求事項の目的は，表 7-1 のとおりである.

要求事項への適合方法は，それぞれの組織にゆだねられており，どのような方法でも要求事項を満たしていればよいことになる.

i）ISO 22000 の特徴

ISO 22000 は，ほかの ISO マネジメントシステムと同様に，計画（P：plan），実施（D：do），監視（C：check），改善措置（A：action）の継続的改善（PDCA）サイクルの考え方に基づいている. PDCA の内容は，表 7-2 のとおりである.

ii）ISO 22000 の主な要素

すべてのフードチェーンで食品安全を確保するための主な要素は，相互コミュニケーション，プロセス管理，システムマネジメント，前提条件プログラム，HACCP 管理である. ISO 22000 は，これらを組み合わせて構築する.

①**相互コミュニケーション：** 安全な食品の供給は，各部門間での食品安全の情報に関するコミュニケーションが十分でなければ，できなくなる可能性がある. 相互コミュニケーションは，外部コミュニケーションと内部コミュニケーションに

7

食品衛生管理

●表 7-1 ● 組織に対する要求事項の目的

① 消費者に安全な製品を提供することを目的とした食品安全マネジメントシステムの計画，実行，運用，維持，更新する.
② 食品安全法令・規則への適合を実証する.
③ 食品安全に関連する顧客要求事項を評価し，判定し，相互に合意した顧客要求事項への適合を実証する.
④ フードチェーンの供給者，顧客および関連する利害関係者に，食品安全の問題を効果的に周知する.
⑤ 組織が宣言した食品安全方針に適合していることを確実にする.
⑥ その適合を関連する利害関係者に実証する.
⑦ その食品安全マネジメントシステムの外部組織による承認もしくは登録を求める，または，この規格への適合の自己評価もしくは自己宣言を行う.

●表 7-2 ● PDCA の内容

計画（P）	組織の方針や顧客との契約に基づき，目標を設定し，実施する方法（プロセス）を決める.
実施（D）	プロセスを実行する.
監視（C）	方針，目標，契約が判断基準となり，プロセスと製品の品質を評価する.
改善措置（A）	プロセスの結果をよくしていくための見直しを行う.

117

分けられるが，特に，外部コミュニケーションが重視される．

外部コミュニケーションとは，顧客，供給者，法令・規制当局などの関係者とのコミュニケーションの手順を確立し，実施・維持することである．

内部コミュニケーションとは，組織の種々の階層および部門間でのタイムリーでかつ確実に行いたいコミュニケーションである．

② **システムマネジメント**：　ISO 22000 は，HACCP システムと ISO 9000 シリーズがもつマネジメントを取り入れたマネジメントシステムである．その基本は，表 7-2 に示した PDCA サイクルの考え方である．経営者は，これを遂行するリーダーシップが求められる．

③ **前提条件プログラム（PRP：prerequisite program）**：　前提条件プログラムとは，フードチェーンにおける食品安全を確保するための衛生環境の維持に必要な基本的条件および活動である．

ISO 22000 では，従前から行われていた一般的衛生管理プログラムである SSOP（衛生標準作業手順），GMP（適正製造基準），GAP（適正農業規範），TQC（総合的品質管理）などを前提条件プログラムとし，これらが食品安全マネジメントシステムを構築するうえで必要不可欠なものとしている．

ⅲ）ISO 22000 の活用

ISO 22000 は HACCP の 7 原則を基本としているので，食品衛生法に基づく総合衛生製造管理過程と同じ考え方であることから，わが国では比較的よく普及している．

3）FSSC 22000

FSSC 22000 は，ISO 22000 とそれをより具体化した ISO/TS 22002-1（またはISO/TS 22002-4）を統合し，国際食品安全イニシアチブ（GFSI）が制定した承認規格である．ISO 22002 シリーズによる前提条件プログラムを定め，危害分析を行って，管理すべき点を明確にし，HACCP プラン等により管理するシステムである．

SSOP
一般的衛生管理プログラムの作業手順を示した文書で，作業担当者，作業内容，実施頻度，実施状況の点検および記録の方法を具体的に記録したもの．

関連法規

1. 食品衛生法（抜粋）

（昭和22年12月24日法律第233号）
（平成26年6月13日法律第69号改正）

第一章 総則

第一条 この法律は，食品の安全性の確保のために公衆衛生の見地から必要な規制その他の措置を講ずることにより，飲食に起因する衛生上の危害の発生を防止し，もつて国民の健康の保護を図ることを目的とする．

第二条 国，都道府県，地域保健法（昭和二十二年法律第百一号）第五条第一項の規定に基づく政令で定める市（以下「保健所を設置する市」という．）及び特別区は，教育活動及び広報活動を通じた食品衛生に関する正しい知識の普及，食品衛生に関する情報の収集，整理，分析及び提供，食品衛生に関する研究の推進，食品衛生に関する検査の能力の向上並びに食品衛生の向上にかかわる人材の養成及び資質の向上を図るために必要な措置を講じなければならない．

② 国，都道府県，保健所を設置する市及び特別区は，食品衛生に関する施策が総合的かつ迅速に実施されるよう，相互に連携を図らなければならない．

③ 国は，食品衛生に関する情報の収集，整理，分析及び提供並びに研究並びに輸入される食品，添加物，器具及び容器包装についての食品衛生に関する検査の実施を図るための体制を整備し，国際的な連携を確保するために必要な措置を講ずるとともに，都道府県，保健所を設置する市及び特別区（以下「都道府県等」という．）に対し前二項の責務が十分に果たされるように必要な技術的援助を与えるものとする．

第三条 食品等事業者（食品若しくは添加物を採取し，製造し，輸入し，加工し，調理し，貯蔵し，運搬し，若しくは販売すること若しくは器具若しくは容器包装を製造し，輸入し，若しくは販売することを営む人若しくは法人又は学校，病院その他の施設において継続的に不特定若しくは多数の者に食品を供与する人若しくは法人をいう．以下同じ．）は，その採取し，製造し，輸入し，加工し，調理し，貯蔵し，運搬し，販売し，不特定若しくは多数の者に授与し，又は営業上使用する食品，添加物，器具又は容器包装（以下「販売食品等」という．）について，自らの責任においてそれらの安全性を確保するため，販売食品等の安全性の確保に係る知識及び技術の習得，販売食品等の原材料の安全性の確保，販売食品等の自主検査の実施その他の必要な措置を講ずるよう努めなければならない．（以下略）

第四条 この法律で食品とは，すべての飲食物をいう．ただし，医薬品，医療機器等の品質，有効性及び安全性の確保等に関する法律（昭和三十五年法律第百四十五号）に規定する医薬品，医薬部外品及び再生医療等製品は，これを含まない．

② この法律で添加物とは，食品の製造の過程において又は食品の加工若しくは保存の目的で，食品に添加，混和，浸潤その他の方法によつて使用する物をいう．

③ この法律で天然香料とは，動植物から得られた物又はその混合物で，食品の着香の目的で使用される添加物をいう．

④ この法律で器具とは，飲食器，割ぽう具その他食品又は添加物の採取，製造，加工，調理，貯蔵，運搬，陳列，授受又は摂取の用に供され，かつ，食品又は添加物に直接接触する機械，器具その他の物をいう．ただし，農業及び水産業における食品の採取の用に供される機械，器具その他の物は，これを含まない．

⑤ この法律で容器包装とは，食品又は添加物を入れ，又は包んでいる物で，食品又は添加物を授受する場合そのままで引き渡すものをいう．

⑥ この法律で食品衛生とは，食品，添加物，器具及び容器包装を対象とする飲食に関する衛生をいう．

⑦ この法律で営業とは，業として，食品若しくは添加物を採取し，製造し，輸入し，加工し，調理し，貯蔵し，運搬し，若しくは販売すること又は器具若しくは容器包装を製造し，輸入し，若しくは販売することをいう．ただし，農業及び水産業における食品の採取業は，こ

れを含まない．

⑧ この法律で営業者とは，営業を営む人又は法人をいう．

⑨ この法律で登録検査機関とは，第三十三条第一項の規定により厚生労働大臣の登録を受けた法人をいう．

第二章 食品及び添加物

第五条 販売（不特定又は多数の者に対する販売以外の授与を含む．以下同じ．）の用に供する食品又は添加物の採取，製造，加工，使用，調理，貯蔵，運搬，陳列及び授受は，清潔で衛生的に行われなければならない．

第六条 次に掲げる食品又は添加物は，これを販売し（不特定又は多数の者に授与する販売以外の場合を含む．以下同じ．），又は販売の用に供するために，採取し，製造し，輸入し，加工し，使用し，調理し，貯蔵し，若しくは陳列してはならない．

一　腐敗し，若しくは変敗したもの又は未熟であるもの．ただし，一般に人の健康を損なうおそれがなく飲食に適すると認められているものは，この限りでない．

二　有毒な，若しくは有害な物質が含まれ，若しくは付着し，又はこれらの疑いがあるもの．ただし，人の健康を損なうおそれがない場合として厚生労働大臣が定める場合においては，この限りでない．

三　病原微生物により汚染され，又はその疑いがあり，人の健康を損なうおそれがあるもの．

四　不潔，異物の混入又は添加その他の事由により，人の健康を損なうおそれがあるもの．

第七条 厚生労働大臣は，一般に飲食に供されることがなかつた物であつて人の健康を損なうおそれがない旨の確証がないもの又はこれを含む物が新たに食品として販売され，又は販売されることとなつた場合において，食品衛生上の危害の発生を防止するため必要があると認めるときは，薬事・食品衛生審議会の意見を聴いて，それらの物を食品として販売することを禁止することができる．（以下略）

第八条 略

第九条 第一号若しくは第三号に掲げる疾病にかかり，若しくはその疑いがあり，第一号若しくは第三号に掲げる異常があり，又はへい死した獣畜（と畜場法（昭和二十八年法律第百十四号）第三条第一項に規定する獣畜及び厚生労働省令で定めるその他の物をいう．以下同じ．）の肉，骨，乳，臓器及び血液又は第二号若しくは第三号に掲げる疾病にかかり，若しくはその疑いがあり，第二号若しくは第三号に掲げる異常がある家きん（食鳥処理の事業の規制及び食鳥検査に関する法律（平成二年法律第七十号）第二条第一号に規定する食鳥及び厚生労働省令で定めるその他の物をいう．以下同じ．）の肉，骨及び臓器は，厚生労働省令で定める場合を除き，これを食品として販売し，又は食品として販売の用に供するために，採取し，加工し，使用し，調理し，貯蔵し，若しくは陳列してはならない．ただし，へい死した獣畜又は家きんの肉，骨及び臓器であつて，当該職員が，人の健康を損なうおそれがなく飲食に適すると認めたものは，この限りでない．（以下略）

第十条 人の健康を損なうおそれのない場合として厚生労働大臣が薬事・食品衛生審議会の意見を聴いて定める場合を除いては，添加物（天然香料及び一般に食品として飲食に供されている物であつて添加物として使用されるものを除く．）並びにこれを含む製剤及び食品は，これを販売し，又は販売の用に供するために，製造し，輸入し，加工し，使用し，貯蔵し，若しくは陳列してはならない．

第十一条 厚生労働大臣は，公衆衛生の見地から，薬事・食品衛生審議会の意見を聴いて，販売の用に供する食品若しくは添加物の製造，加工，使用，調理若しくは保存の方法につき基準を定め，又は販売の用に供する食品若しくは添加物の成分につき規格を定めることができる．

② 前項の規定により基準又は規格が定められたときは，その基準に合わない方法により食品若しくは添加物を製造し，加工し，使用し，調理し，若しくは保存し，その基準に合わない方法による食品若しくは添加物を販売し，若しくは輸入し，又はその規格に合わない食品若しくは添加物を製造し，輸入し，加工し，使用し，調理し，保存し，若しくは販売してはならない．

③ 農薬（農薬取締法（昭和二十三年法律第八十二号）第一条の二第一項に規定する農薬をいう．次条において同じ．），飼料の安全性の確保及び品質の改善に関する法律（昭和二十八年法律第三十五号）第二条第三項の規定に基づく農林水産省令で定める用途に供することを目的として飼料（同条第二項に規定する飼料をいう．）に添加，混和，浸潤その他の方法によって用いられる物及び医薬品，医療機器等の品質，有効性及び安全性の確保等に関する法律第二条第一項に規定する医薬品であって動物のために使用されることが目的とされているものの成分である物質（その物質が化学的に変化して生成した物質を含み，人の健康を損なうおそれのないことが明らかであるものとして厚生労働大臣が定める物質を除く．）が，人の健康を損なうおそれのない量として厚生労働大臣が薬事・食品衛生審議会の意見を聴いて定める量を超えて残留する食品は，これを販売の用に供するために製造し，輸入し，加工し，使用し，調理し，保存し，又は販売してはならない．ただし，当該物質の当該食品に残留する量の限度について第一項の食品の成分に係る規格が定められている場合については，この限りでない．

第十二条　厚生労働大臣は，前条第一項の食品の成分に係る規格として，食品に残留する農薬，飼料の安全性の確保及び品質の改善に関する法律第二条第三項に規定する飼料添加物又は医薬品，医療機器等の品質，有効性及び安全性の確保等に関する法律第二条第一項に規定する医薬品であって専ら動物のために使用されることが目的とされているもの（以下この条において「農薬等」という．）の成分である物質（その物質が化学的に変化して生成した物質を含む．）の量の限度を定めるとき，同法第二条第九項に規定する再生医療等製品であつて専ら動物のために使用されることが目的とされているもの（以下この条において「動物用再生医療等製品」という．）が使用された対象動物（同法第八十三条第一項の規定により読み替えられた同法第十四条第二項第三号ロに規定する対象動物をいう．）の肉，乳その他の生産物について食用に供することができる範囲を定めるときその他必要があると認めるときは，農林水産大臣に対し，農薬等の成分又は動物用再生医療等製品の構成細胞，導入遺伝子その他厚生労働省令で定めるものに関する資料の提供その他必要な協力を求めることができる．

第十三条　厚生労働大臣は，第十一条第一項の規定により製造又は加工の方法の基準が定められた食品であつて政令で定めるものにつき，総合衛生管理製造過程（製造又は加工の方法及びその衛生管理の方法につき食品衛生上の危害の発生を防止するための措置が総合的に講じられた製造又は加工の過程をいう．以下同じ．）を経てこれを製造し，又は加工しようとする者（外国において製造し，又は加工しようとする者を含む．）から申請があつたときは，製造し，又は加工しようとする食品の種類及び製造又は加工の施設ごとに，その総合衛生管理製造過程を経て製造し，又は加工することについての承認を与えることができる．（以下略）

第十四条　略

第三章　器具及び容器包装

第十五条　営業上使用する器具及び容器包装は，清潔で衛生的でなければならない．

第十六条　有毒な，若しくは有害な物質が含まれ，若しくは付着して人の健康を損なうおそれがある器具若しくは容器包装又は食品若しくは添加物に接触してこれらに有害な影響を与えることにより人の健康を損なうおそれがある器具若しくは容器包装は，これを販売し，販売の用に供するために製造し，若しくは輸入し，又は営業上使用してはならない．

第十七条　厚生労働大臣は，特定の国若しくは地域において製造され，又は特定の者により製造される特定の器具又は容器包装について，第二十六条第一項から第三項まで又は第二十八条第一項の規定による検査の結果次に掲げる器具又は容器包装に該当するものが相当数発見されたこと，製造地における食品衛生上の管理の状況その他の厚生労働省令で定める事由からみて次に掲げる器具又は容器包装に該当するものが相当程度含まれるおそれがあると認められる場合において，人の健康を損なうおそれの程度その他の厚生労働省令で定める事項を勘案して，当該特定の器具又は容器包装に起因する食品衛生上の危害の発生を防止するため特に必要があると認めるときは，薬事・食品衛生審

議会の意見を聴いて，当該特定の器具又は容器包装を販売し，販売の用に供するために製造し，若しくは輸入し，又は営業上使用することを禁止することができる．（以下略）

第十八条　厚生労働大臣は，公衆衛生の見地から，薬事・食品衛生審議会の意見を聴いて，販売の用に供し，若しくは営業上使用する器具若しくは容器包装若しくはこれらの原材料につき規格を定め，又はこれらの製造方法につき基準を定めることができる．（以下略）

第四章　表示及び広告

第十九条　内閣総理大臣は，一般消費者に対する器具又は容器包装に関する公衆衛生上必要な情報の正確な伝達の見地から，消費者委員会の意見を聴いて，前条第一項の規定により規格又は基準が定められた器具又は容器包装に関する表示につき，必要な基準を定めることができる．

② 前項の規定により表示につき基準が定められた器具又は容器包装は，その基準に合う表示がなければ，これを販売し，販売の用に供するために陳列し，又は営業上使用してはならない．

③ 販売の用に供する食品及び添加物に関する表示の基準については，食品表示法（平成二十五年法律第七十号）で定めるところによる．

第二十条　食品，添加物，器具又は容器包装に関しては，公衆衛生に危害を及ぼすおそれがある虚偽の又は誇大な表示又は広告をしてはならない．

第五章　食品添加物公定書

第二十一条　厚生労働大臣及び内閣総理大臣は，食品添加物公定書を作成し，第十一条第一項の規定により基準又は規格が定められた添加物及び食品表示法第四条第一項の規定により基準が定められた添加物につき当該基準及び規格を収載するものとする．

第六章　監視指導指針及び計画

第二十二条　厚生労働大臣及び内閣総理大臣は，国及び都道府県等が行う食品衛生に関する監視又は指導（以下「監視指導」という．）の実施に関する指針（以下「指針」という．）を定めるものとする．（以下略）

第二十三条，第二十四条　略

第七章　検査

第二十五条　第十一条第一項の規定により規格が定められた食品若しくは添加物又は第十八条第一項の規定により規格が定められた器具若しくは容器包装であつて政令で定めるものは，政令で定める区分に従い厚生労働大臣若しくは都道府県知事又は登録検査機関の行う検査を受け，これに合格したものとして厚生労働省令で定める表示が付されたものでなければ，販売し，販売の用に供するために陳列し，又は営業上使用してはならない．（以下略）

第二十六条　都道府県知事は，次の各号に掲げる食品，添加物，器具又は容器包装を発見した場合において，これらを製造し，又は加工した者の検査の能力等からみて，その者が製造し，又は加工する食品，添加物，器具又は容器包装がその後引き続き当該各号に掲げる食品，添加物，器具又は容器包装に該当するおそれがあり，食品衛生上の危害の発生を防止するため必要があると認めるときは，政令で定める要件及び手続に従い，その者に対し，当該食品，添加物，器具又は容器包装について，当該都道府県知事又は登録検査機関の行う検査を受けるべきことを命ずることができる．（以下略）

第二十七条　販売の用に供し，又は営業上使用する食品，添加物，器具又は容器包装を輸入しようとする者は，厚生労働省令で定めるところにより，その都度厚生労働大臣に届け出なければならない．

第二十八条　厚生労働大臣，内閣総理大臣又は都道府県知事等は，必要があると認めるときは，営業者その他の関係者から必要な報告を求め，当該職員に営業の場所，事務所，倉庫その他の場所に臨検し，販売の用に供し，若しくは営業上使用する食品，添加物，器具若しくは容器包装，営業の施設，帳簿書類その他の物件を検査させ，又は試験の用に供するのに必要な限度において，販売の用に供し，若しくは営業上使用する食品，添加物，器具若しくは容器包装を無償で収去させることができる．（以下略）

第二十九条　国及び都道府県は，第二十五条第一項又は第二十六条第一項から第三項までの検査（以下「製品検査」という．）及び前条第一項の規定により収去した食品，添加物，器具又は容器包装の試験に関する事務を行わせるために，必要な検査施設を設けなければならない．（以下略）

第三十条　第二十八条第一項に規定する当該職員の職権及び食品衛生

に関する指導の職務を行わせるために，厚生労働大臣，内閣総理大臣又は都道府県知事等は，その職員のうちから食品衛生監視員を命ずるものとする．

② 都道府県知事等は，都道府県等食品衛生監視指導計画の定めるところにより，その命じた食品衛生監視員に監視指導を行わせなければならない．

③ 内閣総理大臣は，指針に従い，その命じた食品衛生監視員に食品，添加物，器具及び容器包装の表示又は広告に係る監視指導を行わせるものとする．

④ 厚生労働大臣は，輸入食品監視指導計画の定めるところにより，その命じた食品衛生監視員に食品，添加物，器具及び容器包装の輸入に係る監視指導を行わせるものとする．

⑤ 前各項に定めるもののほか，食品衛生監視員の資格その他食品衛生監視員に関し必要な事項は，政令で定める．

第八章　登録検査機関
第三十一条～第四十七条　略

第九章　営業
第四十八条　乳製品，第十条の規定により厚生労働大臣が定めた添加物その他製造又は加工の過程において特に衛生上の考慮を必要とする食品又は添加物であつて政令で定めるものの製造又は加工を行う営業者は，その製造又は加工を衛生的に管理させるため，その施設ごとに，専任の食品衛生管理者を置かなければならない．ただし，営業者が自ら食品衛生管理者となつて管理する施設については，この限りでない．

② 営業者が，前項の規定により食品衛生管理者を置かなければならない製造業又は加工業を二以上の施設で行う場合において，その施設が隣接しているときは，食品衛生管理者は，同項の規定にかかわらず，その二以上の施設を通じて一人で足りる．

③ 食品衛生管理者は，当該施設においてその管理に係る食品又は添加物に関してこの法律又はこの法律に基づく命令若しくは処分に係る違反が行われないように，その食品又は添加物の製造又は加工に従事する者を監督しなければならない．

④ 食品衛生管理者は，前項に定めるもののほか，当該施設においてその管理に係る食品又は添加物に関してこの法律又はこの法律に基づく命令若しくは処分に係る違反の防止及び食品衛生上の危害の発生の防止のため，当該施設における衛生管理の方法その他の食品衛生に関する事項につき，必要な注意をするとともに，営業者に対し必要な意見を述べなければならない．

⑤ 営業者は，その施設に食品衛生管理者を置いたときは，前項の規定による食品衛生管理者の意見を尊重しなければならない．

⑥ 次の各号のいずれかに該当する者でなければ，食品衛生管理者となることができない．
一　医師，歯科医師，薬剤師又は獣医師
二　学校教育法（昭和二十二年法律第二十六号）に基づく大学，旧大学令（大正七年勅令第三百八十八号）に基づく大学又は旧専門学校令（明治三十六年勅令第六十一号）に基づく専門学校において医学，歯学，薬学，獣医学，畜産学，水産学又は農芸化学の課程を修めて卒業した者
三　厚生労働大臣の登録を受けた食品衛生管理者の養成施設において所定の課程を修了した者
四　学校教育法に基づく高等学校若しくは中等教育学校若しくは旧中等学校令（昭和十八年勅令第三十六号）に基づく中等学校を卒業した者又は厚生労働省令で定めるところによりこれらの者と同等以上の学力があると認められる者で，第一項の規定により食品衛生管理者を置かなければならない製造業又は加工業において食品又は添加物の製造又は加工の衛生管理の業務に三年以上従事し，かつ，都道府県知事の登録を受けた講習会の課程を修了した者

⑦ 前項第四号に該当することにより食品衛生管理者たる資格を有する者は，衛生管理の業務に三年以上従事した製造業又は加工業と同種の製造業又は加工業の施設においてのみ，食品衛生管理者となることができる．

⑧ 第一項に規定する営業者は，食品衛生管理者を置き，又は自ら食品衛生管理者となつたときは，十五日以内に，その施設の所在地の都道府県知事に，その食品衛生管理者の氏名又は自ら食品衛生管理者となつた旨その他厚生労働省令で定める事項を届け出なければならない．食品衛生管理者を変更したときも，同様とする．

第四十九条　略

第五十条　厚生労働大臣は，食品又は添加物の製造又は加工の過程において有毒又は有害な物質が当該食品又は添加物に混入することを

防止するための措置に関し必要な基準を定めることができる．（以下略）

第五十一条　都道府県は，飲食店営業その他公衆衛生に与える影響が著しい営業（食鳥処理の事業の規制及び食鳥検査に関する法律第二条第五号に規定する食鳥処理の事業を除く．）であつて，政令で定めるものの施設につき，条例で，業種別に，公衆衛生の見地から必要な基準を定めなければならない．

第五十二条　前条に規定する営業を営もうとする者は，厚生労働省令で定めるところにより，都道府県知事の許可を受けなければならない．（以下略）

第五十三条～第五十五条　略

第五十六条　都道府県知事は，営業者がその営業の施設につき第五十一条の規定による基準に違反した場合においては，その施設の整備改善を命じ，又は第五十二条第一項の許可を取り消し，若しくはその営業の全部若しくは一部を禁止し，若しくは期間を定めて停止することができる．

第十章　雑則
第五十七条　略

第五十八条　食品，添加物，器具若しくは容器包装に起因して中毒した患者若しくはその疑いのある者（以下「食中毒患者等」という．）を診断し，又はその死体を検案した医師は，直ちに最寄りの保健所長にその旨を届け出なければならない．

② 保健所長は，前項の届出を受けたときその他食中毒患者等が発生していると認めるときは，速やかに都道府県知事等に報告するとともに，政令で定めるところにより，調査しなければならない．

③ 都道府県知事等は，前項の規定により保健所長より報告を受けた場合であつて，食中毒患者等が厚生労働省令で定める数以上発生し，又は発生するおそれがあると認めるときその他厚生労働省令で定めるときは，直ちに，厚生労働大臣に報告しなければならない．（以下略）

第五十九条　略

第六十条　厚生労働大臣は，食中毒患者等が厚生労働省令で定める数以上発生し，若しくは発生するおそれがある場合又は食中毒患者等が広域にわたり発生し，若しくは発生するおそれがある場合であつて，食品衛生上の危害の発生を防止するため緊急を要するときは，都道府県知事等に対し，期限を定めて，食中毒の原因を調査し，調査の結果を報告するように求めることができる．

第六十一条　都道府県等は，食中毒の発生を防止するとともに，地域における食品衛生の向上を図るため，食品等事業者に対し，必要な助言，指導その他の援助を行うように努めるものとする．

② 都道府県等は，食品等事業者の食品衛生の向上に関する自主的な活動を促進するため，社会的信望があり，かつ，食品衛生の向上に熱意と識見を有する者のうちから，食品衛生推進員を委嘱することができる．

③ 食品衛生推進員は，飲食店営業の施設の衛生管理の方法その他の食品衛生に関する事項につき，都道府県等の施策に協力して，食品等事業者からの相談に応じ，及びこれらの者に対する助言その他の活動を行う．

第六十二条　第六条，第八条，第十条，第十一条第一項及び第二項，第十六条から第二十条まで，第二十五条から第五十六条まで並びに第五十九条から第六十条までの規定は，乳幼児が接触することによりその健康を損なうおそれがあるものとして厚生労働大臣の指定するおもちゃについて，これを準用する．この場合において，第十条中「添加物（天然香料及び一般に食品として飲食に供されている物であつて添加物として使用されるものを除く．）」とあるのは，「おもちゃの添加物として用いることを目的とする化学的合成品（化学的手段により元素又は化合物に分解反応以外の化学的反応を起こさせて得られた物質をいう．）」と読み替えるものとする．

② 第六条並びに第十一条第一項及び第二項の規定は，洗浄剤であつて野菜若しくは果実又は飲食器の洗浄の用に供されるものについて準用する．

③ 第十五条から第十八条まで，第二十五条第一項，第二十八条から第三十条まで，第五十一条及び第五十四条から第五十六条までの規定は，営業以外の場合で学校，病院その他の施設において継続的に不特定又は多数の者に食品を供与する場合に，これを準用する．

第六十三条～第七十条　略

第十一章　罰則
第七十一条～第七十九条　略
附則　略

121

2. 大量調理施設衛生管理マニュアル

（平成9年3月24日衛食第85号別添）
（最終改正：平成29年6月16日生食発0616第1号）

Ⅰ 趣旨

本マニュアルは，集団給食施設等における食中毒を予防するために，HACCPの概念に基づき，調理過程における重要管理事項として，

① 原材料受入れ及び下処理段階における管理を徹底すること．

② 加熱調理食品については，中心部まで十分加熱し，食中毒菌等（ウイルスを含む．以下同じ．）を死滅させること．

③ 加熱調理後の食品及び非加熱調理食品の二次汚染防止を徹底すること．

④ 食中毒菌が付着した場合に菌の増殖を防ぐため，原材料及び調理後の食品の温度管理を徹底すること．

等を示したものである．

集団給食施設等においては，衛生管理体制を確立し，これらの重要管理事項について，点検・記録を行うとともに，必要な改善措置を講じる必要がある．また，これを遵守するため，更なる衛生知識の普及啓発に努める必要がある．

なお，本マニュアルは同一メニューを1回300食以上又は1日750食以上を提供する調理施設に適用する．

Ⅱ 重要管理事項

1. 原材料の受入れ・下処理段階における管理

(1)原材料については，品名，仕入元の名称及び所在地，生産者（製造又は加工者を含む．）の名称及び所在地，ロットが確認可能な情報（年月日表示又はロット番号）並びに仕入れ年月日を記録し，1年間保管すること．

(2)原材料について納入業者が定期的に実施する微生物及び理化学検査の結果を提出させること．その結果については，保健所に相談するなどして，原材料として不適と判断した場合には，納入業者の変更や適切な措置を講じること．検査結果については，1年間保管すること．

(3)加熱せずに喫食する食品（牛乳，発酵乳，プリン等容器包装に入れられ，かつ，殺菌された食品を除く．）については，乾物や摂取量が少ない食品も含め，製造加工業者の衛生管理の体制について保健所の監視票，食品等事業者の自主管理記録票等により確認するとともに，製造加工業者が従事者の健康状態の確認等ノロウイルス対策を適切に行っているかを確認すること．

(4)原材料の納入に際しては調理従事者等が必ず立合い，検収場で品質，鮮度，品温（納入業者が運搬の際，別添1に従い，適切な温度管理を行っていたかどうかを含む．），異物の混入等につき，点検を行い，その結果を記録すること．

(5)原材料の納入に際しては，缶詰，乾物，調味料等常温保存可能なものを除き，食肉類，魚介類，野菜類等の生鮮食品については1回で使い切る量を調理当日に仕入れるようにすること．

(6)野菜及び果物を加熱せずに供する場合には，別添2に従い，（食品製造用水[注1]として用いるもの．以下同じ．）で十分洗浄し，必要に応じて次亜塩素酸ナトリウム等で殺菌[注2]した後，流水で十分すすぎ洗いを行うこと．特に高齢者，若齢者及び抵抗力の弱い者を対象とした食事を提供する施設で，加熱せずに供する場合（表皮を除去する場合を除く．）には，殺菌を行うこと．

注1）従前の「飲用適の水」に同じ．（「食品，添加物等の規格基準」（昭和34年厚生省告示第370号）の改正により用語のみ読み替えたもの．定義については同告示の「第1食品Ｂ食品一般の製造，加工及び調理基準」を参照のこと．）

注2）次亜塩素酸ナトリウム溶液又はこれと同等の効果を有する亜塩素酸水（きのこ類を除く．），亜塩素酸ナトリウム溶液（生食用野菜に限る．），過酢酸製剤，次亜塩素酸水並びに食品添加物として使用できる有機酸溶液．これらを使用する場合，食品衛生法で規定する「食品，添加物等の規格基準」を遵守すること．

2. 加熱調理食品の加熱温度管理

加熱調理食品は，別添2に従い，中心部温度計を用いるなどにより，中心部が75℃で1分間以上（二枚貝等ノロウイルスのおそれのある場合は85〜90℃で90秒間以上）又はこれと同等以上まで加熱されていることを確認するとともに，温度と時間の記録を行うこと．

3. 二次汚染の防止

(1)調理従事者等（食品の盛付け・配膳等，食品に接触する可能性のある者及び臨時職員を含む．以下同じ．）は，次に定める場合には，別添2に従い，必ず流水・石けんによる手洗いによりしっかりと2回（その他の時には丁寧に1回）手指の洗浄及び消毒を行うこと．なお，使い捨て手袋を使用する場合にも，原則として次に定める場合に交換を行うこと．

① 作業開始前及び用便後

② 汚染作業区域から非汚染作業区域に移動する場合

③ 食品に直接触れる作業にあたる直前

④ 生の食肉類，魚介類，卵殻等微生物の汚染源となるおそれのある食品等に触れた後，他の食品や器具等に触れる場合

⑤ 配膳の前

(2)原材料は，隔壁等で他の場所から区分された専用の保管場に保管設備を設け，食肉類，魚介類，野菜類等，食材の分類ごとに区分して保管すること．

この場合，専用の衛生的なふた付き容器に入れ替えるなどにより，原材料の包装の汚染を保管設備に持ち込まないようにするとともに，原材料の相互汚染を防ぐこと．

(3)下処理は汚染作業区域で確実に行い，非汚染作業区域を汚染しないようにすること．

(4)包丁，まな板などの器具，容器等は用途別及び食品別（下処理用にあっては，魚介類用，食肉類用，野菜類用の別，調理用にあっては，加熱調理済み食品用，生食野菜用，生食魚介類用の別）にそれぞれ専用のものを用意し，混同しないようにして使用すること．

(5)器具，容器等の使用後は，別添2に従い，全面を流水で洗浄し，さらに80℃，5分間以上又はこれと同等の効果を有する方法[注3]で十分殺菌した後，乾燥させ，清潔な保管庫を用いるなどして衛生的に保管すること．

なお，調理場内における器具，容器等の使用後の洗浄・殺菌は，原則として全ての食品が調理場から搬出された後に行うこと．

また，器具，容器等の使用中も必要に応じ，同様の方法で熱湯殺菌を行うなど，衛生的に使用すること．この場合，洗浄水等が飛散しないように行うこと．なお，原材料用に使用した器具，容器等をそのまま調理後の食品用に使用するようなことは，けっして行わないこと．

(6)まな板，ざる，木製の器具は汚染が残存する可能性が高いので，特に十分な殺菌[注4]に留意すること．なお，木製の器具は極力使用を控えることが望ましい．

(7)フードカッター，野菜切り機等の調理機械は，最低1日1回以上，分解して洗浄・殺菌[注5]した後，乾燥させること．

(8)シンクは原則として用途別に相互汚染しないように設置すること．特に，加熱調理用食材，非加熱調理用食材，器具の洗浄等に用いるシンクを必ず別に設置すること．また，二次汚染を防止するため，洗浄・殺菌[注5]し，清潔に保つこと．

(9)食品並びに移動性の器具及び容器の取り扱いは，床面からの跳ね水等による汚染を防止するため，床面から60cm以上の場所で行うこと．ただし跳ね水等からの直接汚染が防止できる食缶等で食品を取り扱う場合には，30cm以上の台にのせて行うこと．

(10)加熱調理後の食品の冷却，非加熱調理食品の下処理後における調理場での一時保管等は，他からの二次汚染を防止するため，清潔な場所で行うこと．

(11)調理終了後の食品は衛生的な容器にふたをして保存し，他からの二次汚染を防止すること．

(12)使用水は飲用適の水を用いること．また，使用水は，色，濁り，におい，異物のほか，貯水槽を設置している場合や井戸水等を殺菌・ろ過して使用する場合には，遊離残留塩素が0.1mg/L以上であることを始業前及び調理作業終了後に毎日検査し，記録すること．

注3）塩素系消毒剤（次亜塩素酸ナトリウム，亜塩素酸水，次亜塩素酸水等）やエタノール系消毒剤には，ノロウイルスに対する不活化効果を期待できるものがある．使用する場合，濃度・方法等，製品の指示を守って使用すること．浸漬により使用することが望ましいが，浸漬が困難な場合にあっては，不織布等に十分浸み込ませて清拭すること．

（参考文献）「平成27年度ノロウイルスの不活化条件に関する調査報告書」

（http://www.mhlw.go.jp/file/06-Seisakujouhou-11130500-Shokuhinanzenbu/0000125854.pdf）

注4）大型のまな板やざる等，十分な洗浄が困難な器具については，

亜塩素酸水又は次亜塩素酸ナトリウム等の塩素系消毒剤に浸漬するなどして消毒を行うこと.

注5) 80℃で5分間以上の加熱又はこれと同等の効果を有する方法（注3参照）.

4. 原材料及び調理済み食品の温度管理

(1) 原材料は,別添1に従い,戸棚,冷蔵・冷凍又は冷蔵設備に適切な温度で保存すること.また,原材料搬入時の時刻,室温及び冷凍又は冷蔵設備内温度を記録すること.

(2) 冷凍庫又は冷蔵庫から出した原材料は,速やかに下処理,調理を行うこと.非加熱で供される食品については,下処理後速やかに調理に移行すること.

(3) 調理後直ちに提供される食品以外の食品は,食中毒菌の増殖を抑制するために,10℃以下又は65℃以上で管理することが必要である.（別添3参照）

① 加熱調理後,食品を冷却する場合には,病原菌の発育至適温度帯（約20℃～50℃）の時間を可能な限り短くするため,冷却機を用いたり,清潔な場所で衛生的な容器に小分けするなどして,30分以内に中心温度を20℃付近（又は60分以内に中心温度を10℃付近）まで下げるよう工夫すること.

この場合,冷却開始時刻,冷却終了時刻を記録すること.

② 調理が終了した食品は速やかに提供できるよう工夫すること.

調理終了後30分以内に提供できるものについては,調理終了時刻を記録すること.また,調理終了後提供まで30分以上を要する場合は次のア及びイによること.

ア 温かい状態で提供される食品については,調理終了後速やかに保温食缶等に移し保存すること.この場合,食缶等へ移し替えた時刻を記録すること.

イ その他の食品については,調理終了後提供まで10℃以下で保存すること.

この場合,保冷設備への搬入時刻,保冷設備内温度及び保冷設備からの搬出時刻を記録すること.

③ 配送過程においては保冷又は保温設備のある運搬車を用いるなど,10℃以下又は65℃以上の適切な温度管理を行い配送し,配送時刻の記録を行うこと.

また,65℃以上で提供される食品以外の食品については,保冷設備への搬入時刻及び保冷設備内温度の記録を行うこと.

④ 共同調理施設等で調理された食品を受け入れ,提供する施設においても,温かい状態で提供される食品以外の食品であって,提供まで30分以上を要する場合は提供まで10℃以下で保存すること.

この場合,保冷設備への搬入時刻,保冷設備内温度及び保冷設備からの搬出時刻を記録すること.

(4) 調理後の食品は,調理終了後から2時間以内に喫食することが望ましい.

5. その他

(1) 施設設備の構造

① 隔壁等により,汚水溜,動物飼育場,廃棄物集積場等不潔な場所から完全に区別されていること.

② 施設の出入口及び窓は極力閉めておくとともに,外部に開放される部分には網戸,エアーカーテン,自動ドア等を設置し,ねずみや昆虫の侵入を防止すること.

③ 食品の各調理過程ごとに,汚染作業区域（検収場,原材料の保管場,下処理場）,非汚染作業区域（さらに準清潔作業区域（調理場）と清潔作業区域（放冷・調製場,製品の保管場）に区分される.）を明確に区別すること.なお,各区域を固定し,それぞれを壁で区画する,床面を色別する,境界にテープをはる等により明確に区画することが望ましい.

④ 手洗い設備,履き物の消毒設備（履き物の交換が困難な場合に限る.）は,各作業区域の入り口手前に設置すること.

なお,手洗い設備は,感知式の設備等で,コック,ハンドル等を直接手で操作しない構造のものが望ましい.

⑤ 器具,容器等は,作業動線を考慮し,予め適切な場所に適切な数を配置しておくこと.

⑥ 床面に水を使用する部分にあっては,適当な勾配（100分の2程度）及び排水溝（100分の2から4程度の勾配を有するもの）を設けるなど排水が容易に行える構造であること.

⑦ シンク等の排水口は排水が飛散しない構造であること.

⑧ 全ての移動性の器具,容器等を衛生的に保管するため,外部から汚染されない構造の保管設備を設けること.

⑨ 便所等

ア 便所,休憩室及び更衣室は,隔壁により食品を取り扱う場所と必ず区分されていること.なお,調理場等から3m以上離れた場所に設けられていることが望ましい.

イ 便所には,専用の手洗い設備,専用の履き物が備えられていること,また,便所は,調理従事者等専用のものが設けられていることが望ましい.

⑩ その他

施設は,ドライシステム化を積極的に図ることが望ましい.

(2) 施設設備の管理

① 施設・設備は必要に応じて補修を行い,施設の床面（排水溝を含む.）,内壁のうち床面から1mまでの部分及び手指の触れる場所は1日に1回以上,施設の天井及び内壁のうち床面から1m以上の部分は1月に1回以上清掃し,必要に応じて,洗浄・消毒を行うこと,施設の清掃は全ての食品が調理場内から完全に搬出された後に行うこと.

② 施設におけるねずみ,昆虫等の発生状況を1月に1回以上巡回点検するとともに,ねずみ,昆虫の駆除を半年に1回以上（発生を確認した時にはその都度）実施し,その実施記録を1年間保管すること.また,施設及びその周囲は,維持管理を適切に行うことにより,常に良好な状態に保ち,ねずみや昆虫の繁殖場所の排除に努めること.

なお,殺そ剤又は殺虫剤を使用する場合には,食品を汚染しないようその取扱いに十分注意すること.

③ 施設は,衛生的な管理に努め,みだりに部外者を立ち入らせたり,調理作業に不必要な物品等を置いたりしないこと.

④ 原材料を配送用包装のまま非汚染作業区域に持ち込まないこと.

⑤ 施設は十分な換気を行い,高温多湿を避けること.調理場は湿度80%以下,温度は25℃以下に保つことが望ましい.

⑥ 手洗い設備には,手洗いに適当な石けん,爪ブラシ,ペーパータオル,殺菌液等を定期的に補充し,常に使用できる状態にしておくこと.

⑦ 水道事業により供給される水以外の井戸水等の水を使用する場合には,公的検査機関,厚生労働大臣の登録検査機関等に依頼して,年2回以上水質検査を行うこと.検査の結果,飲用不適とされた場合には,直ちに保健所長の指示を受け,適切な措置を講じること.なお,検査結果は1年間保管すること.

⑧ 貯水槽は清潔を保持するため,専門の業者に委託して,年1回以上清掃すること.なお,清掃した証明書は1年間保管すること.

⑨ 便所については,業務開始前,業務中及び業務終了後等定期的に清掃及び消毒を行って衛生的に保つこと^(注6)
⑩ 施設（客席等の飲食施設,ロビー等の共用施設を含む.）において利用者等が嘔吐した場合には,殺菌剤を用いて迅速かつ適切に嘔吐物の処理を行うこと（注）により,利用者及び調理従事者等へのノロウイルス感染及び施設の汚染防止に努めること.

注6) ノロウイルスに関するQ＆A（厚生労働省）を参照のこと.

(3) 検食の保存

検食は,原材料及び調理済み食品を食品ごとに50g程度ずつ清潔な容器（ビニール袋等）に入れ,密封し,−20℃以下で2週間以上保存すること.

なお,原材料は,特に,洗浄・殺菌等を行わず,購入した状態で,調理済み食品は配膳後の状態で保存すること.

(4) 調理従事者等の衛生管理

① 調理従事者等は,便所及び風呂等における衛生的な生活環境を確保すること.また,ノロウイルスの流行期には十分に加熱された食品を摂取する等により感染防止に努め,徹底した手洗いの励行を行うなど自らが施設や食品の汚染の原因とならないように措置するとともに,体調に留意し,健康な状態を保つように努めること.

② 調理従事者等は,毎日作業開始前に,自らの健康状態を衛生管理者に報告し,衛生管理者はその結果を記録すること.

③ 調理従事者等は臨時職員も含め,定期的な健康診断及び月に1回以上の検便を受けること.検便検査^{注7}には,腸管出血性大腸菌の検査を含めること.また,必要に応じ10月から3月にはノロウイルスの検査を含めることとし,10月から3月までの間には月に1回以上又は必要に応じて^{注8}ノロウイルスの検便検査に努めること.

④ ノロウイルスの無症状病原体保有者であることが判明した調理従事者等は,検便検査においてノロウイルスを保有していないことが確認されるまでの間,食品に直接触れる調理作業を控えるなど適切な措置をとることが望ましいこと.

⑤ 調理従事者等は下痢,嘔吐,発熱などの症状があった時,手指等に化膿創があった時は調理作業に従事しないこと.

⑥ 下痢又は嘔吐等の症状がある調理従事者等については,直ちに医

123

療機関を受診し，感染性疾患の有無を確認すること．ノロウイルスを原因とする感染性疾患による症状と診断された調理従事者等は，リアルタイムPCR法等の高感度の検便検査においてノロウイルスを保有していないことが確認されるまでの間，食品に直接触れる調理作業を控えるなど適切な処置をとることが望ましいこと．

⑦調理従事者等が着用する帽子，外衣は毎日専用で清潔なものに交換すること．

⑧下処理場から調理場への移動の際には，外衣，履き物の交換等を行うこと（履き物の交換が困難な場合には履き物の消毒を必ず行うこと）．

⑨便所には，調理作業時に着用する外衣，帽子，履き物のまま入らないこと．

⑩調理，点検に従事しない者が，やむを得ず，調理施設に立ち入る場合には，専用の清潔な帽子，外衣及び履き物を着用させ，手洗い及び手指の消毒を行わせること．

⑪食中毒が発生した時の原因究明を確実に行うため，原則として，調理従事者等は当該施設で調理された食品を喫食しないこと．ただし，原因究明に支障を来さないための措置が講じられている場合はこの限りでない．（試食担当者を限定すること等）

注7）ノロウイルスの検査に当たっては，遺伝子型によらず，概ね便1g当たり10^5オーダーのノロウイルスを検出できる検査法を用いることが望ましい．ただし，検査結果が陰性であっても検査感度によりノロウイルスを保有している可能性を踏まえた衛生管理が必要である．

注8）ノロウイルスの検便検査の実施に当たっては，調理従事者の健康確認の補完手段とする場合，家族等に感染性胃腸炎が疑われる有症者がいる場合，病原微生物検出情報においてノロウイルスの検出状況が増加している場合などの各食品等事業者の事情に応じ判断すること．

(5)その他

①加熱調理食品にトッピングする非加熱調理食品は，直接喫食する非加熱調理食品と同様の衛生管理を行い，トッピングする時期は提供までの時間が極力短くなるようにすること．

②廃棄物（調理施設内で生じた廃棄物及び返却された残渣をいう．）の管理は，次のように行うこと．

ア　廃棄物容器は，汚臭，汚液がもれないように管理するとともに，作業終了後は速やかに清掃し，衛生上支障のないように保持すること．

イ　返却された残渣は非汚染作業区域に持ち込まないこと．

ウ　廃棄物は，適宜集積場に搬出し，作業場に放置しないこと．

エ　廃棄物集積場は，廃棄物の搬出後清掃するなど，周囲の環境に悪影響を及ぼさないよう管理すること．

Ⅲ　衛生管理体制

1．衛生管理体制の確立

(1)調理施設の経営者又は学校長等施設の運営管理責任者（以下「責任者」という．）は，施設の衛生管理に関する責任者（以下「衛生管理者」という．）を指名すること．

なお，共同調理施設等で調理された食品を受け入れ，提供する施設においても，衛生管理者を指名すること．

(2)責任者は，日頃から食材の納入業者についての情報の収集に努め，品質管理の確かな業者から食材を購入すること．また，継続的に購入する場合は，配送中の保存温度の徹底を指示するほか，納入業者が定期的に行う原材料の微生物検査結果の提示を求めること．

(3)責任者は，衛生管理者に別紙点検表に基づく点検作業を行わせるとともに，そのつど点検結果を報告させ，適切に点検が行われたことを確認すること．点検結果については，1年間保管すること．

(4)責任者は，点検の結果，衛生管理者から改善不能な異常の発生の報告を受けた場合，食材の返品，メニューの一部削除，調理済み食品の回収等必要な措置を講ずること．

(5)責任者は，点検の結果，改善に時間を要する事態が生じた場合，必要な応急処置を講ずるとともに，計画的に改善を行うこと．

(6)責任者は，衛生管理者及び調理従事者等に対して衛生管理及び食中毒防止に関する研修に参加させるなど必要な知識・技術の周知徹底を図ること．

(7)責任者は，調理従事者等を含め職員の健康管理及び健康状態の確認・継続的に行い，調理従事者等の感染及び調理従事者等からの施設汚染の防止に努めること．

(8)責任者は，衛生管理者に毎日作業開始前に，各調理従事者等の健康状態を確認させ，その結果を記録させること．

(9)責任者は，調理従事者等に定期的な健康診断及び月に1回以上の検便を受けさせること．検便検査には，腸管出血性大腸菌の検査を含

めることとし，10月から3月までの間には月に1回以上又は必要に応じてノロウイルスの検便検査を受けさせるよう努めること．

⑩責任者は，ノロウイルスの無症状病原体保有者であることが判明した調理従事者等を，検便検査においてノロウイルスを保有していないことが確認されるまでの間，食品に直接触れる調理作業を控えさせるなど適切な措置をとることが望ましいこと．

⑪責任者は，調理従事者等が嘔吐，下痢，発熱などの症状があった時，手指等に化膿創があった時は調理作業に従事させないこと．

⑫責任者は，下痢又は嘔吐等の症状がある調理従事者等について，直ちに医療機関を受診させ，感染性疾患の有無を確認すること．ノロウイルスを原因とする感染性疾患による症状と診断された調理従事者等は，検便検査においてノロウイルスを保有していないことが確認されるまでの間，食品に直接触れる調理作業を控えさせるなど適切な処置をとることが望ましいこと．

⑬責任者は，調理従事者等について，ノロウイルスにより発症した調理従事者等と一緒に感染の原因と考えられる食事を喫食するなど，同一の感染機会があった可能性がある調理従事者等について速やかにノロウイルスの検便検査を実施し，検査の結果ノロウイルスを保有していないことが確認されるまでの間，調理に直接従事することを控えさせる等の手段を講じることが望ましいこと．

⑭献立の作成に当たっては，施設の人員等の能力に余裕を持った献立作成を行うこと．

⑮献立ごとの調理工程表の作成に当たっては，次の事項に留意すること．

ア　調理従事者等の汚染作業区域から非汚染作業区域への移動を極力行わないようにすること．

イ　調理従事者等の1日ごとの作業の分業化を図ることが望ましいこと．

ウ　調理終了後速やかに喫食されるよう工夫すること．

また，衛生管理者は調理工程表に基づき，調理従事者等と作業分担等について事前に十分な打合せを行うこと．

⑯施設の衛生管理全般について，専門的な知識を有する者から定期的な指導，助言を受けることが望ましい．また，従事者の健康管理については，労働安全衛生法等関係法令に基づき産業医等から定期的な指導，助言を受けること．

⑰高齢者や乳幼児が利用する施設等においては，平常時から施設長を責任者とする危機管理体制を整備し，感染拡大防止のための組織対応を文書化するとともに，具体的な対応訓練を行っておくことが望ましいこと．また，従業員あるいは利用者において下痢・嘔吐等の発生を迅速に把握するために，定常的に有症者数を調査・監視することが望ましいこと．

（別添1）原材料，製品等の保存温度

食品名	保存温度
穀類加工品（小麦粉，デンプン）	室温
砂糖	室温
食肉・鯨肉	10℃以下
細切した食肉・鯨肉を凍結したものを容器包装に入れたもの	−15℃以下
食肉製品	10℃以下
鯨肉製品	10℃以下
冷凍食肉製品	−15℃以下
冷凍鯨肉製品	−15℃以下
ゆでだこ	10℃以下
冷凍ゆでだこ	−15℃以下
生食用かき	10℃以下
生食用冷凍かき	−15℃以下
冷凍食品	−15℃以下
魚肉ソーセージ，魚肉ハム及び特殊包装かまぼこ	10℃以下
冷凍魚肉ねり製品	−15℃以下
液状油脂	室温
固形油脂（ラード，マーガリン，ショートニング，カカオ脂）	10℃以下
殻付卵	10℃以下
液卵	8℃以下
凍結卵	−18℃以下
乾燥卵	室温

ナッツ類	15℃以下
チョコレート	15℃以下
生鮮果実・野菜	10℃前後
生鮮魚介類（生食用鮮魚介類を含む．）	5℃以下
乳・濃縮乳	
脱脂乳	10℃以下
クリーム	
バター	
チーズ	15℃以下
練乳	
清涼飲料水（食品衛生法の食品，添加物等の規格基準に規定のあるものについては，当該保存基準に従うこと．）	室温

（別添2）標準作業書

手洗いマニュアル

1. 水で手をぬらし石けんをつける．
2. 指，腕を洗う．特に，指の間，指先をよく洗う（30秒程度）．
3. 石けんをよく洗い流す（20秒程度）．
4. 使い捨てペーパータオル等でふく（タオル等の共用はしないこと．）
5. 消毒用のアルコールをかけて手指によくすりこむ．（本文のⅡ3(1)で定める場合には，1から3までの手順を2回以上実施する．）

器具等の洗浄・殺菌マニュアル

1. 調理機械
① 機械本体・部品を分解する．なお，分解した部品は床にじか置きしないようにする．
② 飲用適の水（40℃程度の微温水が望ましい．）で3回水洗いする．
③ スポンジタワシに中性洗剤又は弱アルカリ性洗剤をつけてよく洗浄する．
④ 飲用適の水（40℃程度の微温水が望ましい．）でよく洗剤を洗い流す．
⑤ 部品は80℃で5分間以上又はこれと同等の効果を有する方法[注1]で殺菌を行う．
⑥ よく乾燥させる．
⑦ 機械本体・部品を組み立てる．
⑧ 作業開始前に70％アルコール噴霧又はこれと同等の効果を有する方法で殺菌を行う．

2. 調理台
① 調理台周辺の片づけを行う．
② 飲用適の水（40℃程度の微温水が望ましい．）で3回水洗いする．
③ スポンジタワシに中性洗剤又は弱アルカリ性洗剤をつけてよく洗浄する．
④ 飲用適の水（40℃程度の微温水が望ましい．）でよく洗剤を洗い流す．
⑤ よく乾燥させる．
⑥ 70％アルコール噴霧又はこれと同等の効果を有する方法で殺菌[注1]を行う．
⑦ 作業開始前に⑥と同様の方法で殺菌を行う．

3. まな板，包丁，へら等
① 飲用適の水（40℃程度の微温水が望ましい．）で3回水洗いする．
② スポンジタワシに中性洗剤又は弱アルカリ性洗剤をつけてよく洗浄する．
③ 飲用適の水（40℃程度の微温水が望ましい．）でよく洗剤を洗い流す．
④ 80℃で5分間以上又はこれと同等の効果を有する方法[注2]で殺菌を行う．
⑤ よく乾燥させる．
⑥ 清潔な保管庫にて保管する．

4. ふきん，タオル等
① 飲用適の水（40℃程度の微温水が望ましい．）で3回水洗いする．
② 中性洗剤又は弱アルカリ性洗剤をつけてよく洗浄する．
③ 飲用適の水（40℃程度の微温水が望ましい．）でよく洗剤を洗い流す．
④ 100℃で5分間以上煮沸殺菌を行う．
⑤ 清潔な場所で乾燥，保管する．
注1）塩素系消毒剤（次亜塩素酸ナトリウム，亜塩素酸水，次亜塩素酸水等）やエタノール系消毒剤には，ノロウイルスに対する不活化効

果を期待できるものがある．使用する場合，濃度・方法等，製品の指示を守って使用すること．浸漬により使用することが望ましいが，浸漬が困難な場合にあっては，不織布等に十分浸み込ませて清拭すること．（参考文献）「平成27年度ノロウイルスの不活化条件に関する調査報告書」（http://www.mhlw.go.jp/file/06-Seisakujouhou-11130500-Shokuhinanzenbu/0000125854.pdf）
注2）大型のまな板やざる等，十分な洗浄が困難な器具については，亜塩素酸水又は次亜塩素酸ナトリウム等の塩素系消毒剤に浸漬するなどして消毒を行うこと．

原材料等の保管管理マニュアル

1. 野菜・果物[注3]
① 衛生害虫，異物混入，腐敗・異臭等がないか点検する．異常品は返品又は使用禁止とする．
② 各材料ごとに，50g程度ずつ清潔な容器（ビニール袋等）に密封して入れ，－20℃以下で2週間以上保存する．（検食用）
③ 専用の清潔な容器に入れ替えるなどして，10℃前後で保存する．（冷凍野菜は－15℃以下）
④ 流水で3回以上水洗いする．
⑤ 中性洗剤で洗う．
⑥ 流水で十分すすぎ洗い．
⑦ 必要に応じて，次亜塩素酸ナトリウム等（注4）で殺菌[注5]した後，流水で十分すすぎ洗いする．
⑧ 水切りする．
⑨ 専用のまな板，包丁でカットする．
⑩ 清潔な容器に入れる．
⑪ 清潔なシートで覆い（容器がふた付きの場合を除く），調理まで30分以上を要する場合には，10℃以下で冷蔵保存する．
注3）表面の汚れが除去され，分割・細切されずに皮付きで提供されるみかん等の果物にあっては，③から⑧までを省略して差し支えない．それらを使用する場合，食品衛生法で規定する「食品，添加物等の規格基準」を遵守すること．
注4）次亜塩素酸ナトリウム溶液（200mg/Lで5分間または100mg/Lで10分間）又はこれと同等の効果を有する亜塩素酸水（きのこ類を除く．），亜塩素酸ナトリウム溶液（生食用野菜に限る．），次亜塩素酸水ならびに食品添加物として使用できる有機酸溶液．
注5）高齢者，若齢者及び抵抗力の弱い者を対象とした食事を提供する施設で，加熱せずに供する場合（表皮を除去する場合を除く．）には，殺菌を行うこと．

2. 魚介類，食肉類
① 衛生害虫，異物混入，腐敗・異臭等がないか点検する．異常品は返品又は使用禁止とする．
② 各材料ごとに，50g程度ずつ清潔な容器（ビニール袋等）に密封して入れ，－20℃以下で2週間以上保存する．（検食用）
③ 専用の清潔な容器に入れ替えるなどして，食肉類については10℃以下，魚介類については5℃以下で保存する（冷凍で保存するものは－15℃以下）．
④ 必要に応じて，次亜塩素酸ナトリウム等注5で殺菌した後，流水で十分すすぎ洗いする．
⑤ 専用のまな板，包丁でカットする．
⑥ 速やかに調理へ移行させる．
注5）次亜塩素酸ナトリウム溶液（200mg/Lで5分間又は100mg/Lで10分間）又はこれと同等の効果を有する亜塩素酸水，亜塩素酸ナトリウム溶液（魚介類を除く．），過酢酸製剤（魚介類を除く．），次亜塩素酸水，次亜臭素酸水（魚介類を除く．）並びに食品添加物として使用できる有機酸溶液．これらを使用する場合，食品衛生法で規定する「食品，添加物等の規格基準」を遵守すること．

加熱調理食品の中心温度及び加熱時間の記録マニュアル

1. 揚げ物
① 油温が設定した温度以上になったことを確認する．
② 調理を開始した時間を記録する．
③ 調理の途中で適当な時間を見はからって食品の中心温度を校正された温度計で3点以上測定し，全ての点において75℃以上に達していた場合には，それぞれの中心温度を記録するとともに，その時点からさらに1分以上加熱を続ける（二枚貝等ノロウイルス汚染のおそれのある食品の場合は85～90℃で90秒間以上）．
④ 最終的な加熱処理時間を記録する．

125

⑤ なお，複数回同一の作業を繰り返す場合には，油温が設定した温度以上であることを確認・記録し，①〜④で設定した条件に基づき，加熱処理を行う．油温が設定した温度以上に達していない場合には，油温を上昇させるため必要な措置を講ずる．

2．焼き物及び蒸し物
① 調理を開始した時間を記録する．
② 調理の途中で適当な時間を見はからって食品の中心温度を校正された温度計で3点以上測定し，全ての点において75℃以上に達していた場合には，それぞれの中心温度を記録するとともに，その時点からさらに1分以上加熱を続ける（二枚貝等ノロウイルス汚染のおそれのある食品の場合は85〜90℃で90秒間以上）．
③ 最終的な加熱処理時間を記録する．
④ なお，複数回同一の作業を繰り返す場合には，①〜③で設定した条件に基づき，加熱処理を行う．この場合，中心温度の測定は，最も熱が通りにくいと考えられる場所の一点のみでもよい．

3．煮物及び炒め物
調理の順序は食肉類の加熱を優先すること．食肉類，魚介類，野菜類の冷凍品を使用する場合には，十分解凍してから調理を行うこと．
① 調理の途中で適当な時間を見はからって，最も熱が通りにくい具材を選び，食品の中心温度を校正された温度計で3点以上（煮物の場合は1点以上）測定し，全ての点において75℃以上に達していた場合には，それぞれの中心温度を記録するとともに，その時点からさらに1分以上加熱を続ける（二枚貝等ノロウイルス汚染のおそれのある食品の場合は85〜90℃で90秒間以上）．
なお，中心温度を測定できるような具材がない場合には，調理釜の中心付近の温度を3点以上（煮物の場合は1点以上）測定する．
② 複数回同一の作業を繰り返す場合にも，同様に点検・記録を行う．

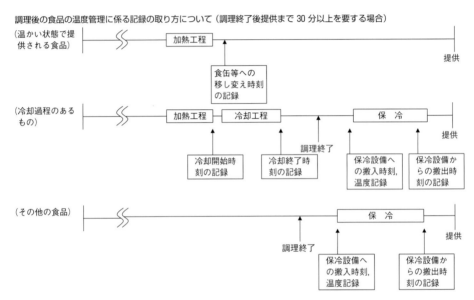

3．食品等事業者が実施すべき管理運営基準に関する指針（ガイドライン）

(平成16年2月27日付け食安発第0227012号別添)
(最終改正：平成26年10月14日付け食安発1014第1号)

食品等事業者が実施すべき管理運営基準は，次の各号に掲げるもののいずれかとする．

Ⅰ 危害分析・重要管理点方式を用いる場合の基準

第1 農林水産物の採取における衛生管理

食用に供する農林水産物の採取にあたっては，次の管理を行うこと．
(1) じん埃，土壌又は汚水による汚染防止を図るほか，廃棄物，有毒物質等を適切に管理することにより，農薬，動物用医薬品，飼料，肥料，糞便等からの汚染を防止すること．
(2) 食用として明らかに適さない物は，分別すること．
(3) 廃棄物（排水を含む．）は，衛生上支障がない方法で処理すること．
(4) 採取，保管及び輸送にあっては，そ族，昆虫，化学物質，異物（人に悪影響を及ぼしうるガラス及び金属片等．以下同じ．），微生物等による汚染防止を図ること．
(5) 温度，湿度管理その他必要な措置を通じて，食品の腐敗，変敗等を防止すること．
(6) 施設は清掃及び適切な補修により清潔かつ適切に維持管理されていること．
(7) 食用に供する農林水産物の取扱者の衛生管理が行われていること．
(8) 洗浄等に使用する水は，微生物的及び化学的に用途に適した水を使用すること．

第2 食品取扱施設等における衛生管理

1 一般事項

(1) 日常点検を含む衛生管理を計画的に実施すること．
(2) 施設設備及び機械器具の構造及び材質並びに取り扱う食品の特性を考慮し，これらの適切な清掃，洗浄及び消毒の方法を定め，必要に応じ手順書を作成すること．手順書の作成に当たっては，清掃，洗浄及び消毒の手順について，清掃又は洗浄を行う場所，機械器具，作業責任者，清掃又は洗浄の方法及び頻度，確認方法等必要な事項を記載することとし，必要に応じ，専門家の意見を聴くこと．
(3) (2)に定める清掃，洗浄及び消毒の方法が適切かつ有効であるか必要に応じ評価すること．
(4) 施設，設備，人的能力等に応じた食品の取扱いを行い，適切な受注管理を行うこと．

2 施設の衛生管理

(1) 施設及びその周辺は，定期的に清掃し，施設の稼働中は常に衛生上支障のないように維持すること．
(2) 製造，加工，処理，調理，保管，販売等を行う場所には，不必要な物品等を置かないこと．
(3) 施設の内壁，天井及び床は，常に清潔に保つこと．
(4) 施設内の採光，照明及び換気を十分に行うとともに，必要に応じ，適切な温度及び湿度の管理を行うこと．
(5) 窓及び出入口は，開放しないこと．やむをえず，開放する場合にあっては，じん埃，そ族，昆虫等の侵入を防止する措置を講ずること．
(6) 排水溝は，排水がよく行われるよう廃棄物の流出を防ぎ，かつ，清掃及び補修すること．
(7) 便所は常に清潔にし，定期的に清掃及び消毒を行うこと．
(8) 施設内では動物を飼育しないこと．

3 食品取扱設備等の衛生管理

(1)衛生保持のため，機械器具（清掃用の機械器具を含む．）は，その目的に応じて使用すること．

(2)機械器具及び分解した機械器具の部品は，金属片，不潔異物，化学物質等の食品への混入を防止するため，洗浄及び消毒を行い，所定の場所に衛生的に保管すること．また，故障又は破損があるときは，速やかに補修し，常に適正に使用できるよう整備しておくこと．

(3)機械器具及び機械器具の部品の洗浄に洗剤を使用する場合は，適正な洗剤を適正な濃度で使用すること．

(4)温度計，圧力計，流量計等の計器類及び滅菌，殺菌，除菌又は浄水に用いる装置について，その機能を定期的に点検し，その結果を記録すること．

(5)ふきん，包丁，まな板，保護防具等は，熱湯，蒸気，消毒剤等で消毒し，乾燥させること．特に，食品に直接触れるまな板，ナイフ，保護防具等については，汚染の都度又は作業終了後に洗浄消毒を十分に行うこと．

(6)洗浄剤，消毒剤その他化学物質については，使用，保管等の取扱いに十分注意するとともに，必要に応じ容器に内容物の名称を表示する等食品への混入を防止すること．

(7)施設，設備等の清掃用器材は，使用の都度洗浄し，乾燥させ，専用の場所に保管すること．

(8)手洗設備は，手指の洗浄及び乾燥が適切にできるよう維持するとともに，水を十分供給し，手洗いに適切な石けん，爪ブラシ，ペーパータオル，消毒剤等を備え，常に使用できる状態にしておくこと．

(9)洗浄設備は，常に清潔に保つこと．

(10)食品の放射線照射業にあっては，1日1回以上化学線量計を用いて線量を確認し，その結果の記録を2年間保存すること．

4 使用水等の管理

(1)食品取扱施設で使用する水は，飲用適の水であること．また，次のような場合は，この限りではないが，これらの水が食品に直接触れる水に混入しないようにすること．

①暖房用蒸気，防火用水等，食品製造に直接関係ない目的での使用．

②冷却や食品の安全に影響を及ぼさない工程における清浄海水等の使用．

(2)水道水以外の水を使用する場合には，年1回以上（食品の冷凍又は冷蔵業，マーガリン又はショートニング製造業（もっぱらショートニング製造を行うものは除く．）又は，食用油脂製造業にあっては4月に1回以上）水質検査を行い，成績書を1年間以上（取り扱う食品等の賞味期限を考慮した流通期間が1年以上の場合は当該期間）保存すること．ただし，不慮の災害等により水源等が汚染されたおそれがある場合には，その都度水質検査を行うこと．

(3)水質検査の結果，飲用不適となったときは，直ちに使用を中止し，保健所長の指示を受け，適切な措置を講ずること．

(4)貯水槽を使用する場合は，定期的に清掃し，清潔に保つこと．

(5)水道水以外の井戸水，自家用水道等を使用する場合は，殺菌装置又は浄水装置が正常に作動しているかを定期的に確認し，記録すること．

(6)氷は，適切に管理された給水設備によって供給された飲用適の水からつくること．また，氷は衛生的に取り扱い，貯蔵すること．

(7)使用した水を再利用する場合にあっては，食品の安全性に影響しないよう必要な処理を行うこととし，処理工程は適切に管理すること．

5 そ族及び昆虫対策

(1)施設及びその周囲は，維持管理を適切に行うことにより，常に良好な状態に保ち，そ族及び昆虫の繁殖場所を排除するとともに，窓，ドア，吸排気口の網戸，トラップ，排水溝の蓋等の設置により，そ族，昆虫の施設内への侵入を防止すること．

(2)年2回以上，そ族及び昆虫の駆除作業を実施し，その実施記録を1年間保管すること．ただし，建築物において考えられる有効かつ適切な技術の組み合わせ及びそ族及び昆虫の生息調査結果を踏まえ対策を講ずる等により確実にその目的が達成できる方法であれば，その施設の状況に応じた方法，頻度で実施することとしても差し支えない．なお，そ族又は昆虫の発生を認めたときには，食品に影響を及ぼさないように直ちに駆除すること．

(3)殺そ剤又は殺虫剤を使用する場合には，食品を汚染しないようその取扱いに十分注意すること．

(4)そ族又は昆虫による汚染防止のため，原材料，製品，包装資材等は容器に入れ，床又は壁から離して保管すること．一端開封したものについても蓋付きの容器に入れる等の汚染防止対策を講じた上で，保管すること．

6 廃棄物および排水の取扱い

(1)廃棄物の保管及びその廃棄の方法について，手順書を作成すること．

(2)廃棄物の容器は，他の容器と明確に区別できるようにし，汚液又は汚臭がもれないように常に清潔にしておくこと．

(3)廃棄物は，作業に支障のない限り，食品の取扱い又は保管の区域（隣接する区域を含む．）に保管しないこと．

(4)廃棄物の保管場所は，周囲の環境に悪影響を及ぼさないよう適切に管理すること．

(5)廃棄物及び排水の処理は適切に行うこと．

7 食品衛生責任者の設置

(1)営業者（食品衛生法（昭和23年法律第233号．）第48条の規定により食品衛生管理者をおかなければならない営業者を除く，以下この項において同じ．）は，施設又はその部門ごとに，当該食品取扱者及び関係者のうちから食品衛生に関する責任者（以下，「食品衛生責任者」という．）を定めておくこと．

(2)食品衛生責任者は，都道府県知事，指定都市長及び中核市長（以下「知事」という．）が行う講習会又は知事等が適正と認めた講習会を定期的に受講し，常に食品衛生に関する新しい知見の習得に努めること．

(3)食品衛生責任者は，営業者の指示に従い，衛生管理にあたること．

(4)食品衛生責任者は，食品衛生上の危害の発生防止のため，施設の衛生管理の方法や食品衛生に関する事項について必要な注意を行うとともに営業者に対し意見を述べるよう努めること．

(5)営業者は，(4)の規定による食品衛生責任者の意見を尊重すること．

8 危害分析・重要管理点方式を用いて衛生管理を実施する班の編成

危害分析・重要管理点方式（食品の安全性を確保する上で重要な危害の原因となる物質及び当該危害が発生するおそれのある工程の特定，評価及び管理を行う衛生管理の方式をいう．以下同じ．）を用いて衛生管理を実施する場合は，食品衛生法第48条の規定に基づく食品衛生管理者，食品衛生責任者その他の製品についての知識及び専門的な技術を有する者により構成される班を編成すること．なお，危害分析・重要管理点方式に関する専門的な知識及び助言は，関係団体，行政機関及び出版物等から得ることができる．

9 製品説明書及び製造工程一覧図の作成

(1)製品について，原材料等の組成，物理的・化学的性質（水分活性，pH等），殺菌・静菌処理（加熱処理，凍結，加塩，燻煙等），包装，保存性，保管条件及び流通方法等の安全性に関する必要な事項を記載した製品説明書を作成すること．また，製品説明書には想定する使用方法や消費者層等を記述すること．

(2)製品の全ての製造工程が記載された製造工程一覧図を作成すること．

(3)製造工程一覧図について，実際の製造工程及び施設設備の配置に照らし合わせて適切か否かの確認を行い，適切でない場合には，製造工程一覧図の修正を行うこと．

10 食品等の取扱い

次の方法により食品の製造工程における全ての潜在的な危害の原因となる物質を列挙し，危害分析を実施して特定された危害の原因となる物質を管理すること．

(1)製造工程ごとに発生するおそれのある全ての危害の原因となる物質のリスト（以下「危害要因リスト」という．）を作成し，健康に悪影響を及ぼす可能性及び9(1)の製品の特性等を考慮し，各製造工程における食品衛生上の危害の原因となる物質を特定すること．

(2)(1)で特定された食品衛生上の危害の原因となる物質について，危害が発生するおそれのある工程ごとに，当該食品衛生上の危害の原因となる物質及び当該危害の発生を防止するための措置（以下「管理措置」という．）を検討し，危害要因リストに記載すること．

(3)危害要因リストにおいて特定された危害の原因となる物質による危害の発生を防止するため，製造工程のうち，当該工程に係る管理措置の実施状況の連続的又は相当の頻度の確認（以下「モニタリング」という．）を必要とするもの（以下「重要管理点」という．）を定めるとともに，重要管理点を定めない場合には，その理由を記載した文書を作成すること．また，同一の危害の原因となる物質を管理するための重要管理点は，複数存在する可能性があることに配慮すること．なお，重要管理点の設定に当たっては，定めようとする重要管理点における管理措置が，危害の原因となる物質を十分に管理できない場合は，当該重要管理点又はその前後の工程において適切な管理措置が設定できるよう，製品又は製造工程を見直すこと．

(4)個々の重要管理点について，危害の原因となる物質を許容できる範囲まで低減又は排除するための基準（以下「管理基準」という．）を設定すること．管理基準は，危害の原因となる物質に係る許容可

否を判断する基準であり，温度，時間，水分含量，pH，水分活性，有効塩素等のほか，測定できる指標又は外観及び食感のような官能的指標であること．

(5)管理基準の遵守状況の確認及び管理基準が遵守されていない製造工程を経た製品の出荷の防止をするためのモニタリングの方法を設定し，十分な頻度で実施すること．モニタリングの方法に関する全ての記録は，モニタリングを実施した担当者及び責任者による署名を行うこと．

(6)モニタリングにより重要管理点に係る管理措置が適切に講じられていないと認められたときに講ずべき措置（以下「改善措置」という．）を，重要管理点において設定し，適切に実施すること．また，改善措置には，管理基準の不遵守により影響を受けた製品の適切な処理を含むこと．

(7)製品の危害分析・重要管理点方式につき，食品衛生上の危害の発生に防止されていることを確認するため，十分な頻度で検証を行うこと．

11 管理運営要領の作成

(1)施設及び食品の取扱い等に係る衛生上の管理運営要領を作成し，食品取扱者及び関係者に周知徹底すること．

(2)定期的にふき取り検査等を実施し，施設の衛生状態を確認することにより，(1)で作成した管理運営要領の効果を検証し，必要に応じその内容を見直すこと．

12 記録の作成及び保存

(1)10(1)及び(2)の危害分析，10(3)の重要管理点の決定及び10(4)の管理基準の決定について記録を作成し，保存すること．

(2)10(5)のモニタリング，10(6)の改善措置及び10(7)の検証について記録を作成し，保存すること．

(3)食品衛生上の危害の発生の防止に必要な限度において，取り扱う食品に係る仕入元，製造又は加工等の状態，出荷又は販売先その他必要な事項に関する記録を作成し，保存するよう努めること．

(4)記録の保存期間は，取り扱う食品等の流通実態(消費期限又は賞味期限)等に応じて合理的な期間を設定すること．

(5)食中毒等の食品衛生上の危害の発生を防止するため，国，都道府県等から要請があった場合には，当該記録を提出すること．

13 回収・廃棄

(1)販売食品等に起因する食品衛生上の問題が発生した場合において，消費者に対する健康被害を未然に防止する観点から，問題となった製品を迅速かつ適切に回収できるよう，回収に係る責任体制，具体的な回収の方法，当該施設の所在する地域を管轄する保健所等への報告等の手順を定めること．

(2)販売食品等に起因する食品衛生上の危害が発生した場合において，回収された製品に関し，廃棄その他の必要な措置を的確かつ迅速に行うこと．

(3)回収された当該品は，通常製品と明確に区別して保管し，保健所等の指示に従って適切に廃棄等の措置を講ずること．

(4)回収等を行う際は，必要に応じ，消費者への注意喚起等のため，当該回収等に関する公表について考慮すること．

14 検食の実施

(1)飲食店営業のうち，弁当屋及び仕出し屋にあっては，原材料，調理済み食品ごとに，48時間以上（ただし，日・祭日及び振替休日，休業日にまたがる場合は，日・祭日及び振替休日，休業日の翌日まで）検食を保存すること．なお，原材料は，洗浄殺菌等を行わず，購入した状態で保存すること．

(2)上記の場合，製品の配送先，配送時刻及び配送量も記録し保存すること．

15 情報の提供

(1)消費者に対し，販売食品等についての安全性に関する情報提供に努めること．

(2)製造，加工又は輸入した食品等に関する消費者からの健康被害（医師の診断を受け，当該症状が製造，加工又は輸入した食品等に起因する又はその疑いがあると診断されたもの）及び食品衛生法に違反する食品等に関する情報について，保健所等へ速やかに報告すること．

(3)消費者等から，製造，加工又は輸入した食品等に係る異味又は異臭の発生，異物の混入その他の苦情であって，健康被害につながるおそれが否定できないものを受けた場合は，保健所等へ速やかに報告すること．

第3 食品取扱施設等における食品取扱者等の衛生管理

(1)食品取扱者の健康診断は，食品衛生上必要な健康状態の把握に留意して行うこと．

(2)保健所から検便を受けるべき旨の指示があったときには，食品取扱者に検便を受けさせること．

(3)次の症状を呈している食品取扱者については，その旨を食品等事業者，食品衛生管理者又は食品衛生責任者等に報告させ，食品の取扱作業に従事させないようにするとともに，医師の診断を受けさせること．

①黄疸
②下痢
③腹痛
④発熱
⑤発熱をともなう喉の痛み
⑥皮膚の外傷のうち感染が疑われるもの（やけど，切り傷等）
⑦耳，目又は鼻からの分泌（病的なものに限る）
⑧吐き気，おう吐

皮膚に外傷があって上記⑥に該当しない者を従事させる際には，当該部位を耐水性を有する被覆材で覆うこと．

(4)食品取扱者が感染症の予防及び感染症の患者に対する医療に関する法律（平成10年法律第114号）第18条第1項に規定する感染症の患者又は無症状病原体保有者であることが判明した場合は，同条第2項に基づき，食品に直接接触する作業に従事させないこと．

(5)食品取扱者は，衛生的な作業着，帽子，マスクを着用し，作業場内では専用の履物を用いるとともに，汚染区域（便所を含む．）にはそのまま入らないこと．また，指輪等の装飾品，腕時計，ヘアピン，安全ピン等を食品取扱施設内に持ち込まないこと．

(6)食品取扱者は，原料等が直接接触する部分が繊維製品その他洗浄消毒することが困難な手袋を原則として使用しないこと．

(7)食品取扱者は，常に爪を短く切り，マニュキュア等は付けないこと．作業前，用便直後及び生鮮の原材料や汚染された材料等を取り扱った後は，必ず十分に手指の洗浄及び消毒を行い，使い捨て手袋を使用する場合には交換を行うこと．生鮮の原材料や汚染された材料等を取り扱った後は，非加熱で摂取する食品を取り扱うことは避けることが望ましい．

(8)食品取扱者は，食品の取扱作業中に次のような行動は慎むこと．
①手又は食品を取り扱う器具で髪，鼻，口又は耳にふれること
②作業中たん，つばをはくこと
③喫煙
④食品取扱区域での飲食
⑤防護されていない食品上でくしゃみ，咳をすること

また，食品取扱者は，所定の場所以外では着替え，喫煙，飲食等を行わないこと．

(9)食品取扱者以外の者が施設に立ち入る場合は，適切な場所で清潔な専用衣に着替えさせ，本項で示した食品取扱者等の衛生管理の規定に従わせること．

第4 食品取扱施設等における食品取扱者等に対する教育訓練

(1)食品等事業者，食品衛生管理者又は食品衛生責任者は，製造，加工，調理，販売等が衛生的に行われるよう，食品取扱者及び関係者に対し，食品等の衛生的な取扱方法，食品等の汚染防止の方法，適正な手洗いの方法，健康管理等食品衛生上必要な事項に関する衛生教育を実施すること．

(2)この衛生教育には，上記第2に示す各種手順等（1(2)，6(1)，10，11，13(1)）に関する事項を含むものとする．

(3)特に洗浄剤等の化学物質を取り扱う者に対しては，その安全な取扱いについての教育訓練を実施すること．

(4)教育訓練の効果について定期的に評価し，必要に応じそのプログラムを修正すること．

第5 運搬

(1)食品の運搬に用いる車両，コンテナ等は，食品や容器包装を汚染するようなものであってはならない．また，容易に洗浄，消毒ができる構造のものを使用し，常に清潔にし，補修を行うこと等により適切な状態を維持すること．

(2)食品と食品以外の貨物を混載する場合には，食品以外の貨物からの汚染を防止するため，必要に応じ，食品を適切な容器に入れる等食品以外の貨物と区分けすること．

(3)運搬中の食品がじん埃や有毒ガス等に汚染されないよう管理すること．

(4)品目が異なる食品や食品以外の貨物の運搬に使用した車両又はコンテナを使用する場合は，効果的な方法により洗浄し，必要に応じ消毒を行うこと．

(5)バルク輸送の場合，必要に応じ，食品専用の車両又はコンテナを

使用すること．その場合は，車両，コンテナに食品専用であることを明示すること．

(6)運搬中の温度，湿度その他の状態の管理に注意すること．

(7)配送時間が長時間に及ばないよう配送ルート等にも留意し，時間の管理に注意すること．

(8)弁当等にあっては，摂食予定時間を考慮した配送をする等，適切な出荷時間に注意すること．

第6 販売

(1)販売量を見込んだ仕入れを行う等，適正な販売を行うこと．

(2)直接日光にさらしたり，長時間不適切な温度で販売したりすることのないよう衛生管理に注意すること．

Ⅱ 危害分析・重要管理点方式を用いずに衛生管理を行う場合の基準

第1 農林水産物の採取における衛生管理

Ⅰの第1によること．

第2 食品取扱施設等における衛生管理

1 一般事項

Ⅰの第2の1によること．

2 施設の衛生管理

Ⅰの第2の2によること．

3 食品取扱設備等の衛生管理

Ⅰの第2の3によること．

4 そ族及び昆虫対策

Ⅰの第2の5によること．

5 廃棄物および排水の取扱い

Ⅰの第2の6によること．

6 食品等の取扱い

(1)原材料の仕入に当たっては，適切な管理が行われたものを仕入れ，衛生上の観点から品質，鮮度，表示等について点検し，点検状況を記録するよう努めること．また，原材料に寄生虫，病原微生物，農薬，動物用医薬品，有毒物，腐敗物，変敗物又は異物を含むことが明らかな場合であって，通常の加工，調理等ではこれらが許容できる水準まで死滅又は除去されない場合は，当該原材料を受け入れないこと．

(2)原材料として使用する食品は，適切なものを選択し，必要に応じて前処理を行ったのち，加工に供すること．保存に当たっては，当該食品に適した状態及び方法で行うこと．

(3)冷蔵庫（室）内では，相互汚染が生じないよう，区画して保存すること．

(4)添加物を使用する場合には，正確に秤量し，適正に使用すること．

(5)食品の製造，加工又は調理において，病原微生物その他の微生物及びそれらの毒素が，完全に又は安全な量まで死滅又は除去されていること．

(6)食品は，当該品の特性（水分活性，pH，微生物による汚染状況），消費期限又は賞味期限，製造加工の方法，包装形態，生食用又は加熱加工用等の使用方法等に応じて冷蔵保存する等，調理，製造，保管，運搬，販売等の各過程において時間及び温度の管理に十分配慮して衛生的に取り扱うこと．

(7)特に食品衛生に影響があると考えられる次の工程の管理に，十分配慮すること．

①冷却

②加熱

③乾燥

④添加物の使用

⑤真空調理又はガス置換包装

⑥放射線照射

(8)食品間の相互汚染を防止するため，次の点に配慮すること．

①未加熱又は未加工の原材料は，そのまま摂取される食品と区分して取り扱うこと．

②製造，加工又は調理を行う区画へは当該区画で作業を行う食品取扱者以外の者が立ち入ることのないようにすること（ただし，当該食品取扱者以外の者の立入りによる食品等の汚染のおそれがない場合はこの限りでない．）．また，これらの区域へ入る際には，必要に応じて，更衣室等を経由し，衛生的な作業着，履物への交換，手洗い等を行うこと．

③食肉等の未加熱食品を取り扱った設備，機械器具等は，別の食品を取り扱う前に，必要な洗浄及び消毒を行うこと．

(9)原材料（特に生鮮物）の保管に当たっては，使用期限等に応じ適切な順序（いわゆる先入れ，先出しなど）で使用されるよう配慮すること．

(10)器具及び容器包装は，製品を汚染や損傷から保護し，適切な表示が行えるものを使用すること．また，再使用が可能な器具又は容器包装は，洗浄，消毒が容易なものを用いること．

(11)食品等の製造又は加工に当たっては，以下の事項の実施に努めること．

①原材料及び製品への金属，ガラス，じん埃，洗浄剤，機械油等の化学物質等の異物の混入防止のための措置を講じ，必要に応じ検査すること．

②原材料，製品及び容器包装をロット毎に管理し，記録すること．

③製品毎にその特性，製造及び加工の手順，原材料等について記載した製品説明書を作成し，保存すること．

④分割，細切された食品等について，異物の混入がないかを確認すること．異物が認められた場合には，汚染の可能性がある部分を廃棄すること．

⑤原材料として使用していないアレルギー物質が製造工程において混入しないよう措置を講ずること．

(12)原材料及び製品について自主検査を行い，規格基準等への適合性を確認し，その結果を記録するよう努めること．

(13)おう吐物等により汚染された可能性のある食品は廃棄すること．

(14)施設においておう吐した場合には，直ちに殺菌剤を用いて適切に消毒すること．

7 使用水等の管理

Ⅰの第2の4によること．

8 食品衛生責任者の設置

Ⅰの第2の7によること．

9 記録の作成及び保存

(1)食品衛生上の危害の発生の防止に必要な限度において，取り扱う食品に係る仕入元，製造又は加工等の状態，出荷又は販売先その他必要な事項に関する記録を作成し，保存するよう努めること．

(2)記録の保存期間は，取り扱う食品等の流通実態（消費期限又は賞味期限）等に応じて合理的な期間を設定すること．

(3)食中毒等の食品衛生上の危害の発生を防止するため，国，都道府県等から要請があった場合には，当該記録を提出すること．

(4)製造し，又は加工した製品について自主検査を行った場合には，その記録を保存するよう努めること．

10 回収・廃棄

Ⅰの第2の13によること．

11 管理運営要領の作成

Ⅰの第2の11によること．

12 検食の実施

Ⅰの第2の14によること．

13 情報の提供

Ⅰの第2の15によること．

第3 食品取扱施設等における食品取扱者等の衛生管理

Ⅰの第3によること．

第4 食品取扱施設等における食品取扱者等に対する教育訓練

(1)食品等事業者，食品衛生管理者又は食品衛生責任者は，製造，加工，調理，販売等が衛生的に行われるよう，食品取扱者及び関係者に対し，食品等の衛生的な取扱方法，食品等の汚染防止の方法，適正な手洗いの方法，健康管理等食品衛生上必要な事項に関する衛生教育を実施すること．

(2)この衛生教育には，上記に示す各種手順等（Ⅰの第2の1(2)，6(1)，11及び13(1)並びにⅡの第2の6(6)及び6(14)）に関する事項を含むものとすること．

(3)特に洗浄剤等の化学物質を取り扱う者に対しては，その安全な取扱いについての教育訓練を実施すること．

(4)教育訓練の効果について定期的に評価し，必要に応じてそのプログラムを修正すること．

第5 運搬

Ⅰの第5によること．

第6 販売

Ⅰの第6によること．

129

付　　表

●付表 1 ● 食品の規格基準（乳および乳製品を除く）

区　分		規格基準	備　考
食品一般	成分規格 （抜粋）	1 食品は，抗生物質又は化学的合成品*たる抗菌性物質を含有してはならない．ただし，次のいずれかに該当するものにあっては，この限りではない． 　(1)当該物質が，食品衛生法（昭和22年法律第233号）第10条の規定により人の健康を損なうおそれのない場合として厚生労働大臣が定める添加物と同一である場合 　(2)当該物質について，5，6，7，8又は9において成分規格が定められている場合 　(3)当該食品が，5，6，7，8又は9において定める成分規格に適合する食品を原材料として製造され，又は加工されたものである場合（5，6，7，8又は9において成分規格が定められていない抗生物質又は化学的合成品たる抗菌性物質を含有する場合を除く．） 2 食品が組換えDNA技術*によって得られた生物の全部もしくは一部であり，又は当該生物の全部もしくは一部を含む場合は，厚生労働大臣が定める安全性審査の手続きを経た旨の公表がなされたものでなければならない． 3 食品が組換えDNA技術によって得られた微生物を利用して製造された物であり，又は当該物を含む場合は，厚生労働大臣が定める安全性審査の手続きを経た旨の公表がなされたものでなければならない． 4 食品衛生法施行規則第21条第1項第1号ミに規定する特定保健用食品は厚生労働大臣が定める安全性及び効果の審査手続きを経たものでなければならない． （5〜10の農薬等の成分の規定については省略）	*化学的合成品 化学的手段により元素又は化合物に分解反応以外の化学的反応を起こさせて得られた物質をいう． *組換えDNA技術 酵素等を用いた切断及び再結合の操作によって，DNAをつなぎ合わせた組換えDNA分子を作成し，それを生細胞に移入しかつ，増殖させる技術をいう
	製造，加工， 調理基準	●食品を製造し，又は加工する場合：食品に放射線（原子力基本法第3条第5号に規定するもの）を照射してはならない．ただし，食品の製造工程，又は加工工程において，その製造工程又は加工工程の管理のために照射する場合であって，食品の吸収線量が0.10グレイ以下のとき，及び食品各条の項で特別に定めた場合を除く ●生乳又は生山羊乳を使用して食品を製造する場合：その食品の製造工程中において，生乳又は生山羊乳を62℃，30分間加熱殺菌するか，又はこれと同等以上の殺菌効果を有する方法で加熱殺菌しなければならない．食品に添加し，又は食品の調理に使用する乳は，牛乳，特別牛乳，殺菌山羊乳，部分脱脂乳，脱脂乳又は加工乳でなければならない ●血液，血球又は血漿（獣畜のものに限る）を使用して食品を製造，加工又は調理する場合は，その食品の製造，加工又は調理の工程中で，血液，血球，血漿を63℃，30分加熱又はこれと同等以上の殺菌効果を有する方法で加熱殺菌しなければならない ●食品の製造，加工又は調理に使用する鶏の殻付き卵は，食用不適卵であってはならない．鶏卵を使用して食品を製造，加工又は調理する場合は，その工程中において70℃で1分以上加熱するか，又はこれと同等以上の殺菌効果を有する方法で加熱殺菌しなければならない．ただし，品質保持期限内の生食用の正常卵を使用する場合にあっては，この限りではない ●魚介類を生食用に調理する場合：飲用適の水で十分に洗浄し，製品を汚染するおそれのあるものを除去しなければならない ●組換えDNA技術によって得られた微生物を利用して食品を製造する場合は，厚生労働大臣が定める基準に適合する旨の確認を得た方法で行わなければならない ●食品を製造し，または加工する場合は，添加物の成分規格・保存基準又は製造基準に適合しない添加物を使用してはならない ●牛海綿状脳症（BSE）の発生国・地域において飼養された牛（特定牛）を直接一般消費者に販売する場合は，せき柱を除去しなければならない 　食品を製造，加工，調理する場合：特定牛のせき柱を原材料として使用してはならない．ただし，特定牛のせき柱に由来する油脂を，高温かつ高圧の下で，加水分解，けん化又はエステル交換したものを使用する場合は，この限りでない	
	保存基準	●飲用以外の氷雪で，直接接触させることにより食品を保存する場合の氷雪：大腸菌群（融解水中）陰性（11.111 mL中，L.B.培地法） ●食品を保存する場合：抗生物質を使用しないこと．ただし，法第10条の規定により人の健康を損なうおそれのない場合として厚生労働大臣が定める添加物についてはこの限りでない ●食品保存の目的で，食品に放射線を照射しないこと	
清涼飲料水	成分規格	1.　一般規格 ①混濁（原料として用いられる植物もしくは動物の組織成分，着香もしくは着色の目的に使用される添加物または一般に人の健康を損なうおそれがないと認められる死滅した微生物（製品の原材料に混入することがやむを得ないものに限る．）に起因する混濁を除く．）したものであってはならない． ②沈殿物（原料として用いられる植物もしくは動物の組織成分，着香もしくは着色の目的に使用される添加物または一般に人の健康を損なうおそれがないと認められる死滅した微生物（製品の原材料に混入することがやむを得ないものに限る．）に起因する沈殿物を除く．）または固形の異物（原材料として用いられる植物たる固形物でその容量百分率が30%以下であるものを除く．）のあるものであってはならない． ③金属製容器包装入りのものについては，スズの含有量は，150.0 ppmを超えるものであってはならない． ④大腸菌群が陰性でなければならない． 2.　個別規格 ①ミネラルウォーター類（水のみを原料とする清涼飲料水をいう．以下同じ．）のうち殺菌または除菌を行わないもの 　a　次の表の第1欄に掲げる事項につき同表の第2欄に掲げる規格に適合するものでなければならない．	

区　分		規格基準		備　考

清涼飲料水	成分規格			

第1欄	第2欄
亜鉛	5 mg/L 以下であること.
カドミウム	0.003 mg/L 以下であること.
水銀	0.0005 mg/L 以下であること.
セレン	0.01 mg/L 以下であること.
銅	1 mg/L 以下であること.
鉛	0.05 mg/L 以下であること.
バリウム	1 mg/L 以下であること.
ヒ素	0.05 mg/L 以下であること.
マンガン	2 mg/L 以下であること.
六価クロム	0.05 mg/L 以下であること.
シアン（シアンイオンおよび塩化シアン）	0.01 mg/L 以下であること.
硝酸性窒素および亜硝酸性窒素	10 mg/L 以下であること.
フッ素	2 mg/L 以下であること.
ホウ素	ホウ酸として 30 mg/L 以下であること.

 b 容器包装内の二酸化炭素圧力が 20℃で 98 kPa 未満のものにあっては，腸球菌および緑膿菌が陰性でなければならない.

2. ミネラルウォーター類のうち殺菌または除菌を行うもの
 次の表の第1欄に掲げる事項につき同表の第2欄に掲げる規格に適合するものでなければならない.

第1欄	第2欄
亜鉛	5 mg/L 以下であること.
カドミウム	0.003 mg/L 以下であること.
水銀	0.0005 mg/L 以下であること.
セレン	0.01 mg/L 以下であること.
銅	1 mg/L 以下であること.
鉛	0.05 mg/L 以下であること.
バリウム	1 mg/L 以下であること.
ヒ素	0.05 mg/L 以下であること.
マンガン	2 mg/L 以下であること.
六価クロム	0.05 mg/L 以下であること.
亜塩素酸	0.6 mg/L 以下であること.
塩素酸	0.6 mg/L 以下であること.
クロロホルム	0.06 mg/L 以下であること.
残留塩素	3 mg/L 以下であること.
シアン（シアンイオンおよび塩化シアン）	0.01 mg/L 以下であること.
四塩化炭素	0.002 mg/L 以下であること.
1,4-ジオキサン	0.04 mg/L 以下であること.
ジクロアセトニリル	0.01 mg/L 以下であること.
1,2-ジクロエタン	0.004 mg/L 以下であること.
ジクロロメタン	0.02 mg/L 以下であること.
シス-1,2-ジクロロエチレンおよびトランス-1,2-ジクロロエチレン	シス体とトランス体の和として 0.04 mg/L 以下であること.
ジブロモクロロメタン	0.1 mg/L 以下であること.
臭素酸	0.01 mg/L 以下であること.
硝酸性窒素および亜硝酸性窒素	10 mg/L 以下であること.
総トリハロメタン	0.1 mg/L 以下であること.
テトラクロロエチレン	0.01 mg/L 以下であること.
トリクロロエチレン	0.004 mg/L 以下であること.
トルエン	0.4 mg/L 以下であること.
フッ素	2 mg/L 以下であること.
ブロモジクロロメタン	0.03 mg/L 以下であること.
ブロモホルム	0.09 mg/L 以下であること.
ベンゼン	0.01 mg/L 以下であること.
ホウ素	ホウ酸として 30 mg/L 以下であること.
ホルムアルデヒド	0.08 mg/L 以下であること.
有機物等（全有機炭素）	3 mg/L 以下であること.
味	異常でないこと.
臭気	異常でないこと.
色度	5 度以下であること.
濁度	2 度以下であること.

3. ミネラルウォーター類以外の清涼飲料水
 a ヒ素および鉛を検出するものであってはならない.
 b りんごの搾汁および搾汁された果汁のみを原料とするものについては，パツリンの含有量が 0.050 ppm を超えるものであってはならない.

区　分		規格基準	備　考
清涼飲料水	製造基準		

1. 一般基準
　製造に使用する器具および容器包装は，適当な方法で洗浄し，かつ，殺菌したものでなければならない．ただし，未使用の容器包装であり，かつ，殺菌され，または殺菌効果を有する製造方法で製造され，使用されるまでに汚染されるおそれのないように取り扱われたものにあっては，この限りでない．

2. 個別基準

① ミネラルウォーター類のうち殺菌または除菌を行わないもの（容器包装内の二酸化炭素圧力が20℃で98 kPa以上のものを除く．）にあっては，次の基準に適合するものでなければならない．
　a　原水は，自然に，または掘削によって地下の帯水層から直接得られる鉱水のみとし，泉源および採水地点の環境保全を含め，その衛生確保に十分に配慮しなければならない．
　b　原水は，その構成成分，湧出量および温度が安定したものでなければならない．
　c　原水は，人為的な環境汚染物質を含むものであってはならない．ただし，別途成分規格が設定されている場合にあっては，この限りでない．
　d　原水は，病原微生物に汚染されたものまたは当該原水が病原微生物に汚染されたことを疑わせるような生物もしくは物質を含むものであってはならない．
　e　原水は，芽胞形成亜硫酸還元嫌気性菌，腸球菌，緑膿のう菌および大腸菌群が陰性であり，かつ，1 mL当たりの細菌数が5以下でなければならない．
　f　原水は，泉源から直接採水したものを自動的に容器包装に充填した後，密栓または密封しなければならない．
　g　原水には，沈殿，ろ過，曝気または二酸化炭素の注入もしくは脱気以外の操作を施してはならない．
　h　採水から容器包装詰めまでを行う施設および設備は，原水を汚染するおそれのないよう清潔かつ衛生的に保持されたものでなければならない．
　i　採水から容器包装詰めまでの作業は，清潔かつ衛生的に行わなければならない．
　j　容器包装詰め直後の製品は1 mL当たりの細菌数が20以下でなければならない．
　k　eおよびjに係る記録は，6月間保存しなければならない．

② ミネラルウォーター類のうち殺菌または除菌を行わないものであって，かつ，容器包装内の二酸化炭素圧力が20℃で98 kPa以上のものの原水にあっては，1 mL当たりの細菌数が100以下であり，かつ，大腸菌群が陰性でなければならない．

③ ミネラルウォーター類のうち殺菌または除菌を行うものにあっては，次の基準に適合する方法で製造しなければならない．
　a　原料として用いる水は，1 mL当たりの細菌数が100以下であり，かつ，大腸菌群が陰性でなければならない．
　b　容器包装に充填し，密栓もしくは密封した後殺菌するか，または自記温度計をつけた殺菌器等で殺菌したものもしくはろ過器等で除菌したものを自動的に容器包装に充填した後，密栓もしくは密封しなければならない．この場合の殺菌または除菌は，その中心部の温度を85℃で30分間加熱する方法その他の原料として用いる水等に由来して当該食品中に存在し，かつ，発育し得る微生物を死滅させ，または除去するのに十分な効力を有する方法で行わなければならない．
　c　bの殺菌に係る殺菌温度および殺菌時間の記録もしくは除菌に係る記録は，6月間保存しなければならない．

④ ミネラルウォーター類，冷凍果実飲料（果実の搾汁または果実の搾汁を濃縮したものを冷凍したものであって，原料用果汁以外のものをいう．以下同じ．）および原料用果汁以外の清涼飲料水
　a　原料として用いる水は，水道水または次のいずれかでなければならない．
　　①　1 清涼飲料水の成分規格の(2) 個別規格の1.のaに適合し，かつ，鉄が0.3 mg/l以下，カルシウム，マグネシウム等（硬度）が300 mg/l以下であるもののうち，2 清涼飲料水の製造基準の(2) 個別基準の1.（f，h，i，jおよびkを除く．）または2.に適合するもの．
　　②　1 清涼飲料水の成分規格の(2) 個別規格の2.および2 清涼飲料水の製造基準の(2) 個別基準の3.のaに適合するものであって，かつ，鉄が0.3 mg/l以下，カルシウム，マグネシウム等（硬度）が300 mg/l以下であるもの．
　b　製造に使用する果実，野菜等の原料は，鮮度その他の品質が良好なものであり，かつ，必要に応じて十分洗浄したものでなければならない．
　c　清涼飲料水は，容器包装に充填し，密栓もしくは密封した後殺菌するか，または自記温度計をつけた殺菌器等で殺菌したものもしくはろ過器等で除菌したものを自動的に容器包装に充填した後，密栓もしくは密封しなければならない．この場合の殺菌または除菌は，次の方法で行わなければならない．ただし，容器包装内の二酸化炭素圧力が20℃で98 kPa以上であり，かつ，植物または動物の組織成分を含有しないものにあっては，殺菌および除菌を要しない．
　　①　pH 4.0未満のものの殺菌にあっては，その中心部の温度を65℃で10分間加熱する方法またはこれと同等以上の効力を有する方法で行うこと．
　　②　pH 4.0以上のもの（pH 4.6以上で，かつ，水分活性が0.94を超えるものを除く．）の殺菌にあっては，その中心部の温度を85℃で30分間加熱する方法またはこれと同等以上の効力を有する方法で行うこと．
　　③　pH 4.6以上で，かつ，水分活性が0.94を超えるものの殺菌にあっては，原材料等に由来して当該食品中に存在し，かつ，発育し得る微生物を死滅させるのに十分な効力を有する方法または②に定める方法で行うこと．
　　④　除菌にあっては，原材料等に由来して当該食品中に存在し，かつ，発育し得る微生物を除去するのに十分な効力を有する方法で行うこと．
　d　cの殺菌に係る殺菌温度および殺菌時間の記録またはcの除菌に係る記録は6月間保存しなければならない．
　e　紙栓により打栓する場合は，打栓機械により行わなければならない．

5. 冷凍果実飲料
　a　原料用果実は，傷果，腐敗果，病害果等でない健全なものを用いなければならない．
　b　原料用果実は，水，洗浄剤等に浸して果皮の付着物を膨潤させ，ブラッシングその他の適当な方法で洗浄し，十分に水洗した後，次亜塩素酸ナトリウム液その他

区 分		規格基準	備 考
清涼飲料水	製造基準	の適当な殺菌剤を用いて殺菌し，十分に水洗しなければならない． c 殺菌した原料用果実は，汚染しないように衛生的に取り扱わなければならない． d 搾汁および搾汁された果汁の加工は，衛生的に行わなければならない． e 製造に使用する器具および容器包装は，適当な方法で洗浄し，かつ，殺菌したものでなければならない．ただし，未使用の容器包装であり，かつ，殺菌され，または殺菌効果を有する製造方法で製造され，使用されるまでに汚染されるおそれのないように取り扱われたものにあっては，この限りでない． f 搾汁された果汁（密閉型全自動搾汁機により搾汁されたものを除く．）の殺菌または除菌は，次の方法で行わなければならない． ①pH 4.0 未満のものの殺菌にあっては，その中心部の温度を 65℃で 10 分間加熱する方法またはこれと同等以上の効力を有する方法で行うこと． ②pH 4.0 以上のものの殺菌にあっては，その中心部の温度を 85℃で 30 分間加熱する方法またはこれと同等以上の効力を有する方法で行うこと． ③除菌にあっては，原材料等に由来して当該食品中に存在し，かつ，発育し得る微生物を除去するのに十分な効力を有する方法で行うこと． g f の殺菌に係る殺菌温度および殺菌時間の記録または f の除菌に係る記録は 6 月間保存しなければならない． h 搾汁された果汁は，自動的に容器包装に充填し，密封しなければならない． i 化学的合成品たる添加物（酸化防止剤を除く．）を使用してはならない． 6. 原料用果汁 a 製造に使用する果実は，鮮度その他の品質が良好なものであり，かつ，必要に応じて十分洗浄したものでなければならない． b 搾汁および搾汁された果汁の加工は，衛生的に行わなければならない． 3 清涼飲料水の保存基準 (1) 紙栓をつけたガラス瓶に収められたものは，10℃以下で保存しなければならない． (2) ミネラルウォーター類，冷凍果実飲料および原料用果汁以外の清涼飲料水のうち，pH 4.6 以上で，かつ，水分活性が 0.94 を超えるものであり，原材料等に由来して当該食品中に存在し，かつ，発育し得る微生物を死滅させるのに十分な効力を有する方法で殺菌していないものにあっては，10℃以下で保存しなければならない． (3) 冷凍果実飲料および冷凍した原料用果汁は，－15℃以下で保存しなければならない． (4) 原料用果汁は，清潔で衛生的な容器包装に収めて保存しなければならない． 4 コップ販売式自動販売機および運搬器具または容器包装に充填された原液を用いて自動的に清涼飲料水の調理を行う器具（以下「清涼飲料水全自動調理機」という．）により調理される清涼飲料水の調理基準 (1) 調理に用いる清涼飲料水の原液は 1 清涼飲料水の成分規格に定める規格に，調理に用いる粉末清涼飲料または砂糖は第 1 食品の部 D 各条の項○ 粉末清涼飲料の 1 粉末清涼飲料の成分規格に定める規格に，調理に用いる氷雪は同項○ 氷雪の 1 氷雪の成分規格に定める規格に，それぞれ適合するものでなければならない．また，調理に用いる水は，食品製造用水でなければならない． (2) 調理に用いる清涼飲料水の原液は，充填直前に適当な方法で洗浄され，かつ，殺菌された運搬器具または容器包装に自動的に充填した後，密栓もしくは密封またはこれらと同等の処置を施したものを用いなければならない．ただし，殺菌され，または殺菌効果を有する製造方法で製造され，使用されるまで汚染されるおそれのないように取り扱われた未使用の運搬器具または容器包装に自動的に充填した後，密栓もしくは密封またはこれらと同等の処置を施したものにあっては，この限りでない． (3) 清涼飲料水の原液その他の原料の溶解，抽出，希釈および混合は，コップ販売式自動販売機または清涼飲料水全自動調理機の中で行わなければならない．ただし，機外で混合する構造の清涼飲料水全自動調理機における混合にあっては，この限りでない． (4) 調理に用いる清涼飲料水の原液，水およびその他の原料を溶解し，抽出し，希釈しまたは混合した液（以下「機内の液体」という．）は，コップ販売式自動販売機または清涼飲料水全自動調理機の中で 10℃以下または 63℃以上に保たなければならない．ただし，密栓もしくは密封またはこれらと同等の処置を施した運搬器具または容器包装に収められたものにあってはこの限りでない．	
粉末清涼飲料	成分規格	●混濁・沈殿物：飲用時の倍数の水で溶解した液が「清涼飲料水」の成分規格混濁及び沈殿物の項に適合すること ●ヒ素，鉛，カドミウム：検出しない ●スズ：150.0 ppm 以下 〔乳酸菌を加えないもの〕 ●大腸菌群：陰性（1.11 g 内，L.B. 培地法） ●細菌数：3,000/g 以下（標準平板培養法） 〔乳酸菌を加えたもの〕 ●大腸菌群：陰性（1.11 g 中，L.B. 培地法） ●細菌数（乳酸菌を除く）：3,000/g 以下	別に製造基準，及び保存基準（コップ販売式自動販売機に収めたもの）あり
氷 雪	成分規格	●大腸菌群（融解水）：陰性（11.111 mL 中，L.B. 培地法） ●細菌数（融解水）：100/mL 以下（標準平板培養法）	別に製造基準あり
氷 菓	成分規格	●細菌数（融解水）：10,000/mL 以下（標準平板培養法） ●大腸菌群（融解水）：陰性（0.1 mL×2 中，デソキシコーレイト培地法）	はっ酵乳又は乳酸菌飲料を原料として使用したものにあっては，細菌数の中に乳酸菌及び酵母を含めない 別に製造基準あり
	保存基準	●保存する場合に使用する容器は適当な方法で殺菌したものであること ●原料及び製品は，有蓋の容器に貯蔵し，取扱中手指を直接原料及び製品に接触させないこと	
食肉・鯨肉（生食用冷凍鯨肉を除く）	保存基準	●10℃以下保存．ただし，容器包装に入れられた，細切りした食肉，鯨肉の凍結品は－15℃以下 ●清潔で衛生的な有蓋の容器に収めるか，清潔で衛生的な合成樹脂フィルム，合成樹脂加工紙，パラフィン紙，硫酸紙，布で包装，運搬のこと	成分規格については動物用医薬品の残留基準参照 輸入食肉の残留農薬については農薬の残留基準参照
	調理基準	●衛生的な場所で，清潔で衛生的な器具を用いて行わなければならない	

133

区　分		規格基準	備　考
食鳥卵	成分規格	〔殺菌液卵（鶏卵）〕 ●サルモネラ：陰性（25 g 中） 〔未殺菌液卵（鶏卵）〕 ●細菌数 1,000,000/g 以下	別に製造基準，表示基準あり 動物用医薬品の残留については同残留基準（食鳥卵）参照
	保存基準 （鶏の液卵 に限る）	●鶏の液卵：8℃以下（鶏の液卵を冷凍したものにあっては，−15℃以下） ●製品の運搬に使用する器具は，洗浄，殺菌，乾燥したもの ●製品の運搬に使用するタンクは，ステンレス製，かつ，定置洗浄装置により洗浄，殺菌する方法又は同等以上の効果を有する方法で洗浄，殺菌したもの	
	使用基準	●鶏の殻付き卵を加熱殺菌せずに飲食に供する場合にあっては，品質保持期限を経過していない生食用の正常卵を使用すること	
血液・血球・ 血漿	保存基準	●4℃以下保存 ●冷凍したものは−18℃以下保存 ●清潔で衛生的な容器包装に収めて保存のこと	別に加工基準あり
食肉製品	成分規格	(1) 一般規格 ●亜硝酸根：0.070 g/kg 以下 (2) 個別規格 〔乾燥食肉製品〕 ● E.coli：陰性（0.1 g×5 中，EC 培地法） ●水分活性：0.87 未満 〔非加熱食肉製品〕 ● E.coli 最確数：100/g 以下（EC 培地法） ●黄色ブドウ球菌：1,000/g 以下（卵黄加マンニット食塩寒天培地法） ●サルモネラ属菌：陰性（25 g 中，EEM ブイヨン増菌法＋ MLCB 又は DHL 培地法） 〔特定加熱食肉製品〕 ● E.coli 最確数：100/g 以下（EC 培地法） ●黄色ブドウ球菌：1,000/g 以下（卵黄加マンニット食塩寒天培地法） ●クロストリジウム属菌：1,000/g 以下（クロストリジウム培地法） ●サルモネラ属菌：陰性（25 g 中，EEM ブイヨン増菌法＋ MLCB 又は DHL 培地法） 〔加熱食肉製品〕 イ．容器包装に入れた後，殺菌したもの ●大腸菌群：陰性（1 g×3 中，B.G.L.B. 培地法） ●クロストリジウム属菌：1,000/g 以下（クロストリジウム培地法） ロ．加熱殺菌した後，容器包装に入れたもの ● E.coli：陰性（0.1 g×5 中，EC 培地法） ●黄色ブドウ球菌：1,000/g 以下（卵黄加マンニット食塩寒天培地法） ●サルモネラ属菌：陰性（25 g 中，EEM ブイヨン増菌法＋ MLCB 又は DHL 培地法）	乾燥食肉製品とは，乾燥させた食肉製品であって，乾燥食肉製品として販売するものをいう（ビーフジャーキー，ドライドビーフ，サラミソーセージ等） 非加熱食肉製品とは，食肉を塩漬した後，くん煙し又は乾燥させ，かつその中心部の温度を63℃で30分間加熱する方法又はこれと同等以上の効力を有する加熱殺菌を行っていない食肉製品であって，非加熱食肉製品として販売するものをいう（乾燥食肉製品を除く） 水分活性0.95以上：パルマハム，ラックスシンケン，コッパ，カントリーハム等. 水分活性0.95未満：ラックスハム，セミドライソーセージ等 特定加熱食肉製品とは，その中心部の温度を63℃で30分間加熱する方法又はこれと同等以上の効力を有する方法以外の方法による加熱殺菌を行った食肉製品をいう（乾燥食肉製品及び非加熱食肉製品を除く） ウエスタンタイプベーコン，ローストビーフ等 加熱食肉製品とは乾燥食肉製品，非加熱食肉製品及び特定加熱食肉製品以外の食肉製品をいう　ボンレスハム，ロースハム，プレスハム，ウィンナーソーセージ，フランクフルトソーセージ，ベーコン等
	保存基準	(1) 一般基準 ●冷凍食肉製品：−15℃以下 ●製品は清潔で衛生的な容器に収めて密封するか，ケーシングするか，又は清潔で衛生的な合成樹脂フィルム，合成樹脂加工紙，硫酸紙もしくはパラフィン紙で包装して運搬しなければならない (2) 個別基準 〔非加熱食肉製品〕 ●水分活性 0.95 以上のもの：4℃以下（肉塊のみを原料肉とする場合に限る） ●その他のもの：10℃以下 ただし，肉塊のみを原料食肉とする場合以外の場合で，pH が 4.6 未満又は pH が 5.1 未満かつ水分活性 0.93 未満のものを除く 〔特定加熱食肉製品〕 ●水分活性 0.95 以上のもの：4℃以下 ●水分活性 0.95 未満のもの：10℃以下 〔加熱食肉製品〕 ● 10℃以下 ただし，気密性の容器包装に充てんした後，製品の中心部の温度を120℃で4分間加熱する方法又はこれと同等以上の効力を有する方法により殺菌したものを除く	E.coli：大腸菌群のうち44.5℃で24時間培養したときに，乳糖を分解して，酸及びガスを生ずるものをいう サルモネラ属菌：グラム陰性の無芽胞性の桿菌であって，アセトイン陰性，リジン陽性，硫化水素陽性及びオルトニトロフェニル−β−D−ガラクトピラノシド（ONPG）陰性でブドウ糖を分解し，乳糖及び白糖を分解しない，運動性を有する通性嫌気性の菌をいう クロストリジウム属菌：グラム陽性の芽胞形成桿菌であって亜硝酸を還元する嫌気性の菌をいう
鯨肉製品	成分規格	●大腸菌群：陰性（1 g×3 中，B.G.L.B. 培地法） ●亜硝酸根：0.070 g/kg 以下（鯨肉ベーコン）	別に製造基準あり

区　分		規格基準	備　考
鯨肉製品	保存基準	●10℃以下保存（冷凍製品は−15℃以下）．ただし，気密性の容器包装に充てん後，中心部の温度を120℃，4分殺菌（同等以上の方法も含む）した製品を除く ●清潔で衛生的な容器に密封又はケーシングする．又は清潔で衛生的な合成樹脂フィルム，同加工紙，硫酸紙もしくはパラフィン紙で包装，運搬のこと	
魚肉ねり製品	成分規格	●大腸菌群：陰性（魚肉すり身を除く）（1 g×3中，B.G.L.B.培地法） ●亜硝酸根：0.050 g/kg 以下（ただし，魚肉ソーセージ，魚肉ハム）	別に製造基準あり
	保存基準	●10℃以下保存（魚肉ソーセージ，魚肉ハム，特殊包装かまぼこ）．ただし，気密性の容器包装に充てん後，120℃，4分殺菌（同等以上の方法を含む）した製品及びpH 4.6以下又は水分活性 0.94 以下のものを除く．冷凍製品は−15℃以下保存	
いくら，すじこ，たらこ	成分規格	●亜硝酸根：0.005 g/kg 以下	
ゆでだこ	成分規格	●腸炎ビブリオ：陰性（TCBS 寒天培地法） [冷凍ゆでだこ] ●細菌数：100,000/g 以下（標準平板培養法） ●大腸菌群：陰性（0.01 g×2中，デソキシコレート培地法） ●腸炎ビブリオ：陰性（TCBS 寒天培地法）	別に加工基準あり
	保存基準	●10℃以下保存．ただし，冷凍ゆでだこは−15℃以下保存 ●清潔で衛生的な有蓋の容器又は清潔で衛生的な合成樹脂フィルム，合成樹脂加工紙，硫酸紙もしくはパラフィン紙で包装運搬	
ゆでがに	成分規格	飲食に供する際に加熱を要しないものに限る 　1)［凍結していないもの］ 　　●腸炎ビブリオ：陰性（TCBS 培地法） 　2)［冷凍ゆでがに］ 　　●細菌数：100,000/g 以下（標準平板培養法） 　　●大腸菌群：陰性（0.01 g×2中，デソキシコレート培地法） 　　●腸炎ビブリオ：陰性（TCBS 培地法）	別に加工基準あり
	保存基準	●10℃以下保存（飲食に供する際に加熱を要しないものであって，凍結させていないものに限る）．ただし，冷凍ゆでがには−15℃以下保存 ●清潔で衛生的な容器包装に入れ保存，ただし二次汚染防止措置を講じて，販売用に陳列する場合はこの限りではない	
生食用鮮魚介類	成分規格	●腸炎ビブリオ最確数：100/g 以下（アルカリペプトン水，TCBS 寒天培地法）	切り身又はむき身にした鮮魚介類（生がきを除く）であって，生食用のもの（凍結させたものを除く）に限る（凍結させたものは冷凍食品［生食用冷凍鮮魚介類］の項を参照） 別に加工基準あり
	保存基準	●清潔で衛生的な容器包装に入れ，10℃以下で保存	
生食用かき	成分規格	●細菌数：50,000/g 以下（標準平板培養法） ● E.coli 最確数：230/100 g 以下（EC 培地法） ［むき身のもの］ ●腸炎ビブリオ最確数：100/g 以下（アルカリペプトン水，TCBS 寒天培地法）	動物用医薬品の残留については，同残留基準（魚介類）参照
	保存基準	●10℃以下保存．ただし，冷凍品は−15℃以下保存．清潔で衛生的な合成樹脂，アルミニウム箔又は耐水性加工紙で包装保存すること ●冷凍品を除く生食用かきは上記のほか，清潔で衛生的な有蓋容器に収めて保存してもよい	別に加工基準あり　容器包装に採取された海域又は湖沼を表示すること
寒　天	成分規格	●ホウ素化合物：1 g/kg 以下（H₃BO₃ として）	
穀　類 米（玄米）	成分規格	●カドミウム，カドミウム化合物：1.0 ppm 未満（Cd として）	残留農薬については農薬の残留基準参照
豆類	成分規格	●シアン化合物：不検出（ただし，サルタニ豆，サネタピア豆，バター豆，ペギア豆，ホワイト豆，ライマ豆にあってはHCN として 500 ppm 以下）	残留農薬については農薬の残留基準参照
	使用基準	●シアン化合物を検出する豆類の使用は生あんの原料に限る	
生あん	成分規格	●シアン化合物：不検出	別に製造基準あり
豆　腐	保存基準	●冷蔵保存，又は，十分に洗浄，殺菌した水槽内で，飲用適の冷水で絶えず換水しながら保存（移動販売用及び，成型後水さらしせずに直ちに販売されるものを除く） ●移動販売用のものは十分に洗浄，殺菌した器具で保冷	別に製造基準あり
即席めん類	成分規格	●含有油脂：酸価 3 以下，又は過酸化物価 30 以下	めんを油脂で処理したものに限る
	保存基準	●直射日光を避けて保存	
冷凍食品	成分規格	［無加熱摂取冷凍食品］ ●細菌数：100,000/g 以下（標準平板培養法） ●大腸菌群：陰性（0.01 g×2中，デソキシコレート培地法） ［加熱後摂取冷凍食品（凍結直前加熱）］ ●細菌数：100,000/g 以下（標準平板培養法） ●大腸菌群：陰性（0.01 g×2中，デソキシコレート培地法） ［加熱後摂取冷凍食品（凍結直前加熱以外のもの）］ ●細菌数：3,000,000/g 以下（標準平板培養法） ● E.coli：陰性（0.01 g×3中，EC 培地法） （冷凍食品の成分規格の細菌数に係る部分は，微生物の働きを利用して製造された食品，例えば生地パン，納豆，ナチュラルチーズ入りパイ等を凍結させたものであって容器包装に入れられたものについては適用しない）	ここで冷凍食品とは製造し，又は加工した食品（清涼飲料水，食肉製品，鯨肉製品，魚肉ねり製品，ゆでだこを除く）及び切身又はむき身の鮮魚介類（生がきを除く）を凍結させたもので，容器包装に入れられたものをいう 無加熱摂取冷凍食品とは，冷凍食品のうち製造し，又は加工した食品を凍結させたもので，飲食に供する際に加熱を要しないとされているものをいう

135

区 分		規格基準	備 考
冷凍食品	成分規格	〔生食用冷凍鮮魚介類〕 ●細菌数：100,000/g 以下（標準平板培養法） ●大腸菌群：陰性（0.01 g×2 中，デソキシコレート培地法） ●腸炎ビブリオ最確数：100/g 以下（アルカリペプトン水，TCBS 寒天培地法）	加熱後摂取冷凍食品とは，冷凍食品のうち，製造し，又は加工した食品を凍結させたもので，無加熱摂取冷凍食品以外のものをいう 生食用冷凍鮮魚介類とは，冷凍食品のうち，切身又はむき身にした鮮魚介類で，生食用のものを凍結させたものをいう
	保存基準	●−15℃以下保存 ●清潔で衛生的な合成樹脂，アルミニウム箔又は耐水性の加工紙で包装し保存	別に加工基準あり
容器包装詰加圧加熱殺菌食品	成分規格	●当該容器包装詰加圧加熱殺菌食品中で発育しうる微生物：陰性 (1) 恒温試験：容器包装を 35.0℃で 14 日間保持し，膨張又は漏れを認めない (2) 細菌試験：陰性（1 mL×5 中，TGC 培地法，恒温試験済みのものを検体とする）	容器包装詰加圧加熱殺菌食品とは，食品（清涼飲料水，食肉製品，鯨肉製品，魚肉ねり製品を除く）を気密性のある容器包装に入れ，密封した後，加圧加熱殺菌したものをいう 別に製造基準あり

●付表2● 乳・

	原 料 乳		飲 用 乳	
	生 乳	生山羊乳	牛 乳	特別牛乳
比　　　重(15℃)	1.028〜1.034 [a] 1.028〜1.036 [b]	1.030〜1.034	1.028〜1.034 [a] 1.028〜1.036 [b]	1.028〜1.034 [a] 1.028〜1.036 [b]
酸　　度(乳酸%)	0.18 以下 [a] 0.20 以下 [b]	0.20 以下	0.18 以下 [a] [c] 0.20 以下 [b] [c]	0.17 以下 [a] 0.19 以下 [b]
無脂乳固形分(%)	——	——	8.0 以上	8.5 以上
乳 脂 肪 分(%)	——	——	3.0 以上	3.3 以上
細　菌　数 （1 mL 当たり）	400 万以下 （直接個体検鏡法）	400 万以下 （直接個体検鏡法）	5 万以下 [d] （標準平板培養法）	3 万以下 （標準平板培養法）
大 腸 菌 群			陰 性 [g]	陰 性 [g]
製造の方法の基準	——	——	殺菌法： 　保持式により 63℃ 　30 分またはこれと 　同等以上の殺菌効果 　を有する方法で加熱 　殺菌	殺菌法： 　殺菌する場合は保 　持式により 63〜65 　℃ 　30 分殺菌
保存の方法の基準			殺菌後直ちに 10℃ 以下に冷却して保存 のこと（常温保存可 能品を除く）常温保 存可能品は常温を超 えない温度で保存	処理後（殺菌した場 合にあっては殺菌 後）直ちに 10℃以 下に冷却して保存す ること
備　　　　　　考	他物の混入禁止	他物の混入禁止	その成分の除去を行 わないこと 他物の混入禁止（超 高温直接加熱殺菌の 際の水蒸気を除く） 牛乳の残留農薬につ いては農薬残留基準 参照	その成分の除去を行 わないこと 他物の混入禁止

[a] ジャージー種の牛の乳のみを原料とするもの以外のもの．生乳にあっては，ジャージー種の牛以外の牛から搾取したもの．

[b] ジャージー種の牛の乳のみを原料とするもの．生乳にあっては，ジャージー種の牛から搾取したもの．

[c] 常温保存可能品にあっては，29〜31℃ 14 日又は 54〜56℃ 7 日間保存後の上昇が 0.02% 以内

[d] 常温保存可能品にあっては，29〜31℃ 14 日又は 54〜56℃ 7 日間保存のものについて 0

[e] 常温保存可能品にあっては牛乳に同じ

[f] 常温保存可能品にあっては，29〜31℃ 14 日又は 54〜56℃ 7 日間保存後のものについて 0

[g] 1.11 mL×2 中，B.G.L.B. 培地法

区　分		規格基準	備　考
ばれいしょ	加工基準	●発芽防止の目的で放射線を照射する場合は，次の方法による （イ）放射線源の種類：コバルト60のガンマ線 （ロ）ばれいしょの吸収線量：150グレイ以下 （ハ）照射加工したばれいしょには再照射しないこと	残留農薬については農薬の残留基準参照
油脂で処理した菓子（指導要領）	製品の管理	●製品中に含まれる油脂の酸価が3を超え，かつ過酸化物価が30を超えないこと ●製品中に含まれる油脂の酸価が5を超え，又は過酸化物価が50を超えないこと	製造過程において油脂で揚げる，炒める，吹き付ける，又は塗布する等の処理を施した菓子をいう。粗脂肪として10%（W/W）以上を含むもの

乳製品の規格基準

飲　用　乳					乳　飲　料
殺菌山羊乳	成分調整牛乳	低脂肪牛乳	無脂肪牛乳	加　工　乳	乳　飲　料
1.030～1.034	——	1.030～1.036	1.032～1.038	——	
0.20以下	0.18以下	0.18以下 e)	0.18以下 e)	0.18以下 e)	
8.0以上	8.0以上	8.0以上	8.0以上	8.0以上	
3.6以上	——	0.5以上 1.5以下	0.5未満	——	
5万以下 （標準平板培養法）	5万以下 （標準平板培養法）	5万以下 e) （標準平板培養法）	5万以下 e) （標準平板培養法）	5万以下 e) （標準平板培養法）	3万以下 f) （標準平板培養法）
陰　性 g)	陰　性 g)	陰　性 g)	陰　性 g)	陰　性 g)	陰　性 g)
牛乳に同じ	牛乳に同じ	牛乳に同じ	牛乳に同じ	牛乳に同じ	殺菌法：原料は殺菌の過程において破壊されるものを除き，62℃，30分又はこれと同等以上の殺菌効果を有する方法で殺菌
殺菌後直ちに10℃以下に冷却して保存すること	牛乳に同じ	牛乳に同じ	牛乳に同じ	牛乳に同じ	牛乳に同じ（保存性のある容器に入れ，かつ120℃で4分間の加熱殺菌又はこれと同等以上の加熱殺菌したものを除く）
他物の混入禁止	牛乳に同じ	牛乳に同じ	牛乳に同じ	水，生乳，牛乳，特別牛乳，低脂肪牛乳，無脂肪牛乳，全粉乳，脱脂粉乳，濃縮乳，脱脂濃縮乳，無糖練乳，無糖脱脂練乳，クリーム並びにバター，バターオイル，バターミルク及びバターミルクパウダー（添加物を使用しないものに限る）以外のものは使用禁止	糊状のもの又は凍結したものには防腐剤を使用しないこと

●付表３● 動物用医薬品の残留基準（抜粋）（単位 ppm 以下）

分類	種類	抗生物質		合成抗菌剤	内寄生虫用剤	ホルモン剤
		オキシテトラサイクリン※	ネオマイシン	スルファジミジン	チアベンダゾール	ゼラノール
乳	乳	0.1	0.5	0.025	0.10	0.002
肉 筋肉	牛	0.2	0.5	0.10	0.10	0.02
	豚	0.2	0.5	0.10	0.10	0.002
	羊	0.2	0.5	0.10	0.10	0.02
	鶏	0.2	0.5	0.10	—	0.002
脂肪	牛	不検出	0.5	0.10	0.10	0.002
	豚	不検出	0.5	0.10	0.10	0.002
	羊	不検出	0.5	0.10	0.10	0.02
	鶏	不検出	0.5	0.10	—	0.002
肝臓	牛	0.6	0.5	0.10	0.10	0.02
	豚	0.6	0.5	0.10	0.10	0.02
	羊	0.6	0.5	0.10	0.10	0.02
	鶏	0.6	0.5	0.10	—	0.002
腎臓	牛	1.2	10.0	0.10	0.10	0.02
	豚	1.2	10.0	0.10	0.10	0.002
	羊	1.2	10.0	0.10	0.10	0.02
	鶏	1.2	10.0	0.10	—	0.002
食鳥卵	鶏卵	0.4	0.5	不検出	—	0.002
魚介類		0.2	不検出	不検出	—	0.002

※オキシテトラサイクリン，クロルテトラサイクリン及びテトラサイクリンの合計
注；上記の他に馬，あひる，七面鳥，山羊などについても基準が決められている.
　　薬剤についても上記の他に約20種の基準が設定されている.

●付表４● 農薬の

分類 食品名 農薬名	穀類				豆類				果実			
	米	小麦	そば	とうもろこし	小豆類*5	大豆	えんどう	そら豆	いちご	かき	おうとう	なつみかん
臭素	50*3	50	180	80	—	—	—	—	30	20	20	—
ヒ素およびその化合物*1	—	—	—	—	—	—	—	—	1.0	—	—	1.0
鉛およびその化合物*2	—	—	—	—	—	—	—	—	1.0	—	—	1.0
有機塩素剤												
BHC（α, β, γ, δの総和）	0.2	0.2	0.2	0.2	0.2	0.2	0.2	0.2	0.2	0.2	0.2	0.2
DDT（DDD, DDE を含む）	0.2	0.2	0.2	0.2	0.2	0.2	0.2	0.2	0.2	0.2	0.2	0.2
エンドリン	ND*4	ND	ND	ND	—	—	ND	ND	ND	ND	ND	ND
カプタホール（ダイホルタン）	ND	ND	ND	ND	ND	ND	ND	ND	ND	ND	ND	ND
キャプタン	—	—	—	—	—	—	—	—	—	—	—	—
クロルベンジレート	—	—	—	—	—	—	—	—	—	—	—	—
ジコホール（ケルセン）	—	—	—	—	—	—	—	—	3.0	—	3.0	2.0
ディルドリン（アルドリンを含む）	ND	ND	ND	ND	ND	ND	ND	ND	ND	ND	ND	ND
有機リン剤												
EPN	0.1	0.2	—	—	—	—	—	—	—	—	—	—
クロルピリホス	0.1	0.5	0.01	0.1	0.1	0.3	0.05	0.05	0.2	0.01	1	—
クロルフェンビンホス（CVP）												
（E 体と Z 体の総和）	0.05	0.05	—	0.05	0.02	0.02	—	—	—	0.2	—	—
ジクロルボス（DDVP）	0.2	0.2	0.2	0.2	0.1	0.2	0.1	0.1	0.3	0.1	0.1	—
ジメトエート	—	—	—	—	—	—	—	—	—	1.0	—	1.0
ダイアジノン	0.1	—	—	—	—	0.1	—	—	0.1	0.1	0.1	0.1
パラチオン	ND	0.3	0.3	0.3	0.3	0.3	0.3	0.3	0.3	0.3	0.3	0.3
フェニトロチオン（スミチオン, MEP）	0.2	10	1.0	1.0	0.2	0.2	0.2	0.2	0.2	0.2	0.2	—
フェンチオン（MPP）	0.05											
フェントエート（PAP）	0.05											
ホサロン	—											
マラチオン	0.1	8.0	2.0	2.0	0.5	0.5	0.5	0.5	0.5	0.5	6.0	0.5
カルバメート剤												
カルバリル（NAC）	1.0	—	—	—	—	—	—	—	—	1.0	—	1.0

*1 As₂O₃ として． *2 Pb として．
*3 ポストハーベスト農薬．
*4 ND：不検出．
*5 インゲン，ササゲ，レンズ（ひらまめ）を含む．
　　残留基準値が決められている農薬は約260種類，対象食品は約140品目．

残留許容基準（抜粋）（単位 ppm 以下）

果実				茶	野菜													
ぶどう	みかん	もも	りんご	茶（不発酵茶）	アスパラガス	かぶ（根）	かぼちゃ	キャベツ	きゅうり	こまつな	だいこん（根）	たまねぎ	トマト	ねぎ	はくさい	ばれいしょ	ほうれんそう	レタス
20	30	20	20	—	—	—	—	—	—	—	—	—	—	—	—	—	—	—
1.0	—	1.0	3.5	—	—	—	—	—	1.0	—	—	—	1.0	—	—	1.0	1.0	—
1.0	—	1.0	5.0	—	—	—	—	—	1.0	—	—	—	1.0	—	—	1.0	5.0	—
0.2	0.2	0.2	0.2	0.2	0.2	0.2	0.2	0.2	0.2	0.2	0.2	—	0.2	—	0.2	0.2	0.2	0.2
0.2	0.2	0.2	0.2	0.2	0.2	0.2	0.2	0.2	0.2	0.2	0.2	—	0.2	—	0.2	0.2	0.2	0.2
ND	ND	ND	ND	ND	ND	—	—	ND	ND	ND	ND	—	ND	—	ND	ND	ND	ND
ND	ND	ND	ND	ND	ND	ND	ND	ND	ND	ND	ND	ND	ND	ND	ND	ND	ND	ND
—	—	—	5.0	—	—	—	—	—	5.0	—	—	—	5.0	—	—	—	—	—
—	5.0	—	—	—	—	—	—	—	—	—	—	—	—	—	—	—	—	—
3.0	3.0	3.0	3.0	3.0	—	—	—	—	2.0	—	—	—	—	—	—	—	—	—
ND	ND	ND	ND	ND	ND	—	—	0.02	0.02	ND	0.02	—	0.02	—	0.02	ND	ND	0.02
—	—	—	—	—	—	0.2	0.1	0.1	—	—	—	—	0.1	0.1	—	—	—	—
1.0	1.0	1.0	1.0	10	5	1.0	0.05	0.05	0.05	1.0	0.5	0.05	0.5	0.2	1.0	0.05	0.01	0.1
—	0.1	—	—	—	—	0.05	—	0.2	0.2	—	0.1	0.05	0.1	0.3	—	0.1	—	—
0.1	0.1	0.1	0.1	0.1	0.1	0.1	0.1	0.1	0.2	0.1	0.1	0.1	0.1	0.1	0.1	0.1	0.1	0.1
—	1.0	—	—	—	—	—	—	—	—	—	—	—	1.0	—	—	1.0	—	—
0.1	—	0.1	0.1	0.1	—	0.1	0.1	0.1	0.1	—	0.1	—	0.1	0.1	0.1	0.1	0.1	0.1
0.3	0.3	0.3	0.3	0.3	0.3	0.3	0.3	0.3	0.3	0.3	0.3	0.3	0.3	0.3	0.3	ND	0.3	0.3
0.2	0.2	0.2	0.2	0.2	—	—	0.2	0.5	0.2	—	0.2	0.2	0.2	0.2	—	0.05	0.2	0.2
—	—	—	—	—	—	—	—	—	—	—	—	—	—	—	—	0.05	—	—
—	0.1	0.1	—	—	—	—	0.1	—	—	—	—	—	—	—	—	—	—	—
8.0	0.5	0.5	0.5	—	8.0	0.5	8.0	2.0	0.5	2.0	0.5	8.0	0.5	8.0	0.5	2.0	0.5	2.0
1.0	1.0	1.0	1.0	1.0	—	—	—	1.0	—	—	—	—	1.0	—	1.0	0.1	1.0	—

●付表5● 食品添加物の使用基準（抜粋）

物質名	対象食品	使用量	使用制限	備考 (他の主な用途名)
イーストフード				
炭酸カルシウム		カルシウムとして食品の1.0%以下（特別用途食品を除く）	食品の製造又は加工上必要不可欠な場合及び栄養の目的で使用する場合に限る	(栄養強化剤, ガムベース, 膨張剤)
硫酸カルシウム				(栄養強化剤, 豆腐用凝固剤, 膨張剤)
リン酸三カルシウム				(栄養強化剤, ガムベース, 乳化剤, 膨張剤)
リン酸一水素カルシウム リン酸二水素カルシウム				(栄養強化剤, 乳化剤, 膨張剤)
栄養強化剤				
亜鉛塩類 　グルコン酸亜鉛 　硫酸亜鉛	母乳代替食品	標準調乳濃度においてZnとして6.0 mg/L以下		厚生労働大臣の承認を得て調製粉乳に使用する場合を除く (着色料)
β-カロテン 　イモカロテン*¹ 　デュナリエラカロテン*¹ 　ニンジンカロテン*¹ 　パーム油カロテン*¹			こんぶ類, 食肉, 鮮魚介類（鯨肉を含む）, 茶, のり類, 豆類, 野菜, わかめ類に使用しないこと	(色調調整剤)
グルコン酸第一鉄	母乳代替食品, 離乳食品, 妊産婦・授乳婦用粉乳, パン, 天然果汁			(品質改良剤)
ʟ-システイン塩酸塩				(乳化剤, 調味料, 膨張剤)
クエン酸カルシウム				
グリセロリン酸カルシウム			栄養の目的で使用する場合に限る	
グルコン酸カルシウム				(調味料)
ʟ-グルタミン酸カルシウム				(調味料, 膨張剤)
乳酸カルシウム				
パントテン酸カルシウム		カルシウムとして食品の1.0%以下（特別用途食品を除く）		
塩化カルシウム				(豆腐用凝固剤)
水酸化カルシウム				
炭酸カルシウム				(イーストフード, ガムベース, 膨張剤)
ピロリン酸二水素カルシウム			食品の製造又は加工上必要不可欠な場合及び栄養の目的で使用する場合に限る	(乳化剤, 膨張剤)
硫酸カルシウム				(イーストフード, 乳化剤, 膨張剤)
リン酸三カルシウム				
リン酸一水素カルシウム リン酸二水素カルシウム				(イーストフード, ガムベース, 乳化剤, 膨張剤)
銅塩類 　グルコン酸銅 　硫酸銅	母乳代替食品	標準調乳濃度においてCuとして0.60 mg/L以下		厚生労働大臣の承認を得て調整粉乳に使用する場合を除く
ニコチン酸 ニコチン酸アミド			食肉及び鮮魚介類（鯨肉を含む）に使用してはならない	(色調調整剤)
ビオチン	保健機能食品			
ガムベース				
エステルガム タルク*¹		5.0%以下		(製造用剤)
酢酸ビニル樹脂			ガムベース及び果実又は野菜の表皮の被膜剤以外に使用してはならない	(被膜剤)
炭酸カルシウム	チューインガム	10%以下（カルシウムとして）		(イーストフード, 栄養強化剤, 膨張剤)
ポリイソブチレン ポリブテン			食品の製造又は加工上必要不可欠な場合及び栄養の目的で使用する場合に限る	
リン酸三カルシウム リン酸一水素カルシウム		1.0%以下（カルシウムとして）		(イーストフード, 栄養強化剤, 乳化剤, 膨張剤)

†使用基準のあるもののみを示す. *¹印は既存添加物名簿収載品

物質名	対象食品	使用量	使用制限	備考 （他の主な用途名）
甘味料				
アセスルファムカリウム	あん類 菓子，生菓子	2.5 g/kg 以下		
	チューインガム	5.0 g/kg 以下		
	アイスクリーム類 ジャム類 たれ 漬け物 氷菓 フラワーペースト	1.0 g/kg 以下		
	果実酒 雑酒 清涼飲料水 乳飲料 乳酸菌飲料 はっ酵乳（希釈して飲用に 供する飲料水にあっては， 希釈後の飲料水）	0.50 g/kg 以下		
	砂糖代替食品（コーヒー，紅茶 等に直接加え，砂糖に代替する 食品として用いられるもの）	15 g/kg 以下		
	その他の食品	0.35 g/kg 以下		
	特別用途食品の許可を受けたもの	許可量		
グリチルリチン酸二ナトリウム	しょう油，みそ			
サッカリン	チューインガム	0.050 g/kg 以下 （サッカリンとして）		
サッカリンナトリウム	こうじ漬，酢漬，たくあん漬	2.0 g/kg 未満 （サッカリンナトリウム としての残存量）		
	粉末清涼飲料	1.5 g/kg 未満（〃）		
	かす漬，みそ漬，しょう油 漬の漬物，魚介加工品（魚 肉ねり製品，つくだ煮，漬物， 缶詰又は瓶詰食品を除く）	1.2 g/kg 未満（〃）		
	海藻加工品，しょう油，つ くだ煮，煮豆	0.50 g/kg 未満（〃）		
	魚肉ねり製品，酢，清涼飲 料水，シロップ，ソース， 乳飲料，乳酸菌飲料，氷菓	0.30 g/kg 未満 （5倍以上に希釈して用いる清 涼飲料水及び乳酸菌飲料の原料 に供する乳酸菌飲料又ははっ酵 乳にあっては1.5 g/kg 未満，3 倍以上に希釈して用いる酢にあ っては0.90 g/kg 未満）（〃）		
	アイスクリーム類，あん類， ジャム，漬物（かす漬，こう じ漬，しょう油漬，酢漬，た くあん漬，みそ漬を除く）， はっ酵乳（乳酸菌飲料の原 料に供するはっ酵乳を除く）， フラワーペースト類，みそ	0.20 g/kg 未満（〃）		アイスクリーム類，菓子， 氷菓は原料である液状ミッ クス及びミックスパウダー を含む
	菓子	0.10 g/kg 未満（〃）		
	上記食品以外の食品及び魚 介加工品の缶詰又は瓶詰	0.20 g/kg 未満（〃）		
	特別用途食品の許可を受けたもの	許可量		
スクラロース	菓子，生菓子	1.8 g/kg 以下		
	チューインガム	2.6 g/kg 以下		
	ジャム	1.0 g/kg 以下		
	清酒，合成清酒，果実酒，雑酒， 清涼飲料水，乳飲料，乳酸菌飲 料（希釈して飲用に供する飲料 水にあっては，希釈後の飲料水）	0.40 g/kg 以下		
	砂糖代替食品（コーヒー，紅茶 等に直接加え，砂糖に代替する 食品として用いられるもの）	12 g/kg 以下		
	その他の食品	0.58 g/kg 以下		
	特別用途食品の許可を受けたもの	許可量		

物質名	対象食品	使用量	使用制限	備考 （他の主な用途名）
香　料				
アセトアルデヒド			ここに収載した香料は別段 の規定があるもののほか着 香の目的以外に使用しては ならない	
アセト酢酸エチル				
アセトフェノン				
アニスアルデヒド				
α-アミルシンナムアルデヒド				
アントラニル酸メチル				
イオノン				
イソアミルアルコール				
イソオイゲノール				
イソ吉草酸イソアミル				
イソ吉草酸エチル				
イソチオシアネート類（毒性が激し いと一般に認められるものを除く）				
イソチオシアン酸アリル				
イソブタノール				
イソプロパノール				
インドール及びその誘導体				
γ-ウンデカラクトン				
エステル類				
エチルバニリン				
エーテル類				
オイゲノール				
オクタナール				
オクタン酸エチル				
ギ酸イソアミル				
ギ酸ゲラニル				
ギ酸シトロネリル				
ケイ皮酸				
ケイ皮酸エチル				
ケイ皮酸メチル				
ケトン類				
ゲラニオール				（製造用剤）
酢酸イソアミル				
酢酸エチル				
酢酸ゲラニル				
酢酸シクロヘキシル				
酢酸シトロネリル				
酢酸シンナミル				
酢酸テルピニル				
酢酸フェネチル				
酢酸ブチル				
酢酸ベンジル				
酢酸l-メンチル				
酢酸リナリル				
サリチル酸メチル				
シクロヘキシルプロピオン酸アリル				
シトラール				
シトロネラール				
シトロネロール				
1,8-シネオール				
脂肪酸類				
脂肪族高級アルコール類				
脂肪族高級アルデヒド類（毒性が激 しいと一般に認められるものを除く）				
脂肪族高級炭化水素類（〃）				
シンナミルアルコール				
シンナムアルデヒド				
チオエーテル類（毒性が激しい と一般に認められるものを除く）				
チオール類（〃）				
デカナール				
デカノール				
デカン酸エチル				
テルピネオール				
テルペン系炭化水素類				

物質名	対象食品	使用量	使用制限	備考 (他の主な用途名)
γ-ノナラクトン バニリン パラメチルアセトフェノン ヒドロキシシトロネラール ヒドロキシシトロネラー ルジメチルアセタール ピペロナール フェニル酢酸イソアミル フェニル酢酸イソブチル フェニル酢酸エチル フェノールエーテル類(毒 性が激しいと一般に認めら れるものを除く) フェノール類(〃) ブタノール フルフラール及びその誘導体(〃) プロピオン酸 プロピオン酸イソアミル プロピオン酸エチル プロピオン酸ベンジル ヘキサン酸 ヘキサン酸アリル ヘキサン酸エチル ヘプタン酸エチル l-ペリルアルデヒド ベンジルアルコール ベンズアルデヒド 芳香族アルコール類 芳香族アルデヒド類(毒性が激し いと一般に認められるものを除く) d-ボルネオール マルトール N-メチルアントラニル酸 メチル メチル-β-ナフチルケトン dl-メントール l-メントール 酪酸 酪酸イソアミル 酪酸エチル 酪酸シクロヘキシル 酪酸ブチル ラクトン類(毒性が激しいと 一般に認められるものを除く) リナロオール				(保存料)
固結防止剤				
二酸化ケイ素(微粒二酸化 ケイ素のみ)		二酸化ケイ素として食品の 2.0%以下	母乳代替食品及び離乳食品 を除く	
フェロシアン化物 　フェロシアン化カリウム 　フェロシアン化カルシウム 　フェロシアン化ナトリウム	食塩	0.020 mg/kg 以下 (無水フェロシアン化ナト リウムとして)フェロシア ン化物2種以上を併用する 場合はその合計量		
小麦粉処理剤				
過硫酸アンモニウム 過酸化ベンゾイル	小麦粉	0.30 g/kg 以下		硫酸アルミニウムカリウ ム,リン酸のカルシウム塩 類,硫酸カルシウム,炭酸 カルシウム,炭酸マグネシ ウム及びデンプンのうち1 種又は2種以上を配合して 希釈過酸化ベンゾイルとし て使用する場合以外に使用 してはならない.
希釈過酸化ベンゾイル 二酸化塩素	小麦粉 小麦粉	0.30 g/kg 以下		

物質名	対象食品	使用量	使用制限	備考 （他の主な用途名）
殺菌料				
亜塩素酸ナトリウム	漂白剤の項参照		漂白剤の項参照	（漂白剤）
過酸化水素			最終食品の完成前に分解又は除去すること	
次亜塩素酸水			最終食品の完成前に分解又は除去すること	
強酸性次亜塩素酸水				
微酸性次亜塩素酸水				
次亜塩素酸ナトリウム			ごまに使用してはならない	
酸化防止剤				
亜硫酸ナトリウム	} 漂白剤の項参照	} 漂白剤の項参照	} 漂白剤の項参照	} 漂白剤の項参照
次亜硫酸ナトリウム				
二酸化硫黄				
ピロ亜硫酸カリウム				
ピロ亜硫酸ナトリウム				
エチレンジアミン四酢酸カルシウム二ナトリウム（EDTA・CaNa₂）	缶，瓶詰清涼飲料水	0.035 g/kg 以下 （EDTA・CaNa₂ として）		
エチレンジアミン四酢酸二ナトリウム（EDTA・Na₂）	その他の缶，瓶詰	0.25 g/kg 以下（〃）	EDTA・Na₂ は最終食品完成前に EDTA・CaNa₂ にすること	
エリソルビン酸			} 酸化防止の目的に限る（魚肉ねり製品（魚肉すり身を除く），パンを除く）	} （品質改良剤）
エリソルビン酸ナトリウム				
グアヤク脂*¹	油脂，バター	1.0 g/kg 以下		
クエン酸イソプロピル	油脂，バター	0.10 g/kg 以下（クエン酸モノイソプロピルとして）		
ジブチルヒドロキシトルエン（BHT）	魚介冷凍品（生食用冷凍鮮魚介類及び生食用冷凍かきを除く），鯨冷凍品（生食用冷凍鯨肉を除く）	1g/kg 以下 （浸漬液に対し：ブチルヒドロキシアニソールと併用の場合はその合計量）		
	油脂，バター，魚介乾製品，魚介塩蔵品，乾燥裏ごしいも	0.2 g/kg 以下 （ブチルヒドロキシアニソールと併用の場合はその合計量）		
	チューインガム	0.75 g/kg 以下		
dl-α-トコフェロール			酸化防止の目的に限る（β-カロテン，ビタミン A，ビタミン A 脂肪酸エステル及び流動パラフィンの製剤中に含まれる場合を除く）	
ブチルヒドロキシアニソール（BHA）	魚介冷凍品（生食用冷凍鮮魚介類及び生食用冷凍かきを除く），鯨冷凍品（生食用冷凍鯨肉を除く）	1 g/kg 以下 （浸漬液に対し：ジブチルヒドロキシトルエンと併用の場合はその合計量）		
	油脂，バター，魚介乾製品，魚介塩蔵品，乾燥裏ごしいも	0.2 g/kg 以下 （ジブチルヒドロキシトルエンと併用の場合はその合計量）		
没食子酸プロピル	油脂	0.20 g/kg 以下		
	バター	0.10 g/kg 以下		
色調調整剤				
グルコン酸第一鉄	オリーブ	0.15 g/kg 以下 （鉄として）		
ニコチン酸			} 食肉及び鮮魚介類（鯨肉を含む）に使用してはならない	} （栄養強化剤）
ニコチン酸アミド				
消泡剤				
シリコーン樹脂		0.050 g/kg 以下	消泡以外の目的に使用しないこと	

物質名	対象食品	使用量	使用制限	備考 (他の主な用途名)
製造溶剤				
アセトン			ガラナ飲料を製造する際の ガラナ豆の成分抽出及び油 脂の成分を分別する場合に 限る．最終食品の完成前に 除去すること	
イオン交換樹脂 塩酸 シュウ酸 水酸化カリウム 水酸化ナトリウム 硫酸			最終食品の完成前に中和 又は除去すること	
カラメルI*1 カラメルII*1 カラメルIII*1 カラメルIV*1 金*1			こんぶ類，食肉，鮮魚介類（鯨 肉を含む），茶，のり類，豆類， 野菜，わかめ類に使用しない こと ただし，金をのり類に使用す る場合はこの限りではない	（着色料）
酢酸エチル			酢酸エチルは，着香の目的以外に使 用してはならない．ただし，酢酸エ チルを柿の脱渋に使用するアルコー ル，結晶果糖の製造に使用するアル コール，香辛料の顆粒若しくは錠剤 の製造に使用するアルコール，コン ニャク粉の製造に使用するアルコー ル，ジブチルヒドロキシトルエン若 しくは，ブチルヒドロキアニソール の溶剤として使用するアルコール又 は食酢の醸造原料として使用するア ルコールを変性する目的で使用する 場合，酵母エキス（酵母の自己消化 により得られた水溶性の成分をいう， 以下この目において同じ．）の製造 の際の酵母の自己消化を促進する目的 で使用する場合及び酢酸ビニル樹脂 の溶剤の用途に使用する場合は，こ の限りではない．酵母エキスの製造 に使用した酢酸エチルは，最終食品 の完成前にこれを除去すること	（香料）
ステアリン酸マグネシウム	保健機能食品 （カプセル及び錠剤）			
カオリン*1 ケイソウ土*1 酸性白土*1 タルク*1 パーライト*1 ベントナイト*1 上記6種に類似する不溶性 の鉱物性物質*1		食品中の残存量0.50% 以下（二物質以上使用の 場合も同じ）チューイン ガムにタルクのみを使用 する場合は，5.0%以下	食品の製造又は加工上必要 不可欠の場合に限る	
ナトリウムメトキシド			最終食品の完成前に分解 し，生成するメタノールを 除去すること	
二酸化ケイ素（微粒二酸化 ケイ素を除く） ポリビニルポリピロリドン			ろ過助剤として使用する 場合に限る．最終食品の 完成前に除去すること	
ヘキサン*1			食用油脂製造の際の油脂の 抽出に限る．最終食品の完 成前に除去すること	
硫酸アルミニウムアンモニウム 硫酸アルミニウムカリウム			みそに使用しないこと	（膨張剤）

145

物質名	対象食品	使用量	使用制限	備考 (他の主な用途名)
増粘剤（安定剤・ゲル化剤又は糊料）				
アルギン酸プロピレングリコールエステル		1.0%以下		
カルボキシメチルセルロースカルシウム		2.0%以下	カルボキシメチルセルロースカルシウム，カ	
カルボキシメチルセルロースナトリウム		〃	ルボキシメチルセルロースナトリウム，デン	
デンプングリコール酸ナトリウム		〃	プングリコール酸ナトリウム，デンプンリン	
デンプンリン酸エステルナトリウム		〃	酸エステルナトリウム，メチルセルロースの	
メチルセルロース		〃	2種以上を併用する場合はそれぞれの使用量	
ポリアクリル酸ナトリウム		0.20%以下	の和が食品の2.0%以下であること	
着色料				
β-カロテン			こんぶ類，食肉，鮮魚介類（鯨肉を含む），茶，のり類，豆類，野菜，わかめ類に使用しないこと	（栄養強化剤）
三二酸化鉄	バナナ（果柄の部分に限る），コンニャク			
食用赤色2号				
食用赤色2号アルミニウムレーキ				
食用赤色3号				
食用赤色3号アルミニウムレーキ				
食用赤色40号				
食用赤色40号アルミニウムレーキ				
食用赤色102号			カステラ，きなこ，魚肉漬物，鯨肉漬物，こんぶ類，しょう油，食肉，食肉漬物，スポンジケーキ，鮮魚介類（鯨肉を含む），茶，のり類，マーマレード，豆類，みそ，めん類（ワンタンを含む），野菜及びわかめ類には使用しないこと	
食用赤色104号				
食用赤色105号				
食用赤色106号				
食用黄色4号				
食用黄色4号アルミニウムレーキ				
食用黄色5号				
食用黄色5号アルミニウムレーキ				
食用緑色3号				
食用緑色3号アルミニウムレーキ				
食用青色1号				
食用青色1号アルミニウムレーキ				
食用青色2号				
食用青色2号アルミニウムレーキ				
二酸化チタン			着色の目的以外に使用しないこと	
水溶性アナトー 　ノルビキシンカリウム 　ノルビキシンナトリウム 鉄クロロフィリンナトリウム			こんぶ類，食肉，鮮魚介類（鯨肉を含む），茶，のり類，豆類，野菜，わかめ類に使用しないこと	
銅クロロフィリンナトリウム	こんぶ	0.15 g/kg 以下（無水物中：銅として）		
	果実類，野菜類の貯蔵品	0.10 g/kg 以下（銅として）		
	シロップ	0.064 g/kg 以下（〃）		
	チューインガム	0.050 g/kg 以下（〃）		
	魚肉ねり製品(魚肉すり身を除く)	0.040 g/kg 以下（〃）		
	あめ類	0.020 g/kg（〃）	チョコレートへの使用はチョコレート生地への着色をいうもので，着色したシロップによりチョコレート生地をコーティングすることも含む	生菓子は昭和34年6月23日衛発第580号公衆衛生局長通知にいう生菓子のうち，アンパン，クリームパン等の菓子パンを除く
	チョコレート，生菓子（菓子パンを除く）	0.0064 g/kg（〃）		
	みつ豆缶詰又はみつ豆合成樹脂製容器包装詰中の寒天	0.0004 g/kg（〃）		
銅クロロフィル	こんぶ	0.15 g/kg 以下（無水物中：銅として）		
	果実類，野菜類の貯蔵品			
	果実類，野菜の貯蔵品	0.10 g/kg 以下（銅として）		
	チューインガム	0.10 g/kg 以下（〃）		
	魚肉ねり製品(魚肉すり身を除く)	0.050 g/kg 以下（〃）		
	生菓子（菓子パンを除く）	0.030 g/kg 以下（〃）	チョコレートへの使用はチョコレート生地への着色をいうもので，着色したシロップによりチョコレート生地をコーティングすることも含む	
	チョコレート	0.0064 g/kg 以下（〃）		
	みつ豆の缶詰又はみつ豆	0.0010 g/kg 以下（〃）		
	合成樹脂製容器包装詰中の寒天	0.0004 g/kg 以下（〃）		

物質名	対象食品	使用量	使用制限	備考 (他の主な用途名)
既存添加物名簿収載の着色料*¹及び一般に食品として飲食に供されている物であって添加物として使用されている着色料			こんぶ類, 食肉, 鮮魚介類(鯨肉も含む), 茶, のり類, 豆類, 野菜, わかめ類に使用しないこと ただし, 金をのり類に使用する場合はこの限りではない	

〔品　名〕*¹

アナトー色素	クチナシ青色素		ニンジンカロテン (栄)	
アルカネット色素	クチナシ赤色素		パーム油カロテン (栄)	
アルミニウム	クチナシ黄色素		ビートレッド	
イモカロテン (栄)	クーロー色素		ファフィア色素	
ウコン色素	クロロフィリン		ブドウ果皮色素	
オキアミ色素	クロロフィル		ペカンナッツ色素	
オレンジ色素	酸素処理ルチン (抽出物) (栄, 酸防)		ベニコウジ黄色素	
カカオ色素	コウリャン色素		ベニコウジ色素	
カカオ炭末色素	コチニール色素		ベニノキ末色素	
カキ色素	骨炭色素		ベニバナ赤色素	
カニ色素	ササ色素		ベニバナ黄色素	
カラメルⅠ (製)	シアナット色素		ヘマトコッカス藻色素	
カラメルⅡ (製)	シタン色素		マリーゴールド色素	
カラメルⅢ (製)	植物炭末色素		ムラサキイモ色素	
カラメルⅣ (製)	スピルリナ色素		ムラサキトウモロコシ色素	
カロブ色素 (製)	タマネギ色素		ムラサキヤマイモ色素	
魚鱗箔	タマリンド色素		油煙色素	
金 (製)	デュナリエラカロテン (栄)		ラック色素	
銀	トウガラシ色素		ルチン (抽出物) (酸防)	
	トマト色素		ログウッド色素	

チューインガム軟化剤

物質名	対象食品	使用量	使用制限	備考
プロピレングリコール	チューインガム	0.60%以下		(品質保持剤)

調味料

物質名	対象食品	使用量	使用制限	備考
〔アミノ酸〕 L-グルタミン酸カルシウム		カルシウムとして食品の1.0%以下 (特別用途食品を除く)		(栄養強化剤)
〔有機酸〕 クエン酸カルシウム		カルシウムとして食品の1.0%以下 (特別用途食品を除く)		(栄養強化剤, 乳化剤, 膨張剤)
乳酸カルシウム				(栄養強化剤, 膨張剤)
D-マンニトール	つくだ煮 (こんぶを原料とするものに限る)	25%以下 (残存量)	塩化カリウム及びグルタミン酸塩を配合して調味の目的で使用する場合は, D-マンニトールが塩化カリウム, グルタミン酸塩及びD-マンニトールの合計量の80%以下である場合に限る	(品質改良剤)

豆腐用凝固剤

物質名	対象食品	使用量	使用制限	備考
塩化カルシウム		カルシウムとして食品の1.0%以下 (特別用途食品を除く)	食品の製造上必要不可欠な場合に限る	(栄養強化剤)
硫酸カルシウム				(イーストフード, 栄養強化剤, 膨張剤)

物質名	対象食品	使用量	使用制限	備考 (他の主な用途名)
乳化剤				
ステアロイル乳酸カルシウム	ミックスパウダー 　生菓子製造用	10 g/kg 以下		生菓子は米を原料としたものに限る
	スポンジケーキ, バターケーキ, 蒸しパン製造用	8.0 g/kg 以下		バターケーキとはスコッチケーキ, フルーツケーキ等をいう
	菓子 (油脂で処理したもの), パン製造用	5.5 g/kg 以下		菓子とは小麦粉を原料とし, ばい焼若しくは油脂で処理したものに限る
	菓子 (スポンジケーキ及びバターケーキを除く, ばい焼したもの, ばい焼し, かつ, 油脂で処理したもの) 製造用	5.0 g/kg 以下		蒸しパンは小麦粉を原料とし, 蒸したパンをいう 蒸しまんじゅうは小麦粉を原料とし, 蒸したまんじゅうをいう
	蒸しまんじゅう製造用	2.5 g/kg 以下		
	生菓子	6.0 g/kg 以下		
	スポンジケーキ, バターケーキ, 蒸しパン	5.5 g/kg 以下		
	めん類 (マカロニ類を除く)	4.5 g/kg 以下 (ゆでめんとして)		
	菓子 (スポンジケーキ及びバターケーキを除く, ばい焼したもの及び油脂で処理したもの), パン マカロニ類	4.0 g/kg 以下 (マカロニ類にあっては乾めんとして)		
	蒸しまんじゅう	2.0 g/kg 以下		マカロニ類はマカロニ, スパゲッティ, バーミセリー, ヌードル, ラザニア等をいう
クエン酸カルシウム				(栄養強化剤, 調味料, 膨張剤)
リン酸三カルシウム				(イーストフード, 栄養強化剤, ガムベース, 膨張剤)
リン酸一水素カルシウム	プロセスチーズ, チーズフード, プロセスチーズ加工品	カルシウムとして食品の1.0%以下 (特別用途食品を除く)		(イーストフード, 栄養強化剤, ガムベース, 膨張剤)
リン酸二水素カルシウム				(イーストフード, 栄養強化剤, 膨張剤)
ピロリン酸二水素カルシウム				(栄養強化剤, 膨張剤)
発酵調整剤				
硝酸カリウム 硝酸ナトリウム	チーズ	原料乳につき 0.20 g/L 以下 (カリウム塩又はナトリウム塩として)		(発色剤)
	清酒	酒母に対し 0.10 g/L 以下 (同上)		
発色剤				
亜硝酸ナトリウム	食肉製品, 鯨肉ベーコン	0.070 g/kg 以下 (亜硝酸根としての残存量)		
	魚肉ソーセージ, 魚肉ハム	0.050 g/kg 以下 (〃)		
	いくら, すじこ, たらこ	0.0050 g/kg 以下 (〃)		たらことはスケトウダラの卵巣を塩蔵したものをいう
硝酸カリウム 硝酸ナトリウム	食肉製品, 鯨肉ベーコン	0.070 g/kg 未満 (亜硝酸根としての残存量)		(発酵調整剤)
被膜剤				
オレイン酸ナトリウム モルホリン脂肪酸塩 酢酸ビニル樹脂	果実, 果菜の表皮		被膜剤以外の用途に使用してはならない ガムベース及び果実又は果菜の表皮の被膜剤以外に使用してはならない	(ガムベース)

物質名	対象食品	使用量	使用制限	備考 (他の主な用途名)
漂白剤				
亜塩素酸ナトリウム	かずのこの調味加工品（干しかずのこ及び冷凍かずのこを除く），かんきつ類果皮（菓子製造に用いるものに限る），さくらんぼ，生食用野菜類及び卵類（卵殻の部分に限る），ふき，ぶどう，もも		かずのこの調味加工品（干しかずのこ及び冷凍かずのこを除く），生食用野菜類及び卵類に対する使用量は，浸漬液1kgにつき，0.5g以下とすること 最終食品の完成前に分解又は除去すること	（殺菌料）
亜硫酸ナトリウム	かんぴょう	5.0 g/kg 未満（二酸化硫黄としての残存量）		
次亜硫酸ナトリウム	乾燥果実（干しぶどうを除く）	2.0 g/kg 未満（〃）	ごま，豆類及び野菜に使用してはならない	（保存料，酸化防止剤）
二酸化硫黄 ピロ亜硫酸カリウム ピロ亜硫酸ナトリウム	コンニャク粉	0.90 g/kg 未満（〃）		ディジョンマスタードとは，黒ガラシの種だけ，又は油分を除いていない黄ガラシの種を粉砕，ろ過して得られた調整マスタードをいう． 果実酒は果実酒の製造に用いる酒精分1v/v%以上を含有する果実搾汁及びこれを濃縮したものを除く キャンデッドチェリーとは除核したさくらんぼを砂糖漬けにしたもの，またはこれに砂糖の結晶を付けたものもしくはこれをシロップ漬けにしたものをいう 糖化用タピオカでんぷんとは，そのまま食用に用いることはせず，でんぷんの分解，水素添加などによって，水あめをつくるために用いられているでんぷんをいう 天然果汁は5倍以上に希釈して飲用に供するもの
	乾燥じゃがいも ゼラチン ディジョンマスタード	0.50 g/kg 未満（〃）		
	果実酒，雑酒	0.35 g/kg 未満（〃）		
	糖蜜，キャンデッドチェリー	0.30 g/kg 未満（〃）		
	糖化用タピオカでんぷん，水あめ	0.25 g/kg 未満（〃）		
	天然果汁	0.20 g/kg 未満（〃）		
	甘納豆，煮豆，えびのむきみ，冷凍生かに（むきみ）	0.15 g/kg 未満（〃） 0.10 g/kg 未満（〃）		
	その他の食品（キャンデッドチェリーの製造に用いるさくらんぼ及びビールの製造に用いるホップ並びに果実酒の製造に用いる果汁，酒精分1v/v%以上を含有する果実搾汁及びこれを濃縮したものを除く）	0.030 g/kg 未満（〃） ただし，添加物一般の使用基準の表の亜硫酸塩等の項に掲げる場合であって，かつ，同表の第3欄に掲げる食品（コンニャクを除く）1kg中に同表の第1欄に掲げる添加物が，二酸化硫黄として，0.030g以上残存する場合は，その残存量未満		
表面処理剤				
ナタマイシン	ナチュラルチーズ（ハード及びセミハードの表面部分に限る）	0.020 g/kg 未満		
品質改良剤				
エリソルビン酸 エリソルビン酸ナトリウム	パン，魚肉ねり製品（魚肉すり身を除く）		栄養の目的に使用してはならない	（酸化防止剤）
L-システイン塩酸塩	パン，天然果汁			（栄養強化剤）
臭素酸カリウム	パン（小麦粉を原料として使用するものに限る）	0.030 g/kg 以下（小麦粉に対し臭素酸として）	最終食品の完成前に分解又は除去すること	
D-マンニトール	ふりかけ類（顆粒を含むものに限る） あめ類 らくがん チューインガム	顆粒部分に対して 50%以下 40%以下 30%以下 20%以下		ふりかけ類には茶漬を含む （調味料）
品質保持剤				
プロピレングリコール	生めん いかくん製品	2.0%以下（プロピレングリコールとして）		（チューインガム軟化剤）
	ギョウザ，シュウマイ，ワンタン及び春巻の皮	1.2%以下（〃）		
	その他の食品	0.60%以下（〃）		

物質名	対象食品	使用量	使用制限	備考 （他の主な用途名）
防かび剤				
イマザリル	かんきつ類（みかんを除く） バナナ	0.0050 g/kg 以下（残存量） 0.0020 g/kg 以下（〃）		農薬の残留基準の項参照
オルトフェニルフェノール オルトフェニルフェノール ナトリウム	かんきつ類	0.010 g/kg 以下 （オルトフェニルフェノールとしての残存量）	貯蔵又は運搬の用に供する容器の中に入れる紙片に浸潤させて使用する場合に限る	
ジフェニル	グレープフルーツ レモン オレンジ類	0.070 g/kg 未満 （残存量）		
チアベンダゾール	かんきつ類 バナナ バナナ（果肉）	0.010 g/kg 以下（残存量） 0.0030 g/kg 以下（〃） 0.0004 g/kg 以下（〃）		
防虫剤				
ピペロニルブトキシド	穀類	0.024 g/kg 以下		
膨張剤（膨張剤，ベーキングパウダー又はふくらし粉）				
クエン酸カルシウム				（栄養強化剤，調味料，乳化剤）
炭酸カルシウム				（イーストフード，栄養強化剤，ガムベース）
乳酸カルシウム		カルシウムとして食品の1.0%以下（特別用途食品を除く）		（栄養強化剤，調味料）
ピロリン酸二水素カルシウム				（栄養強化剤，乳化剤）
硫酸カルシウム				（イーストフード，栄養強化剤，豆腐用凝固剤）
リン酸三カルシウム				（イーストフード，栄養強化剤，ガムベース，乳化剤）
リン酸一水素カルシウム				
リン酸二水素カルシウム				（イーストフード，栄養強化剤の乳化剤）
硫酸アルミニウムアンモニウム 硫酸アルミニウムカリウム			みそに使用しないこと	（製造用剤）
保水乳化安定剤				
コンドロイチン硫酸ナトリウム	マヨネーズ ドレッシング 魚肉ソーセージ	20 g/kg 以下 3.0 g/kg 以下		
保存料				
亜硫酸ナトリウム 次亜硫酸ナトリウム 二酸化硫黄 ピロ亜硫酸カリウム ピロ亜硫酸ナトリウム	漂白剤の項参照	漂白剤の項参照	漂白剤の項参照	漂白剤の項参照
安息香酸 安息香酸ナトリウム	キャビア 菓子の製造に用いる果実ペースト及び果汁（濃縮果汁を含む） マーガリン 清涼飲料水，シロップ，しょう油	2.5 g/kg 以下 （安息香酸として） 1.0 g/kg 以下 （〃） 0.60 g/kg 以下 （〃）	マーガリンにあってはソルビン酸又はソルビン酸カリウムと併用する場合は安息香酸及びソルビン酸としての使用量の合計量が 1.0 g/kg を超えないこと 菓子の製造に用いる果実ペースト及び果汁に対しては安息香酸ナトリウムに限る	キャビアとはチョウザメの卵を缶詰又は瓶詰にしたもので，生食を原則とし，加熱殺菌することができない 果実ペーストとは，果実をすり潰し，又は裏ごししてペースト状にしたものをいう

物質名	対象食品	使用量	使用制限	備考 （他の主な用途名）
ソルビン酸 ソルビン酸カリウム	チーズ	3.0 g/kg 以下 （ソルビン酸として）	チーズにあってはプロピオン酸，プロピオン酸カルシウム又はプロピオン酸ナトリウムと併用する場合はソルビン酸としての使用量とプロピオン酸としての使用量の合計量が3.0 g/kgを超えないこと マーガリンにあっては，安息香酸又は安息香酸ナトリウムと併用する場合は，ソルビン酸及び安息香酸としての使用量の合計量が1.0 g/kgを超えないこと 菓子の製造用果汁，濃縮果汁，果実ペーストはソルビン酸カリウムに限る	フラワーペースト類とは，小麦粉，でんぷん，ナッツ類もしくはその加工品，ココア，チョコレート，コーヒー，果肉，果汁，いも類，豆類，又は野菜類を主原料とし，これに砂糖，油脂，粉乳，卵，小麦粉等を加え，加熱殺菌してペースト状とし，パン又は菓子に充てん又は塗布して食用に供するものをいう キャンデッドチェリーについては漂白剤の項参照 たくあん漬とは，生大根，又は干大根を塩漬にした後，これを調味料，香辛料，色素などを加えたぬか又はふすまで漬けたものをいう．ただし一丁漬たくあん及び早漬たくあんを除く ニョッキとは，ゆでたじゃがいもを主原料とし，これをすりつぶして団子状にした後，再度ゆでたものをいう
	魚肉ねり製品（魚肉すり身を除く），鯨肉製品，食肉製品，うに	2.0 g/kg 以下 （〃）		
	いかくん製品 たこくん製品	1.5 g/kg 以下 （〃）		
	あん類，菓子の製造に用いる果実ペースト及び果汁（濃縮果汁を含む），かす漬，こうじ漬，塩漬，しょう油漬及びみそ漬の漬物，キャンデッドチェリー，魚介乾製品（いかくん製品及びたこくん製品を除く），ジャム，シロップ，たくあん漬，つくだ煮，煮豆，ニョッキ，フラワーペースト類，マーガリン，みそ	1.0 g/kg 以下 （〃）		
	ケチャップ，酢漬の漬物，スープ（ポタージュスープを除く），たれ，つゆ，干しすもも	0.50 g/kg 以下 （〃）		
	甘酒（3倍以上に希釈して飲用するものに限る），はっ酵乳（乳酸菌飲料の原料に供するものに限る）	0.30 g/kg 以下 （〃）		
	果実酒，雑酒	0.20 g/kg 以下（〃）		
	乳酸菌飲料（殺菌したものを除く）	0.050 g/kg 以下 （〃） （ただし，乳酸菌飲料原料に供するときは0.30 g/kg 以下（〃））		
デヒドロ酢酸ナトリウム	チーズ，バター，マーガリン	0.50 g/kg 以下 （デヒドロ酢酸として）		
パラオキシ安息香酸イソブチル パラオキシ安息香酸イソプロピル パラオキシ安息香酸エチル パラオキシ安息香酸ブチル パラオキシ安息香酸プロピル	しょう油	0.25 g/L 以下（パラオキシ安息香酸として）		
	果実ソース	0.20 g/kg 以下 （〃）		
	酢	0.10 g/L 以下 （〃）		
	清涼飲料水，シロップ	0.10 g/kg 以下 （〃）		
	果実又は果菜（いずれも表皮の部分に限る）	0.012 g/kg 以下 （〃）		
プロピオン酸 プロピオン酸カルシウム プロピオン酸ナトリウム	チーズ	3.0 g/kg 以下 （プロピオン酸として）	チーズにあってはソルビン酸，ソルビン酸カリウム又はこれらのいずれかを含む製剤を併用する場合は，プロピオン酸としての使用量とソルビン酸としての使用量の合計量が3.0 g/kgを超えないこと	（香料）
	パン，洋菓子	2.5 g/kg 以下 （〃）		

離型剤

物質名	対象食品	使用量	使用制限	備考 （他の主な用途名）
流動パラフィン[*1]	パン	0.10% 未満（パン中の残存量）	パンの製造に際してパン生地を自動分割機で分割する際及びばい焼する際の離型を目的とする場合に限る	

151

●付表6● 器具・容器包装の規格基準（抜粋）

（1）器具若しくは容器包装又はこれらの原材料一般の規格

原材料	種類	規格
金属	器具	銅，鉛又はこれらの合金が削り取られるおそれのある構造でないこと
	メッキ用スズ	鉛：5%未満
	器具・容器包装の製造又は修理に用いる金属	鉛：10%未満 アンチモン：5%未満
	器具・容器包装の製造又は修理に用いるハンダ	鉛：20%未満，ただし，缶詰用の缶外部に用いる場合，サニタリー缶では98%以下，その他は60%以下
	電流を直接食品に通ずる装置を有する器具の電極	鉄，アルミニウム，白金，チタンに限る（ただし，食品を流れる電流が微量である場合はステンレスも使用できる）
一般	器具・容器包装	着色料：化学的合成品にあっては，食品衛生法施行規則別表第1掲載品目（ただし，着色料が溶出又は浸出して食品に混和するおそれのない場合を除く）
ポリ塩化ビニル	油脂又は脂肪性食品を含有する食品に接触する器具・容器包装	フタル酸ビス（2-エチルヘキシル）を用いてはならない（ただし，溶出又は浸出して食品に混和するおそれのないように加工されている場合を除く）

（2）器具若しくは容器包装又はこれらの原材料の材質別規格

原材料	種類		材質試験	溶出試験			
				試験項目	浸出条件	浸出用液	規格
ガラス，陶磁器，ホウロウ引き	深さ2.5 cm以上	容量1.1 L未満		カドミウム	常温（暗所），24時間	4%酢酸	0.5 ppm以下
				鉛			5 ppm以下
		容量1.1 L以上		カドミウム			0.25 ppm以下
				鉛			2.5 ppm以下
	液体を満たせないもの又は深さ2.5 cm未満			カドミウム			1.7 μg/cm^{2}以下
				鉛			17 μg/cm^{2}以下
合成樹脂	合成樹脂一般（一般規格）		●カドミウム：100 ppm以下 ●鉛：100 ppm以下	重金属	60℃，30分間	4%酢酸	1 ppm以下（Pbとして）
				KMnO$_4$消費量		水	10 ppm以下
	フェノール樹脂，メラミン樹脂及びユリア樹脂			フェノール	60℃，30分間	水	5 ppm
				ホルムアルデヒド			陰性
				蒸発残留物		4%酢酸	30 ppm以下
	ポリ塩化ビニル（PVC）（同上）		●ジブチルスズ化合物：50 ppm以下（二塩化ジブチルスズとして） ●クレゾールリン酸エステル：1,000 ppm以下 ●塩化ビニル：1 ppm以下	蒸発残留物	25℃，1時間	n-ヘプタン	150 ppm以下
					60℃，30分間	20%エタノール	30 ppm以下
					60℃，30分間	水	
						4%酢酸	
	ポリエチレン（PE）及びポリプロピレン（PP）（同上）			蒸発残留物	25℃，1分間	n-ヘプタン	30 ppm以下（ただし，使用温度が100℃以下の試料にあっては150 ppm以下）
					60℃，30分間	20%エタノール	30 ppm以下
					60℃，30分間	水	
						4%酢酸	

●付表7● おもちゃ[*1]の規格基準

分類	おもちゃの種類	溶出試験			
		試験項目	浸出条件	浸出用液	規格
おもちゃ又はその原材料	うつし絵	重金属	40℃, 30分間	水	1 ppm 以下（Pb として）
		ヒ素			0.1 ppm 以下（As_2O_3 として）
	折り紙	重金属	40℃, 30分間	水	1 ppm 以下（Pb として）
		ヒ素			0.1 ppm 以下（As_2O_3 として）
	ゴム製おしゃぶり	Ⅳ. 器具・容器包装 2. 原材料の材質別のうちゴム製ほ乳器具の規格基準に同じ			
	塩化ビニル樹脂塗料[*2]	$KMnO_4$ 消費量	40℃, 30分間	水	50 ppm 以下
		重金属			1 ppm 以下（Pb として）
		カドミウム			0.5 ppm 以下
		蒸発残留物			50 ppm 以下
		ヒ素			0.1 ppm 以下（As_2O_3 として）
	ポリ塩化ビニルを主体とする材料（塩化ビニル樹脂塗料を除く）	塩化ビニル樹脂塗料に同じ			
	ポリエチレンを主体とする材料	$KMnO_4$ 消費量	40℃, 30分間	水	10 ppm 以下
		重金属			1 ppm 以下（Pb として）
		蒸発残留物			30 ppm 以下
		ヒ素			0.1 ppm 以下（As_2O_3 として）
製造基準	フタル酸ビス（2-エチルヘキシル）又はフタル酸ジイソノニルを原材料として用いたポリ塩化ビニルを主成分とする合成樹脂				使用してはならない[*3]
		着色料			化学的合成品にあっては，食品衛生法施行規則別表第2掲載品目に限る（ただし，2 mL／1 cm²の水で40℃，10分間浸出するとき，着色料の溶出が認められない場合を除く）

[*1] 食品衛生法に規定する指定おもちゃ
  1. 紙，木，竹，ゴム，革，セルロイド，合成樹脂，金属又は陶製のもので，乳幼児が口に接触することをその本質とするおもちゃ
  2. ほおずき
  3. うつし絵，折り紙，つみき
  4. 次に掲げるおもちゃであって，ゴム，合成樹脂又は金属製のもの：起き上がり，おめん，がらがら，電話がん具，動物がん具，人形，粘土，乗物がん具（ぜんまい式及び電動式のものを除く），風船，ブロックがん具，ボール，ままごと用具
[*2] 試料に同量のシクロヘキサノンを加えて混和し，ガラス板に表面積100 cm²につき0.8 gの割合になるように広げ，80℃で10分間乾燥したものを用いる
[*3] フタル酸ジイソノニルは食品衛生法に規定する指定おもちゃ1. のみが対象

参 考 図 書

第1章
1）国民衛生の動向，厚生労働統計協会，2018/2019.
2）平成28年度　輸入食品監視指導計画に基づく監視指導結果，厚生労働省医薬食品局食品安全部，2017.
3）伊藤　武・古賀信幸編：新版 食品衛生学（第2版），建帛社，2017.
4）細貝祐太郎・松本昌雄・廣末トシ子編：食べ物と健康・食品と衛生 新食品衛生学要説 2018年版，医歯薬出版，2018.

第2章，第3章
1）日本食品衛生協会：食中毒予防必携（第3版），2013.
2）厚生労働省監修：食品衛生検査指針 微生物編（改訂第2版）2018，日本食品衛生協会，2018.
3）日本食品微生物学会監修：食品微生物学辞典，中央法規出版，2010.
4）日本食品衛生学会編：食品安全の事典，朝倉書店，2009.
5）McLauchlin, J. and Little, C.：HOBBS' Food Poisoning and Food Hygiene, 7th ed., *Hodder Arnold*, London, 2007.
6）Riemann, H.：Food-Borne Infections and Intoxications, *Academic Press*, New York and London, 1969.
7）Juneja, V.K. and Sofos, J.N.：Pathogens and Toxins in Foods, Challenges and Interventions, *ASM Press*, Washington, 2010.
8）Paul De Vos, *et al.*：Bergey's Manual of Systematic Bacteriology 2nd ed., Vol.3, *The Firmcutes*, Springer, 2009.

第4章
1）篠田純男・成松鎮雄・林　泰資：食品衛生学（第2版），三共出版，2009.
2）伊藤　武・古賀信幸編：新版 食品衛生学（第2版），建帛社，2017.
3）植木幸英・阿部尚樹：食べ物と健康Ⅱ，第一出版，2010.
4）白石　淳・小林秀光編：食品衛生学（第2版），pp.36-37，化学同人，2007.
5）大田房雄・西島基弘編：食品衛生学（第2版），建帛社，2008.
6）都築和香子：日本におけるトランス脂肪酸の現状と対応策－トランス脂肪酸の情報開示にむけて－，食品の包装，**42**（2），56-62，2011.
7）河原　聡・六車三治男：トランス脂肪に関する国内外の情勢，食肉の科学，**51**（2），125-131，2010.

第5章
1）角田　広・辰野高司・上野芳夫：マイコトキシン図説，地人書館，1979.
2）Pitt, J.I and Hocking, A.D.：Fungi and Food Spoilage, *Blackie Academic & Professional*, 1997.
3）Samson R.A. *et al.*：Introduction to Food- and Airborne Fungi, 6th ed., *CBS*, 2002.
4）宇田川俊一編：食品のカビ汚染と危害（食品のカビⅠ基礎編），幸書房，2004.
5）日本食品衛生協会編：カビ対策ガイドブック，日本食品衛生協会，2007.
6）高鳥浩介監修：かび検査マニュアルカラー図譜，テクノシステム，2009.

第6章
1）日本食品添加物協会：新食品添加物マニュアル，日本食品添加物協会，2007.
2）谷村顯雄・棚元憲一監修：第9版 食品添加物公定書解説書，厚生労働省・消費者庁，2018.
3）食品安全委員会：添加物に関する食品健康影響評価指針，2010.

第7章
1）丸山　務ほか：食品衛生の基本！！調理施設の衛生管理，pp.2-88，日本食品衛生協会，2009.
2）小久保弥太郎：管理栄養士講座・食品衛生学第2版（太田房雄・西島基弘編），pp.190-199，建帛社，2008.
3）小塚　論ほか：イラスト食品の安全性（小塚　論・小栗重行・岸本　満・清水英世編著），pp.126-129，東京教学社，2009.
4）食品衛生研究会編：平成30年版食品衛生小六法，新日本法規，2018.
5）金子精一ほか：新訂食品衛生学（菅家祐輔編），pp.141-151，光生館，2009.
6）渡辺高志：残留農薬に関するポジティブリスト制度の施行と対応，日本農薬学会誌，**32**，426-429，2007.
7）大森敏弘：改訂食の安全性第2版（社団法人日本フードスペシャリスト協会編），pp.183-188，建帛社，2009.
8）金子精一ほか：新訂食品衛生学（菅家祐輔編），pp141-151，光生館，2009.
9）川合祐史・山崎浩司：食品安全の事典（日本食品衛生学会編），pp.467-476，朝倉書店，2009.
10）米虫節夫・金秀哲：やさしいシリーズ10　ISO22000食品安全マネジメントシステム入門，日本規格協会，2005.
11）ISO/TC34/WG8専門部会監修：ISO 22000：2005食品安全マネジメントシステム要求事項の解説，日本規格協会，2005.

索　引

ア　行

亜塩素酸ナトリウム　106
アカネ色素　105
アクリルアミド　94
亜硝酸塩　95
亜硝酸ナトリウム　106
L-アスコルビン酸　106
アスパルテーム　104
アドメ　101
アニサキス　30, 65
アフラトキシン　82
アフラトキシン B_1　82, 95
アフラトキシン G_1　82
雨傘状　44
アミン類　67
アラビアガム　105
亜硫酸ナトリウム　106
アルカロイド　58
アルギン酸プロピレングリコールエ
　　ステル　105
アレルギー様食中毒　58, 94
安心　1
安全　1
安全係数　101
安全性試験　100
安定剤　105
アンモニア　67

イタイイタイ病　91
一次汚染　35
1日許容摂取量（1日摂取許容量）
　　101, 115
1マウス単位　54
一律基準　87, 116
一般飲食物添加物　98
一般飲食物添加物品目リスト　102
一般衛生管理事項　110
一般細菌数（生菌数）　75
一般毒性試験　101
遺伝子組換え食品　20
易熱性毒素　41
5′-イノシン酸ナトリウム　107
飲食店　32

ウイルス　30
ウイルス性食中毒　52
ウェステルマン肺吸虫　64
ウェルシュ菌　35, 48
牛海綿状脳症対策特別措置法　8

衛生害虫　96

衛生管理　111
衛生規範　110
衛生教育　112
衛生動物　96
衛生標準作業手順　118
栄養機能食品　21
栄養表示　19
エルシニア食中毒　43
エルトール・小川型　60
エルトール型コレラ菌　40
エロモナス　35
塩蔵　74
エンテロトキシン　41, 45, 46

黄変米毒　85
オクラトキシン A　83
汚染作業区域　111
汚染物質　16
おもちゃ　16
オルトフェニルフェノール　106

カ　行

外因性内分泌かく乱化学物質　16,
　　87
海外旅行者下痢　41
回収プログラム　112
改善措置　109
解体後検査　8
解体前検査　7
化学性食中毒　58
化学物質　30, 59
加工助剤　102
過酸化脂質　70
過酸化水素　107
化製場　11
学校　32
ガット　29
家庭　32
カドミウム　90
加熱殺菌　72
化膿性疾患　46
かび　78
かび毒　78
　　——の規制　79
かび被害　78
β-カロチン　104
肝吸虫　64
環境汚染物質　14
環境細菌　47
環境ホルモン　16, 87

監視指導計画　12
監視指導指針　12
感染型食中毒　36
感染経路　63
乾燥　73
カンゾウ抽出物　104
官能検査　75
カンピロバクター腸炎　42
甘味料　102
管理運営基準　12, 110

危害分析　108
規格基準　11
　　食品の——　13
器具・容器包装　15
寄生虫症　60
　　食品から感染する——　63
　　——の予防　66
既存添加物　98
既存添加物名簿収載品目リスト
　　102
キノコ　57
忌避剤　96
キャリーオーバー　103
牛乳　13
魚介類　64
ギラン・バレイ症候群　43

空気　34
グラム陰性菌　36
グラム染色　36
グラム陽性菌　36
クリプトスポリジウム　30
L-グルタミン酸ナトリウム　107
クロロフィル　95
燻煙　74

経口感染症　60
血液感染　47
結核　62
下痢原性毒素　48
下痢性貝毒　55
ゲル化剤　105
検疫所　11, 24
健康増進法　7
検査命令　25
検証方法　109
原虫性疾患　62

コアグラーゼ　46
高温殺菌　72

156

高温性菌　69
合成抗菌剤　87
抗生物質　87
広節裂頭条虫　64
好冷菌　69
国際がん研究機関　95
国際規格　116
国際標準　116
国際標準化機構　116
国連食糧農業機関　27
個人衛生　113
コーデックス委員会　28, 110
コプラナー-ポリ塩化ビフェニル　89
米とぎ汁様下痢　60
糊料　105
コールスロー　44
コレラ　60
コレラ菌　36, 60
コレラタケ　57
コレラ毒素　40
混入異物　95

サ 行

催奇形性試験　101
細菌　30
細菌性赤痢　60
サイクロスポラ　30
最小毒性発現量　2
最大無毒性量　101
サッカリン　104
サッカリンナトリウム　104
殺菌剤　86
殺菌料　107
殺線虫剤　86
殺ダニ剤　86
殺虫剤　86
サルモネラ　35
サルモネラ食中毒　36
酸化還元電位　69
酸化防止剤　105
酸性タール色素　104
暫定基準　116
酸敗　70, 77
残留農薬基準　116

次亜塩素酸ナトリウム　107
2, 3, 7, 8-四塩化ジオキシン　89
紫外線　73
志賀赤痢菌　41

シガテラ　56
シガテラ中毒　56
志賀毒素　41
事業場　32
シクロクロロチン　85
システムマネジメント　118
施設基準　12, 110
自然毒　14, 30
自然毒食中毒　53
仕出し屋　32
指定添加物　98
指定添加物リスト　102
シトリニン　85
ジブチルヒドロキシトルエン　106
ジャガイモ　58
従属栄養菌　68
獣畜　7
重要管理点　108
宿主　63
準清潔作業区域　111
硝酸塩　95
消費期限　17
消費者安全法　102
消費者庁　19
賞味期限　17
食餌性ボツリヌス症　50
食中毒　30
　ビブリオ等による――　39
　――の定義　30
　――の発生状況　30
食中毒事件
　原因施設別の――　32
　病因物質別の――　31
食鳥　9
食鳥処理の事業の規制及び食鳥検査
　に関する法律　8
食鳥と体　9
食鳥中抜きと体　9
食鳥肉等　9
食品安全委員会　4, 115
食品安全基本法　3
食品安全担当行政　10
食品安全マネジメントシステム
　117
食品衛生監視員　5, 25
食品衛生管理者　5
食品衛生推進員　6
食品衛生法　4, 98
食品健康影響評価　93
食品添加物　14, 97
　――の指定制度　98

食品添加物公定書　99
食品等事業者　5
食品の製造過程の管理の高度化に関
　する臨時措置法　9
食品微生物　33
植物性自然毒　57
食物アレルギー　19
食物内毒素　50
食物連鎖　91
食用米ぬか油　89
除草剤　86
シロタマゴテングタケ　57
真空包装　75
人獣共通感染症　61

水銀　91
水素イオン濃度　69
水分　69
水分活性　69
スクリーニング試験　88
酢漬け　75

ゼアラレノン　84
清潔作業区域　111
青酸配糖体　58
製造所　32
生体検査　7
世界貿易機関　29
世界保健機関　27
赤痢菌　36
セシウム　92
セレウス菌　35
セレウス菌食中毒　47
ゼロ・リスク　2
洗浄剤　16
前提条件プログラム　118
旋毛虫　66

総アフラトキシン　79
総合衛生管理製造過程　108
総合衛生管理製造過程承認制度　24
総合的品質管理　118
相互コミュニケーション　117
増粘剤　105
組織侵入性大腸菌　40
疎水性　48
ソテツ　95
ソラニン　58
ソルビン酸　105

タ 行

ダイオキシン類　89
ダイオキシン類対策特別措置法　89
第 2 水俣病　91
耐熱性芽胞形成菌　49
耐熱性毒素　41
耐熱性溶血毒　40
大複殖門条虫　65
耐容 1 日摂取量　90
大量調理施設　109
大量調理施設衛生管理マニュアル　73, 109
脱アミノ反応　67
脱酸素剤　75
脱炭酸酵素　58
脱炭酸反応　67
タマゴテングタケ　57
炭疽　61

チアベンダゾール　106
チフス菌　36, 61
着色料　104
中温性菌　69
中間型中毒　36
中腸線　95
腸炎ビブリオ　35
腸炎ビブリオ食中毒　37
腸管凝集性大腸菌　40
腸管出血性大腸菌　40
腸管毒　41, 46
腸チフス　61
調味料　107
チルド　71

ツキヨタケ　57

低温殺菌　72
低温性菌　69
デオキシニバレノール　79
適正製造基準　118
適正農業規範　118
テトロドトキシン　54
添加物に関する食品健康影響評価指針　100
テングタケ　57
天然香料　98
天然香料基原物質リスト　98, 102

銅クロロフィル　104
糖蔵　74
動物性自然毒　53

動物用医薬品　87
トキソプラズマ症　62
毒性試験　100, 101
毒性等価係数　90
毒性等量　90
毒草類　58
毒素型食中毒　36
毒素原性大腸菌　40
毒素性ショック症候群　46
ドクツルタケ　57
特定危険部位　8
特定保健用食品　21, 23
独立栄養菌　68
土壌　33
と畜場法　7
トランス脂肪酸　70
トリグリセリド　70
トリコテセン系かび毒　83
ₗ-トリプトファン　95

ナ 行

ナグビブリオ　35, 39
鉛　92
鉛脳症　92

二級アミン　106
二酸化硫黄　106
二次汚染　35
N-ニトロソアニン　106
ニトロソヘモグロビン　106
二枚貝　55
乳及び乳製品の成分規格等に関する省令　13

ネガティブリスト制度　115
粘血便　60

農薬　86, 114
農薬登録制度　115
農薬取締法　115
農林物資の規格化及び品質表示の適正化に関する法律　17
ノロウイルス　36, 52

ハ 行

敗血症　46
ハザード　2
パーシャルフリージング　71
発がん性試験　101

発がん物質　94
発色剤　106
パツリン　79, 85
パラオキシ安息香酸エステル類　105
パラチフス A 菌　36, 61
半減期　92
販売店　32

ヒスタミン　58, 68, 94
ヒスチジン　68, 94
微生物管理　113
微生物性食中毒　35
　　──の対策　53
ヒ素　90, 95
ヒ素ミルク事件　90
ビブリオ・フルビアリス　35
病院　32
病原血清型大腸菌　40
病原大腸菌　35, 40
病原大腸菌食中毒　40
表示基準　12
漂白剤　106
日和見感染　46, 47

フェオホルバイド　95
フェニトロチオン　96
不確実係数（安全係数）　115
不活性ガス　75
フグ　53
フグ毒中毒　54
ブチルヒドロキシアニソール　106
ブドウ球菌　35
ブドウ球菌食中毒　45
腐敗　67
不飽和脂肪酸　70
フモニシン　84
ブルセラ症　62
プレシオモナス　35
プロピオン酸　105

ベクター　96
ベクレル　92
ヘテロサイクリックアミン　94
ベニテングダケ　57
ベロ細胞　41
ベロ毒素　41
変異原性試験　101
変質　67
ベンゾ（a）ピレン　95
変敗　67

158

鞭毛　38

包括的輸入禁止　25
防かび剤　106
放射性セシウム　92
放射性物質　92
放射性ヨウ素　92
放射線　73
飽和脂肪酸　70
保健機能食品制度　21
保健所　24
ポジティブリスト制度　86, 115
保存料　105
ボツリヌス菌　35
ボツリヌス中毒　50, 75
ポリ塩化ジベンゾ-*p*-ジオキシン　89
ポリ塩化ビフェニル　88
ε-ポリリシン　106

マ 行
麻痺性貝毒　55

ミクロフローラ　33
水　34, 63
水俣病　91
ミリシーベルト　94

無鉤条虫　65
無毒性量　2, 115

メチシリン耐性黄色ブドウ球菌感染症　46
メチル水銀　91
滅菌　72

モニタリング　109
モニタリング検査　25
モルガン菌　68

ヤ 行
薬事・食品衛生審議会　100
野菜類　63
野兎病　63

有棘顎口虫　65
有鉤条虫　66
優良試験所規範　100
輸入食品　24

輸入食品監視指導計画　24
溶血性尿毒素症候群　41
溶血性連鎖球菌　63
ヨウ素　92
用量-反応関係　2
横川吸虫　64

ラ 行
リスク　1
リスクアセスメント　1
リスクアナリシス　1
リスク管理　1
リスクコミュニケーション　1
リスク評価　1
リスク分析　1
リスクマネジメント　1
リステリア症　44
リステリア・モノサイトゲネス　36
旅館　32
臨床症状　49

ルテオスカイリン　85

冷蔵　71
冷凍　71
レトルト殺菌　73

ワ 行
ワルファリン剤　96

欧 文
A型肝炎ウイルス　52
ADI　101, 115
ADME　101
Aeromonas hydrophila/sobria　35, 39
Anisakis　65
Aspergillus 属　80
Aspergillus flavus　81
Aspergillus ochraceus　83
ATA症　84

Bacillus anthracis　61
Bacillus cereus　35, 47
Bergey's manual　51
BHA　106
BHT　106

botulism　50
Bq　92
Brucella abortus　62
Brucella melitensis　62

Campylobacter jejuni/coli　35, 42
CCP　108
Cereulide　47
Clonorchis sinensis　64
Clostridium botulinum　35
Clostridium perfringens　35, 44
Co-PCB　89
CT　40

DDVP　96
Diphyllobothrium latum　64
Diplogonoporus grandis　65
DON　79

E型肝炎ウイルス　52
EAEC（Enteroaggregative *E.coli*）　40
EHEC（Enterohemorrhagic *E.coli*）　40
EIEC（Enteroinvasive *E.coli*）　40
EPEC（Enteropathogenic *E.coli*）　40
Escherichia coli　35
ETEC（Enterotoxigenic *E.coli*）　40

FAO　27
FAO/WHO の食品添加物専門委員会　100
Francisella tularensis　63
FSMS　117
Fusarium 属　80, 83
Fusarium moniliforme　84

GAP　118
GATT　29
GBS　43
GLP　11, 100
GMP　118
Gnathostoma spinigerum　65

HA　108
HACCP　24, 108
HAV　52
HEV　52
Hobbs, B. C.　49

159

HUS 41

IARC 95
ISO 116
ISO 9000 シリーズ 117
ISO 22000 シリーズ 117

JAS法 17, 103
JECFA 100, 101

K値 76

LD$_{50}$ 55
Listeria monocytogenes 36
LT 41

Metagonimus yokogawai 64
Morganella morganii 58
MRSA 46
mSv 94
MU 54
Mycobacterium bovis 62
Mycobacterium tuberculosis 62

NAG-ST 40
NAG-vibrio 35, 39
NOAEL 101, 115

OPP 106

Paragonimus westermani 64
PCB 88
PCDD 89
Penicillium 属 80
Penicillium citrinum 85
Penicillium expansum 85
Penicillium islandicum 85
Penicillium patulum 85
pH 69
Plesiomonas shigelloides 35, 39

Salmonella Enteritidis 37
Salmonella Infantis 37
Salmonella Paratyphi A 36, 61
Salmonella spp. 35
Salmonella Thompson 37
Salmonella Typhi 36, 61
Salmonella Typhimurium 36, 38
Shigella boydii 60
Shigella dysenteriae 60
——— type 1 41
Shigella flexneri 60
Shigella sonnei 60
Shigella spp. 36
SRSV 36
SSOP 118
ST 40, 41
Staphylococcus aureus 35

Taenia saginata 65
Taenia solium 66
TBZ 106
2, 3, 7, 8-TCDD 89, 95
TDH 39
TDI 90
TEQ 89
Toxoplasma gondii 62
TQC 118
TRH 39
Trichinella spiralis 66
TSS 46

Vibrio cholerae O1 36, 40, 60
Vibrio fluvialis 35, 40
Vibrio mimicus 35, 40
Vibrio parahaemolyticus 35, 37
VT 41

WHO 27, 29
WTO 29

Yersinia 属 43
Yersinia enterocolitica 35, 43
Yersinia pestis 43
Yersinia pseudotuberculosis 43

編集者略歴

上田成子 （うえ だ しげ こ）

1950 年　兵庫県に生まれる
1977 年　日本大学大学院獣医学研究科研究生
1990 年　同修了
現　在　前 女子栄養大学大学院栄養学専攻教授
　　　　獣医学博士

スタンダード人間栄養学
食品の安全性　第2版　　　　　　　定価はカバーに表示

2012年 4 月 10 日　初　版第1刷
2017年 2 月 20 日　　　　第4刷
2018年 10 月 1 日　第2版第1刷

編集者　上　田　成　子

発行者　朝　倉　誠　造

発行所　株式会社　朝　倉　書　店

東京都新宿区新小川町6-29
郵便番号　162-8707
電　話　03(3260)0141
ＦＡＸ　03(3260)0180
http://www.asakura.co.jp

〈検印省略〉

© 2018〈無断複写・転載を禁ず〉　　　ローヤル企画・渡辺製本

ISBN 978-4-254-61063-5　C 3077　　　Printed in Japan

JCOPY 〈(社)出版者著作権管理機構 委託出版物〉

本書の無断複写は著作権法上での例外を除き禁じられています. 複写される場合は,
そのつど事前に,（社）出版者著作権管理機構（電話 03-3513-6969, FAX 03-3513-
6979, e-mail: info@jcopy.or.jp）の許諾を得てください.

女子栄養大 五明紀春・前女子栄養大 渡邉早苗・
関東学院大 山田哲雄・龍谷大 宮崎由子編

スタンダード人間栄養学 基礎栄養学 （第2版）

61061-1 C3077　　　　　B5判 144頁 本体2600円

イラストを多用しわかりやすく解説した教科書。〔内容〕栄養の概念／食物の摂取／身体と栄養／エネルギー代謝／栄養素の代謝と役割（たんぱく質，炭水化物，脂質，ビタミン，ミネラル，水・電解質）／栄養素の発見と推進／他

女子栄養大 五明紀春・前女子栄養大 渡邉早苗・
関東学院大 山田哲雄・相模女大 吉野陽子編

スタンダード人間栄養学 応用栄養学 （第2版）

61062-8 C3077　　　　　B5判 168頁 本体2700円

イラストを多用しわかりやすく解説した教科書。〔内容〕栄養必要量（食事摂取基準）／成長・発達と加齢（老化）／栄養管理プロセス／ライフステージ別栄養管理／栄養管理と諸領域（運動・スポーツ，ストレス，生体リズム，環境）／他

前女子栄養大 渡邉早苗・龍谷大 宮崎由子・
相模女大 吉野陽子編

スタンダード人間栄養学 これからの応用栄養学演習・実習
―栄養ケアプランと食事計画・供食―

61051-2 C3077　　　　　A4判 128頁 本体2300円

管理栄養士・栄養士の実務能力を養うための実習書・演習書。ライフステージごとに対象者のアセスメントを行いケアプランを作成し食事計画を立案（演習），調理・供食・試食・考察をする（実習）ことで実践的スキルを養う。豊富な献立例掲載。

桑原祥浩・上田成子編著
澤井　淳・高鳥浩介・髙橋淳子・大道公秀著

スタンダード人間栄養学 食品・環境の衛生検査

61055-0 C3077　　　　　A4判 132頁 本体2500円

食品衛生・環境衛生の実習書。管理栄養士課程の国試ガイドラインおよびモデル・コアカリキュラムに対応。〔内容〕微生物・細菌，食品衛生化学実験（分析，洗浄など），環境測定（水質試験，生体影響試験など）／付表（各種基準など）／他

前神奈川工大 石川俊次・前東海大 本間康彦・
東海大病院 藤井穂波編著

スタンダード人間栄養学 臨床栄養学

61060-4 C3077　　　　　B5判 200頁 本体3300円

イラストを用い臨床栄養学の要点を解説した教科書。〔内容〕臨床栄養の概念／栄養アセスメント／栄養ケアの計画と実施／食事療法，栄養補給法／栄養教育／モニタリング，再評価／薬と栄養／疾患・病態別栄養ケア・マネジメント

カビ相談センター監修　カビ相談センター 高鳥浩介・
前大阪府公衆衛生研 久米田裕子編

カ ビ の は な し
―ミクロな隣人のサイエンス―

64042-7 C3077　　　　　A5判 164頁 本体2800円

生活環境（衣食住）におけるカビの環境被害・健康被害等について，正確な知識を得られるよう平易に解説した，第一人者による初のカビの専門書。〔内容〕食・住・衣のカビ／被害（もの・環境・健康への害）／防ぐ／有用なカビ／共生／コラム

感染研 永宗喜三郎・法政大 島野智之・
海洋研究開発機構 矢吹彬憲編

ア メ ー バ の は な し
―原生生物・人・感染症―

17168-6 C3045　　　　　A5判 152頁 本体2800円

言葉は誰でも知っているが，実際にどういう生物なのかはあまり知られていない「アメーバ」。アメーバとは何か？という解説に始まり，地球上の至る所にいるその仲間達を紹介し，原生生物学への初歩へと誘う身近な生物学の入門書。

前日大 酒井健夫・前日大 上野川修一編

日 本 の 食 を 科 学 す る

43101-8 C3561　　　　　A5判 168頁 本体2600円

健康で充実した生活には，食べ物が大きく関与する。本書は，日本の食の現状や，食と健康，食の安全，各種食品の特長等について易しく解説する。〔内容〕食と骨粗しょう症の予防／食とがんの予防／化学物質の安全対策／フルーツの魅力／他

前東大 北本勝ひこ・首都大 春田　伸・東大 丸山潤一・
東海大 後藤慶一・筑波大 尾花　望・信州大 齋藤勝晴編

食 と 微 生 物 の 事 典

43121-6 C3561　　　　　A5判 512頁 本体10000円

生き物として認識する遥か有史以前から，食材の加工や保存を通してヒトと関わってきた「微生物」について，近年の解析技術の大きな進展を踏まえ，最新の科学的知見を集めて「食」をテーマに解説した事典。発酵食品製造，機能性を付加する食品加工，食品の腐敗，ヒトの健康，食糧の生産などの視点から，200余のトピックについて読切形式で紹介する。〔内容〕日本と世界の発酵食品／微生物の利用／腐敗と制御／食と口腔・腸内微生物／農産・畜産・水産と微生物

日本食品免疫学会編

食品免疫・アレルギーの事典

43110-0 C3561　　　　　B5判 480頁 本体16000円

さまざまなストレスにさらされる現代社会において，より健康な生活をおくるために，食事によって免疫力を向上させ，病気を予防することが重要となってくる。また，安全な食生活をおくるためには，食品の引き起こすアレルギーの知識が欠かせない。そのために必要な知識を提供することを目的として，食品免疫学・食品アレルギー学における最新の科学的知見を，基礎から応用までまとめた。現代の食生活と健康の関係を考えるのに欠かすことのできない内容となっている。

上記価格（税別）は 2018 年 9 月現在